EXPOSITION UNIVERSELLE DE PARIS 1889

SECTION BELGE

Groupe XI — Économie sociale

SECTION XI

HABITATIONS OUVRIÈRES

Rapport présenté par M. le baron Hippolyte de ROYER de DOUR

BRUXELLES
P. WEISSENBRUCH, IMPRIMEUR DU ROI
45, RUE DU POINÇON, 45

1889

EXPOSITION UNIVERSELLE DE PARIS, 1889

SECTION BELGE

GROUPE XI. — ÉCONOMIE SOCIALE

XIe SECTION

LA QUESTION DES HABITATIONS OUVRIÈRES EN BELGIQUE

ÉTUDE ET ENQUÊTE

PAR LE

Baron Hippolyte de ROYER de DOUR

chevalier de l'ordre de Léopold, etc.,

rapporteur de la XIe section du XIe groupe, membre de la Commission organisatrice belge.

BRUXELLES

P. WEISSENBRUCH, IMPRIMEUR DU ROI

45, RUE DU POINÇON, 45

1889

A Monsieur Jules Carlier, Membre de la Chambre des représentants, commissaire général de la Belgique à l'Exposition universelle de Paris, président du XIe groupe.

MONSIEUR LE PRÉSIDENT,

Appelé par le Bureau du XIe groupe de la Commission belge pour l'Exposition universelle de Paris, à remplir les fonctions de rapporteur de la XIe section de l'exposition d'économie sociale, j'ai l'honneur de vous présenter mon rapport sur la question des habitations ouvrières en Belgique.

En définissant le caractère de l'œuvre à laquelle vous avez bien voulu m'associer, ses promoteurs ont déterminé l'esprit dans lequel mon travail devait être rédigé : « L'enquête a pour but de constater des faits et non de recueillir des vues idéales; elle ne demande pas à ses correspondants des propositions de réformes, mais des observations précises; en un mot, elle cherche, non ce qui pourrait et devrait être, mais ce qui est, de manière à mettre en lumière les louables initiatives d'où qu'elles viennent..... »

Je me suis efforcé de réaliser ce programme. J'ai pensé que, pour compléter cette étude, il convenait aussi de faire connaître quelle avait été la part d'intervention du Gouvernement et des hygiénistes dans le mouvement de la réforme du logement de la classe laborieuse, ainsi que les dispositions légales qui à ce jour règlent la matière.

Mon étude a porté sur plus de 225 entreprises, parmi lesquelles 45 environ ont bien voulu me fournir des renseignements détaillés dont vous trouverez l'analyse plus loin.

Je me plais à rendre hommage aux industriels, aux sociétés et aux administrations auxquels je me suis adressé et qui ont facilité mon travail, par le louable empressement qu'ils ont mis à répondre au questionnaire que je leur ai fait parvenir.

Les renseignements qu'il m'a été donné de recueillir de la sorte, présentent un intérêt réel, et sont la preuve que l'initiative privée a déjà réalisé des améliorations très notables en Belgique, qu'elle tend chaque jour à accroître davantage le bien-être de l'ouvrier et à l'élever dans la hiérarchie sociale.

Veuillez agréer, Monsieur le Président, l'expression de ma haute considération.

BARON HIPPOLYTE DE ROYER DE DOUR.

TABLE DES MATIÈRES

CHAPITRE III.

CHAPITRE IV.

CHAPITRE V.

Statistique. — Nature et origine des efforts accomplis en vue d'améliorer l'habitation des ouvriers. — Analyse de notre enquête.

([1]) Le nom des adhérents à la 11e section, habitations ouvrières, du XIe groupe, Économie sociale, Exposition Universelle de Paris 1889, est précédé de la lettre A.

ANNEXES.

([1]) La lettre *A* indique les adhérents à la 11e section.

LES

HABITATIONS OUVRIÈRES EN BELGIQUE.

CHAPITRE Ier.

I. — Considérations générales.

La construction de bonnes habitations ouvrières est une œuvre éminemment sociale, elle constitue une des solutions pratiques de l'importante question de l'amélioration de la condition de la classe laborieuse, aussi a-t-elle pris la première place parmi les préoccupations des pouvoirs publics.

L'édification de maisons salubres, spacieuses et bon marché a pour résultat, non seulement de satisfaire aux besoins d'une partie chaque jour plus notable de la nation, mais encore d'améliorer la condition de la santé publique. Aucune mesure n'est plus utile à l'accroissement du bien-être; elle propage le goût de la propreté et de l'économie, elle retient l'ouvrier au milieu des siens et fait naître en lui l'esprit de famille, qui est la source de toute morale.

Le perfectionnement moral de l'ouvrier l'amène à rechercher le travail et à pratiquer la prévoyance, sans laquelle il n'y a pas d'épargne possible; c'est grâce à celle-ci qu'on réussit à lui faciliter l'acquisition de sa demeure, et à lui procurer les profits moraux et intellectuels attachés à la possession de la propriété, ainsi que tous les avantages que l'état de société fournit aux hommes.

L'absence d'un *chez soi* engendre l'ivrognerie, l'imprévoyance, la misère, la débauche, l'immoralité, qui, si elles ne mènent pas au crime, sont autant de causes néfastes de désordre, autant d'influences pernicieuses qui, en temps de crise, fournissent des recrues aux perturbateurs et mettent la société en péril.

Si la question du logement est intéressante au point de vue du maintien de l'ordre social, elle ne l'est pas moins au point de vue de l'hygiène et de la morale.

L'afflux des populations des campagnes vers les centres industriels, conséquence inévitable de la civilisation, a provoqué ce qu'un journal anglais appelait dernièrement des « agglomérations de pauvreté »; ces agglomérations qui, se distinguent par le mauvais état de leurs logements, causent des maux divers, et tout d'abord le prolétariat y trouve certainement une de ses causes (1).

A chaque épidémie, les rapports médicaux et les statistiques officielles ont démontré l'insalubrité des logements et la mortalité effrayante dont ils étaient la cause.

Cette insalubrité provient de l'entassement, dans des locaux exigus, d'un nombre exagéré d'individus, des aménagements imparfaits des maisons et du manque d'air et d'espace.

L'encombrement, la plaie des quartiers populeux, est causé par le manque de logements convenables et la cherté des loyers, provoqués tous deux par l'accroissement de la population; il est causé aussi par la pauvreté et, dans certaines grandes villes, par la démolition des quartiers habités par les ouvriers.

Au point de vue moral, toutes les dispositions qui ont pour objet de doter l'ouvrier d'un bon *chez soi*, concourent au développement de sa dignité personnelle, de l'esprit de famille et partant des sentiments religieux, sans lesquels une société civilisée ne peut subsister.

Il est incontestable que la moralité, qui est aussi nécessaire à l'ouvrier dans la lutte pour le bien-être que l'hygiène, est fort compromise par le mauvais état des logements.

« L'ouvrier, dit Erwin Reichardt (2), ne trouve pas dans un mauvais logement l'agrément qui le retient dans le cercle de sa famille et qui lui donne le courage pour faire de nouveaux efforts; comme compensation, fréquenter le cabaret sera bientôt pour lui une habitude, et son foyer ne lui servira que pour dormir.

« Lorsque le chef de famille s'éloigne du foyer, les liens familiaux se relâchent de plus en plus; en outre, l'exiguïté du logement fait échouer les efforts de la ménagère pour obtenir un peu de propreté et d'aide. Ce manque de place amène la disparition du sentiment de la pudeur, même chez l'enfant, et cause la prédisposition aux délits et aux crimes. »

---

(1) Voyez les conclusions formulées par le Dr E. Sax dans son ouvrage : *Die Wohnungszustände der arbeitenden Classen und ihre Reform.* Wien, 1869.

(2) *Die Grundzuge der Arbeiterwohnungsfrage*, par Erwin Reichardt, Dr en phil. Berlin, 1885.

M. Paul Leroy-Beaulieu, signalant les devoirs de protection de la société envers la famille [1], encourage les philanthropes et les industriels à rendre facile et agréable à l'ouvrier la vie de famille. « La question des logements est, dit-il, au premier rang à ce point de vue, » et il ajoute : « Si la vie de famille n'existe pas dans les classes laborieuses, cela tient souvent à l'exiguïté et à la saleté des logements. »

« Le cabaret est alors le lieu de réunion et de délassement : on y devient à la fois envieux, cupide, révolutionnaire et sceptique, communiste en fin de compte. »

Il faut donc s'efforcer : 1° d'augmenter les ressources de l'ouvrier, en tâchant de rendre le moins élevé possible le prix des choses qui lui sont le plus immédiatement nécessaires, afin de lui permettre d'épargner; car ce n'est pas tant le taux élevé des salaires qui doit lui procurer le bien-être, que le bon marché des choses nécessaires à la vie et l'emploi judicieux de ses ressources; 2° de créer des logements salubres et spacieux, coûtant moins cher que les habitations et les logements défectueux; 3° de lui en faciliter la location et surtout l'acquisition.

L'édification de bonnes habitations et le perfectionnement moral de l'ouvrier, par la conservation et le relèvement de la famille, sont donc intimement liés, et sans logis, sans *chez soi*, on ne saurait se figurer la constitution de ce premier élément de l'association humaine : la famille!

C'est au sein de la famille que naît le sentiment de toute morale, que naît l'esprit religieux, l'amour de la patrie et le respect de toute chose. « A côté de la foi, autant qu'elle, dit M. Jules Simon [2], la famille contribue à soutenir et à fortifier les hommes. Avoir un Dieu, avoir un foyer, c'est tout l'homme. »

Toute entreprise d'amélioration de la condition morale et matérielle de l'homme ne peut donc se faire que par la famille et pour elle.

« Toute morale disparaît avec la famille, dit l'éminent économiste; la propriété, puisqu'il n'y a plus d'hérédité; l'éducation; la patrie, puisque la patrie n'est qu'une grande famille; l'humanité, qui perd le respect de soi-même et se rapproche de la bestialité jusqu'à s'y confondre. »

Nous voyons ainsi, que c'est dans la demeure, que gisent les vraies racines de la famille, ainsi que le lien qui unit l'homme à la vie sociale et à son pays. « Les

---

[1] *La Question ouvrière au* XIXe *siècle*, par Paul Leroy-Beaulieu, p. 335.

[2] Article publié au mois de décembre 1888 dans le journal français *Le Matin*, sous le titre : *La défense nationale*.

sentiments sociaux et le patriotisme sont en raison directe du lien qui unira l'homme à sa demeure et de l'influence que celle-ci exercera sur lui [1]. »

L'habitation constitue donc le moyen le plus actif d'éducation de la classe ouvrière, et ce n'est qu'après la lui avoir procurée saine, agréable, spacieuse et à bon marché, que l'on peut songer à poursuivre la réalisation, des réformes destinées à la moraliser et à lui assurer le bien-être.

« Dis-moi, conclut Hansen, comment est logée la population d'une ville ou d'un état et je te dirai ce qu'elle vaut. »

II. — Les origines de la question.

La question du logement n'est pas nouvelle, on l'a vue se produire déjà pendant l'antiquité dans les grandes villes de Rome, Carthage, Constantinople, Alexandrie.

Depuis, l'on s'est préoccupé, à des époques diverses, d'édifier des logements spéciaux à l'usage des travailleurs; c'est ainsi que le roi Christian IV, de Danemark (1588-1648), construisit des maisons pour les hommes et les employés de la flotte danoise; dans ces habitations, qui pouvaient offrir un abri à plusieurs milliers de personnes, on trouvait des logements de deux à quatre chambres avec cuisine; chacune avait son jardin [2].

En 1759, le marquis de Pombale édifia sur un point élevé de Lisbonne, une grande cité ouvrière, destinée à l'usage des tisseurs de soie; celles de ces demeures qui subsistent encore, sont habitées par une soixantaine de ménages.

A une époque plus rapprochée de nous, vers 1830, on fonda à Naples, une « Albergo di Poveri » dans laquelle 2,600 personnes pouvaient trouver asile [3].

Mais, dans ces temps, la question du logement des classes inférieures ne préoccupait pas encore l'opinion publique comme de nos jours. Telle qu'on la conçoit aujourd'hui, elle trouve sa cause dans le changement des rapports économiques.

La suppression des anciens règlements locaux, régissant l'élection du domicile, les notables perfectionnement réalisés dans la mise en œuvre des produits bruts, la division du travail toujours plus grande dans l'industrie, l'abandon des champs

---

(1) *Die Wohnungsverhältnisse in den grösseren Städten*, von P. Chr. Hansen, Secretär der Handelskammer in Kiel. Heidelberg, 1883.

(2) *Die Grundzuge*, etc. Erwin Reichardt.

(3) *Over Arbeiderswoningen*, door Hel. Mercier. Haarlem, 1887. H. D. Tjeenk Willink.

pour les manufactures, la création des voies ferrées et la jonction des lieux de production aux grands centres, telles sont les causes multiples qui ont provoqué vers ceux-ci l'émigration des populations.

D'autre part, ce n'est que de nos jours que les habitations privées sont devenues confortables, et que l'on a témoigné d'un souci sérieux de l'hygiène. C'est dans les cinquante ou soixante dernières années, pendant lesquelles s'est produit le prodigieux accroissement du nombre d'habitants des villes de Bruxelles, Anvers, Liége, Gand, Seraing, Verviers, etc., qu'on a exécuté les grands travaux d'assainissement dont nous admirons aujourd'hui les excellents effets.

L'architecture a donc progressé, en même temps que le nombre d'habitants, et les autorités ont appris à apprécier les bienfaits d'une bonne hygiène.

Le problème de l'habitation étant résolu, pour les favorisés de la fortune, la question des logements hygiéniques et bon marché se posait.

C'est en Angleterre que s'est produit le premier mouvement en faveur de la réforme du logement, car les causes que nous venons d'énumérer, jointes au progrès de la grande industrie et à l'expansion du commerce international, produisirent dans ce pays des agglomérations d'ouvriers telles qu'on n'en avait jamais vu.

La pénurie du logement éveilla tout d'abord l'attention des entrepreneurs, mais par la suite, toutes les classes de la société, la presse et le parlement, s'en préoccupèrent également.

Le grand principe du *self help*, qui caractérise l'organisation économique du peuple anglais, favorisa heureusement leurs efforts.

C'est ainsi que les « Benefit building societies » jouissaient d'une faveur déjà ancienne, lorsque par un *act* du 14 juillet 1836, le parlement étendit à ces associations le bénéfice de la législation des Sociétés d'amis ou *friendly societies*, qui abaissait à 20 shillings le maximum des souscriptions mensuelles, et à 150 livres sterling le capital que chaque associé pouvait toucher.

(En septembre 1850 on comptait déjà plus de deux mille de ces sociétés pour les trois royaumes, et en octobre 1852, il en existait environ 12,000 dont le revenu total pouvait être évalué à 60 millions de francs).

L'*act* du 14 juillet 1836 fut suivi d'une série de lois, souvent modifiées par la suite, qui témoignent de la sollicitude des hommes d'État anglais pour cette importante question.

La Couronne même s'associa à ce mouvement philanthropique, et l'on vit le Prince-consort, non seulement accepter le protectorat d'une société d'amélioration des logements ([1]), mais encore construire, à ses frais, des maisons modèles d'ouvriers.

Pourtant, les premières lois intéressant la condition du logement, ne datent que de 1848-49 ([2]); le « Nuisances removal act », qui imposait aux autorités locales le soin de l'inspection des habitations de leur district, date de 1855, et l' « Artisan Dwilling act », qui a pour objet la réparation ou la démolition, aux frais des propriétaires, de 1868.

Ce ne fut que quelques années plus tard, que l'on commença à s'occuper sérieusement de la question sur le continent, car on ne s'aperçut du danger des grands centres, que lorsque la pénurie des logements eut fait sentir toutes ses conséquences.

C'est ainsi qu'à Paris, « vers la fin de 1831, aux approches du choléra, on s'occupe pour la première fois de l'hygiène des habitations » ([3]), mais ce ne fut qu'en 1846, que l'étude de cette question fut reprise, et en 1850 qu'une loi intervint, pour régler l'institution des commissions de logements insalubres.

Pourtant déjà, sous le règne de Louis-Philippe, l'attention avait été appelée « sur la question des logements insalubres, par divers travaux d'une valeur incontestable, notamment par un rapport de l'intendance sanitaire du département du Nord (1832), par des mémoires de M. Villeneuve-Bargemont, préfet du Nord, de M. Gosselet, médecin à Lille » ([4]).

Les savantes publications de spécialistes distingués, ont fait connaître de tous les nombreuses constructions modèles, édifiées en France ([5]), ainsi qu'en Angleterre.

En ce qui concerne l'Allemagne, nous voyons se constituer en 1847 à Berlin, une association sous le titre de « Société pour la construction d'édifices d'une utilité commune », dont le Prince Royal de Prusse accepta le patronage; puis,

---

([1]) *Société pour l'amélioration de la condition des classes laborieuses*, fondée en 1844, sous la présidence de S A. R. le prince Albert.

([2]) Er. Reichardt, p. 25.

([3]) *Le logement de l'ouvrier et du pauvre*, par Arthur Raffalovich, p. 214. Paris, 1887.

([4]) *Ibidem*, p. 215.

([5]) On cite particulièrement les installations ouvrières de Mulhouse, Anzin, Le Creusot, Commentry, Blanzy, Beaucourt, Dombasle, près Nancy (de MM. Solvay et Cie, de Bruxelles), Lille, Orléans, Rouen, etc. Les sociétés de construction de Reims, du Havre, Lyon, Roubaix. Les maisons du comte de Madre, à Paris, de M. Émile Cacheux, de M. Fabien, celles de la Société d'Auteuil.

vers 1849, « le Comité central allemand pour le bien-être des classes ouvrières », dans une série d'enquêtes et d'essais, s'occupa d'arriver à des résultats pratiques.

Depuis, le gouvernement a donné une vive impulsion à la construction des maisons ouvrières; on cite particulièrement le bassin de Sarrebrück, où, par un système de primes et de concessions de terrains, il a favorisé, dans un espace de trente ans, la construction de 3,081 maisons. Les améliorations réalisées pendant les dernières années dans les villes de Berlin, Darmstadt et Leipzig, sont considérables.

L'Autriche poursuit depuis longtemps l'amélioration du logement de ses ouvriers.

En 1870, 66,000 des 360,000 ouvriers qu'occupait la grande industrie, étaient logés par leurs patrons.

Le même fait est à constater pour les mineurs; 220 propriétaires de mines logent 58,000 mineurs [1].

Il est rare pourtant qu'en Autriche, les patrons mettent leurs ouvriers à même de devenir propriétaires de leurs maisons.

En Suède, on constate un état du logement fort satisfaisant; les vastes forêts de ce pays produisant en abondance d'excellents bois de menuiserie, les campagnards se bâtissent, pour un prix modique, des maisons très spacieuses, saines et confortables; quant aux villes, on y rencontre rarement des logements malsains, ou trop encombrés.

Tandis que dans nos pays, les ouvriers célibataires logent fréquemment dans des chambrées occupées par huit, dix ou quinze personnes, et ne disposent souvent pas d'un lit pour eux seul [2], nous voyons à Stokholm l'artisan célibataire occuper seul une chambre entière, et ne payer pour son loyer que 3 florins par mois.

Enfin, les ouvriers de la grande industrie y sont bien logés; ils habitent, à proximité des usines parsemées dans les campagnes, des cottages entourés de jardinets.

Les administrations publiques rivalisent avec les industriels, pour la construction de bonnes maisons ouvières, et l'on s'efforce de rendre, peu à peu, l'ouvrier propriétaire de sa demeure.

Il n'y a pourtant encore que peu de maisons bâties par le procédé coopératif.

---

[1] Voyez Hel Mercier.

[2] Voyez *Enquête à Liège*, *Anvers*, *Bruxelles*.

A Norrköping, qui est une ville très industrielle, une association coopérative a édifié, avec les seules ressources de ses membres, une bâtisse qui a coûté 56,000 florins (¹).

Le Danemark présente, depuis de longues années déjà, des institutions réellement remarquables.

L'une des plus importantes fabriques de ce pays est celle de MM. Burmeister et Waïn, à Copenhague, à laquelle sont attachés 800 ouvriers.

Dès 1867, ces ouvriers ont fondé une association de construction, dans laquelle ils admirent également plus tard comme actionnaires, la population ouvrière de la ville. Les maisons que cette société édifie sont réparties entre les actionnaires par voie de tirage au sort; ils en deviennent propriétaires au bout de vingt-huit ans.

L'association comptait, il y a peu de mois, 7,000 membres.

Cette institution a été imitée à Kallemdborg, à Holbeck, à Nykjobing, dans l'île de Falster, à Aarhuus en Jutland, etc.

En 1877, il existait déjà des sociétés de construction dans neuf villes.

Aux Pays-Bas, ce fut M. Wintgens, membre de la deuxième chambre des États généraux, qui, en 1854, réclama l'intervention de la législature, en faveur du logement des classes inférieures, Il déposa un projet de loi instituant des conseils d'hygiène, chargés d'éclairer et de guider les administrations communales, en tout ce qui a rapport à la salubrité publique, et traçant les règles de prévoyance à adopter en ce qui concerne l'habitation des maisons louées. Il sut émouvoir l'opinion publique par ses éloquents discours, et, en 1870, il existait déjà vingt-sept associations ayant pour objet la construction et l'amélioration des habitations ouvrières, dont les capitaux ne s'élevaient pas à moins de 7 millions de francs. En 1877, l'on en comptait 31 et le nombre des logements créés par elles s'élevait à 2,172 (²).

Parmi les plus intéressantes, nous mentionnerons la « Vereeniging ten behoeve der Arbeidersklasse », que M. C.-P. van Eeghen constitua de ses propres deniers et en bâtissant à ses frais 250 maisons; puis la société « Salerno », d'Amsterdam, et la « Concordia », une émanation de la précédente, également fondée par M. C.-P. van Eeghen.

(¹) Voyez Hel. Mercier.
(²) Chiffres que donnent MM. Muller et Cacheux, p. 10, *Les habitations ouvrières en tous pays*.

La plupart de ces maisons sont habitées par un ou deux ménages; leur prix varie de 2,300 à 3,000 francs et leur loyer de 2 à 6 francs par semaine.

Depuis la promulgation de la loi du 17 novembre 1876, permettant la formation de sociétés coopératives, les Pays-Bas ont vu se former plusieurs associations de ce genre, se proposant la construction de maisons d'ouvriers. Elles sont aujourd'hui au nombre de dix, toutes créées et administrées par des ouvriers.

L'une des plus importantes est la « Cooperative Bouwvereeniging *De Vooruitgang* » de Haarlem, fondée le 25 août 1886. Trois sociétés coopératives de cette ville ont construit récemment un nouveau quartier, traversé de plusieurs rues, qui comprend 300 maisons. La possession de celle-ci s'acquiert en vingt-cinq années.

Grâce aux énergiques efforts de toutes les classes de la société, la situation du logement est aujourd'hui aux Pays-Bas l'une des meilleures du continent, car le recensement de 1888 accuse 729,098 maisons pour 818,805 familles, soit un peu plus de 112 ménages par 100 maisons habitées.

En Italie, la question des habitations ouvrières est l'objet de sérieuses préoccupations, et particulièrement à Rome, depuis les grands travaux de transformation de la ville éternelle; mais jusqu'ici rien de concret n'a été résolu [1].

Il y a une dizaine d'années environ, le sénateur Rossi manifesta l'intention de venir en aide à la classe ouvrière, en achetant une grande étendue de terrain dans le quartier nouveau d'Esquelino, situé entre les basiliques de Sainte-Marie Majeure et de Saint-Jean de Latran, et y fit construire de petites maisons proprettes à deux étages, indépendantes l'une de l'autre, et ayant chacune quelques verges de jardin. Mais son projet échoua, soit à cause de la situation malheureuse de ces constructions qui devint bientôt trop centrale, par suite du développement de la ville de ce côté, soit à cause de leur prix de revient trop élevé et par conséquent de l'exagération des prix de location, qui fit croire que le projet était plutôt spéculatif que philanthropique.

La solution du problème, toujours attendue, est rendue plus urgente par suite de la démolition récente du Ghetto (quartier Juif).

La ville de Naples se trouve dans des conditions analogues et même plus cri-

---

[1] Nous devons à l'obligeance de M. Prunieau, consul de Belgique à Rome, qui a bien voulu nous aider de ses lumières et nous seconder dans notre enquête, de pouvoir donner des renseignements inédits en ce qui concerne l'Italie. Nous offrons ici à M. Prunieau l'assurance de nos sentiments bien reconnaissants.

tiques, non seulement à cause de l'immense agglomération de population qui grouille dans ses quartiers infects, mais aussi par suite de la démolition de certains de ces quartiers, pour l'exécution commencée des grands travaux d'assainissement décrétés par le gouvernement pour « lo sventramento di Napoli ».

Au reste, la question des habitations ouvrières est agitée depuis de longues années à Naples, mais les essais tentés ont échoué, parce qu'on n'a malheureusement pu écarter la spéculation de l'exécution des entreprises annoncées pourtant comme toutes philanthropiques.

Il y a une vingtaine d'années, une société obtint du municipe de Naples la concession de terrains dans un endroit bien aéré, hors de la ville, pour la création d'une vaste maison ouvrière. Est-ce le prix de location trop élevé ou la situation trop écartée qui en furent cause, mais elle est habitée par des ménages bourgeois et des employés.

A la suite de la terrible épidémie de choléra de 1884, qui provoqua le projet d'assainissement de Naples rappelé plus haut, se forma une autre société pour l'édification de maisons ouvrières; divers projets furent alors mis en avant, on discuta à perte de vue, mais rien ne se fit.

Le municipe ne put se mettre d'accord, parce que la société voulait créer, de nouveau, une grande agglomération d'ouvriers au centre de la cité.

Ce fut alors que les concessionnaires de l'exécution du grand projet d'assainissement de Naples, assumèrent eux-mêmes la construction de maisons ouvrières en dehors du centre actuel.

D'après l'article 6 du contrat qu'ils ont accepté, ils doivent construire, dans la zone à l'orient du cours Garibaldi, des maisons du type exclusivement économique.

Ces édifices devront occuper dans leur ensemble au moins 45,000 mètres carrés.

Les types de maisons économiques sont au nombre de trois; ils seront choisis par l'administration municipale, ou désignés par elle, si ceux présentés ne convenaient pas.

Sur une vaste zone, à Sainte-Anne, au Marais, 16 maisons sont déjà en construction, les autres seront terminées en dix mois. Elles seront pourvues de lavoirs et d'égouts.

Le rez-de-chaussée aura $4^{m}75$ de hauteur; le premier et le second étage, chacun $4^{m}25$ de hauteur; le troisième étage, $3^{m}80$. Ces mesures sont établies de plancher à plancher. Le rez-de-chaussée sera élevé d'au moins 15 centimètres au-dessus de la rue.

Chaque édifice aura une hauteur de 17m20.

L'épaisseur des murs — construits en tuf et en briques — sera de 80 centimètres aux fondations et de 40 centimètres aux étages supérieurs. Le rez-de-chaussée et le premier étage devront être voûtés, les autres étages, établis sur gîtes de fer; la charpente du toit sera en bois; la couverture, en tuiles de Marseille. Toutes les canalisations : eau, gaz, décharges, etc., devront être faites extérieurement aux murs, et non dans leur épaisseur. Les façades de ces maisons seront badigeonnées à la chaux et les intérieurs peints à la colle.

Un correspondant de *la Tribuna* déplore la parcimonie qui a présidé à l'élaboration des plans de ces maisons, qui constituent, à son avis, « un miracle complexe d'économie et d'équilibre ».

Des édifices aussi mesquins coûteront aux pauvres 200 francs le mètre carré, ce qui est absolument exagéré, puisque l'on a édifié sur la place du Municipe des maisons plus convenables et plus ornées, destinées à la classe aisée, qui n'ont coûté que 250 francs le mètre carré de bâtisse.

L'un des types en construction, le nº 3, est divisé comme suit : 8 boutiques, 24 logements d'une chambre, 40 d'une chambre et d'une cuisine, 14 de deux chambres et cuisine.

Malheureusement, le haut prix auquel la Société d'édification a dû acquérir les terrains de Sainte-Anne au Marais sera cause que le prix de ses loyers sera aussi élevé que celui des maisons économiques édifiées par les spéculateurs (à Mergellina), et par conséquent hors de proportion avec les ressources de ceux auxquels elles sont destinées.

Douze cents familles, ou six mille personnes, pourront être abritées dans les nouveaux édifices, mais le nombre des habitants chassés des maisons déclarées insalubres est bien plus considérable. Où iront ces misérables lorsqu'on aura détruit leurs demeures? Environ 80,000 personnes devront émigrer!

Nous voyons donc que la question du logement des classes ouvrières et des indigents, à Naples, attend encore une solution [1].

A Turin, la question des habitations ouvrières a aussi été agitée à différentes reprises, mais sans résultat. Il est vrai de dire que cela tient un peu au système de construction des maisons de cette ville, qui ont toutes, en général, des mansardes, où vont se loger les ouvriers, qui se trouvent ainsi en contact avec les

---

[1] Voir les nos du 9 et du 13 avril 1889 du journal *la Tribuna*, lettres de Naples des 6 et 8 avril, publiées sous les rubriques : *Per le case economiche* et *Il Rione dei poveri*.

classes plus aisées de la société habitant les étages inférieurs, et auprès desquelles ils savent qu'ils trouveront au besoin aide et assistance; circonstance qui semblerait expliquer pourquoi le socialisme a moins de prosélytes parmi les ouvriers de Turin.

On a tenté, il y a quelques années, de construire dans cette ville des maisons ouvrières, mais là comme ailleurs, la spéculation a causé l'insuccès d'une œuvre à laquelle on n'avait pas su garder son caractère philanthropique.

Une nouvelle tentative a lieu en ce moment; sous le titre de « (1) Société coopérative édificatrice de maisons populaires », un comité composé de personnes fort connues (2) se propose de former une société par actions de 25 francs, dans le but de procurer aux classes pauvres de petites habitations saines, avec jardin, à un prix modique, et de leur en faciliter l'acquisition. Mais le capital de 500,000 francs nécessaire à sa fondation n'est pas encore souscrit.

D'autre part, un groupe de quarante personnes se proclamant socialistes, vient de se constituer également à Turin, sous le nom de « La cooperante per costruzione di abitazioni operaie » (coopérative pour construire des maisons ouvrières à Turin).

Ce groupe vient d'adresser au municipe une demande de cession gratuite d'un terrain appartenant à la ville, pour y ériger des maisons ouvrières...

Nous voyons ainsi, qu'en Italie, comme au Danemark, aux Pays-Bas, en France, etc., et chez nous, la *coopération* est à l'ordre du jour.

Milan, centre industriel et manufacturier, possède deux sociétés de construction de maisons ouvrières :

1° La « Societa edificatrice di case per gli operai, bagne e lavatoi pubblice ». (Société de construction de maisons pour les ouvriers, de bains et lavoir publics.);

2° La « Societa edificatrice di abitazioni operaie in Milano ». (Société de construction d'habitations ouvrières à Milan.)

La première de ces sociétés se proposait de rendre l'ouvrier propriétaire de sa maison par voie d'amortissement; mais les maisons ayant coûté beaucoup trop cher pour que ce fût réalisable, elle a dû y renoncer.

Grâce à une prudente administration, elle réussit par contre à lui fournir des habitations fort saines à un prix modique.

Elle distribue à ses actionnaires un dividende de 4 p. c. Elle a eu recours, pour l'exécution de son entreprise, à la Caisse d'épargne de Milan.

---

(1) *Società cooperativa edificatrice di case popolari in Torino.*

(2) Pompeo Marini, Cesare Goldmann, Pietro Fontana, etc.

La deuxième des susdites sociétés a réussi dans son double but et permet à l'ouvrier de devenir propriétaire des maisons qu'elle a construites [1]. Cette institution a réussi à vendre aux ouvriers un certain nombre de maisons bien bâties, à un seul étage, et paraît devoir atteindre complètement son but.

Nous regrettons de ne pouvoir donner de plus amples détails au sujet de ces intéressantes entreprises, mais nous sortirions du cadre de notre étude.

Enfin, la question bien actuelle également de l'émigration, a provoqué les préoccupations des administrations publiques et des producteurs de certains pays d'outre-mer, quant au logement des ouvriers.

A Buenos-Ayres, le conseil municipal a fait élever en 1887 une cité ouvrière, dont les maisons forment trois groupes parallèles, séparés par de petits jardins de 15 mètres de largeur. Chaque groupe est composé de vingt logements qui n'ont qu'un rez-de-chaussée.

Des entreprises particulières se sont aussi formées pour construire des maisons ouvrières, destinées à remplacer les logements insalubres qu'on désigne dans le pays sous le nom de *conventillos* [2].

Le Brésil s'est engagé également dans cette voie de progrès; c'est ainsi que les propriétaires terriens de la province de Saint-Paul ont fait édifier des maisons à l'usage des ouvriers européens qu'ils emploient. Nous citerons, notamment, M. J. de Almeida Prado, qui a fait construire sur ses propriétés 40 maisons en briques du prix de 2,000 francs l'une.

Ces maisons, de dimensions spacieuses, n'ont pas d'étage, et comprennent chacune une chambre commune et trois chambres à coucher.

La Belgique devait à son passé historique de se montrer soucieuse du sort de ses classes laborieuses; aussi l'importance du rôle de la maison dans la vie du peuple, n'échappa-t-elle point aux économistes non plus qu'aux législateurs de notre pays.

C'est avec une patriotique satisfaction que nous ferons remarquer que, si le prince Albert en Angleterre, le prince royal en Prusse, et plus tard, Napoléon III en France, imprimèrent, dans les pays qui nous avoisinent, une bienfaisante impulsion à la réforme du logement de l'ouvrier et du pauvre, en

---

[1] Voir, au sujet de cette société : *Relazioni del vice-presidente avvocato C. Romussi e dei sindaci all' assemblea generale degli azionisti del* 13 *Marzo* 1887 ; puis : *Rapporto della commissione delegata allo studio del piano regolatore del quartiere operajo di porta Vittoria.*

[2] Emile Coni, *Progrès de l'hygiène dans la République Argentine*, p. 83. Paris, 1887.

Belgique, le Roi Léopold Ier et son auguste successeur ont acquis des titres à la reconnaissance nationale, par la constante sollicitude qu'ils ont témoignée pour les progrès de cette question, par les mesures qu'ils ont provoquées, et par les encouragements et les subventions qu'ils ont accordés.

Les enquêtes, les circulaires et les actes législatifs que nous énumérerons, feront connaître les étapes diverses qui ont marqué chacun des efforts tentés, sous cette haute impulsion, par nos hommes d'État les plus remarquables.

Tandis qu'en France, en Allemagne, en Angleterre, aux Pays-Bas, en Autriche, etc., les savants les plus distingués faisaient connaître l'état de la question et intéressaient, par leurs savantes études, tout le monde civilisé à cette belle cause; en Belgique, MM. E. Ducpétiaux, Aug. Visschers, J.-P. Cluysenaar, Dr Selade, J. Dauby, Ed. Vander Linden, Dr Janssen, Th. Fumière, Vergote, Dr Paul et en dernier lieu, MM. Berden, Dr V. Vleminckx, Th. Jouret, J.-B. Depaire, Beco, Dr Alf. Devaux, etc., du Conseil supérieur d'hygiène, enfin, MM. L. De Naeyer, Meeus, Lammens, Lagasse, H. Denis, Le Hardy de Beaulieu, etc., par des travaux de diverses natures, des rapports et des publications d'infiniment de mérite, appelaient l'attention des pouvoirs publics sur cette question d'intérêt humain, l'élucidaient, l'amenaient à maturité, et en hâtaient la solution par la vive impression qu'ils surent produire sur l'opinion publique.

Le Conseil supérieur d'hygiène publique et la Commission du travail ont, après des enquêtes approfondies, publié tout ce que leurs investigations leur avaient révélé de pénible au sujet de l'état des logements ouvriers dans chacune de nos provinces; nous nous sommes donc donné pour tâche actuellement d'exposer les phases diverses que la question du logement a subie en Belgique, ainsi que les mesures législatives dont elle a été l'objet; puis, nous ferons connaître « les initiatives prises, les résultats obtenus et particulièrement les œuvres réellement louables réalisées par les chefs d'industrie ».

En un mot, nous nous sommes appliqué à fournir les preuves de l'activité déployée par la Belgique, en vue d'améliorer la condition physique et morale de ses populations laborieuses.

CHAPITRE II

I. — Le rôle de la grande industrie. — Intervention des pouvoirs publics. — Enquêtes et congrès.

Les premières maisons modèles, à l'usage de la classe ouvrière, furent édifiées par les chefs de nos grandes industries.

A notre connaissance, les plus anciennes constructions de ce genre datent de l'année 1810 et sont dues à M. De Gorge-Legrand.

Le quartier qu'il érigea au siège de son exploitation à Hornu, et qui comprend 500 maisons, chacune habitée par un ménage, peut encore être cité comme type aujourd'hui.

Peu après, de 1833 à 1835, le vicomte Raymond de Biolley, sénateur, donnait un bel exemple de générosité en créant le premier à Verviers une cité ouvrière, comprenant quatre-vingts maisons, formant les deux côtés de toute une rue.

L'édification de ces maisons fut entreprise dans un but purement humanitaire et charitable. Elles étaient faites pour un seul ménage chacune, d'ouvriers, de contre-maîtres, ou même de petits commerçants.

Elles étaient toutes pareilles, et se composaient d'une cave, d'une pièce au rez-de-chaussée, de deux pièces à l'étage et d'un grenier; chacune d'elles était pourvue d'un petit jardin.

Leur coût, y compris le pavement de la rue, les plantations, les pompes, les poêles mis à la disposition des locataires, fut évalué à 2,300 francs l'une.

Ces maisons constituant une rue particulière, depuis incorporée dans la ville, ont en bonne partie perdu aujourd'hui leur destination primitive et passé aux mains d'autres propriétaires qui les ont pourvues d'étages.

Ces exemples furent bientôt imités par un assez grand nombre d'établissements industriels du Hainaut et de la province de Liége, notamment à Seraing par la Société John Cockerill.

Parmi les plus importantes installations édifiées jadis, nous pouvons citer encore la cité de Bosquet-Ville, créée par la Société des charbonnages de Bois-du-Luc, à Houdeng, en 1838, et comprenant 166 maisons.

Cette société a été une des premières à se préoccuper de l'accroissement du bien-être de ses ouvriers.

Le Bosquet-Ville, construit en pleine campagne, comporte tout un ensemble de maisons et de rues, mais en général, toutes les maisons ouvrières édifiées de la sorte à proximité des établissements industriels, étaient disposées en ligne; tandis qu'aujourd'hui on évite de former des groupes de plus de deux ou trois maisons, comme à Quenast ou à Mariemont, ou bien on les éparpille, comme au Hasard ou à Micheroux Soumagné.

De 1830 à 1850, on érigea un nombre considérable de ces petites maisons dans les centres de charbonnages et d'établissements minéralurgiques. Elles étaient destinées aux ouvriers attachés à ces exploitations, et les industriels se préoccupaient seulement de les conserver à proximité de leurs établissements. Nous verrons aux chapitres IV et V l'importance toujours croissante de leur bienfaisante intervention, et nous aurons l'occasion de décrire les œuvres les plus remarquables qu'ils ont instituées à ce jour.

A cette époque, les ouvriers industriels étaient simples locataires; ce n'est que vers 1852 que l'on commença à préconiser, dans notre pays, leur accession à la propriété, et à se préoccuper de leur faciliter l'acquisition de leurs maisons.

Dans les villes, il fallut pourvoir, pendant cette période, au logement des nombreux ouvriers qui étaient venus accroître la population; là, les industriels n'ayant pas à se préoccuper de les retenir auprès de leurs établissements, ce fut la spéculation qui se chargea de créer les habitations nécessaires.

Elle édifia ces logements rapprochés « où la classe ouvrière est entassée, où règnent les inconvénients de la promiscuité, et auxquels on a donné le nom de *bataillons carrés* (1).

C'est à Gand surtout et à Bruxelles, que l'on vit s'élever au début une quantité de ces constructions spéciales, qu'on trouvait pratiques à ce moment et qui devaient causer bientôt tant de soucis aux commissions d'hygiène.

Les administrations publiques n'avaient pas encore été sollicitées d'intervenir dans ces constructions; non seulement elles y restèrent étrangères, mais elles ne tardèrent pas à leur déclarer la guerre.

---

(1) Voyez Ducpétiaux.

Nous allons examiner quelle a été la part d'intervention des pouvoirs publics, ainsi que de nos hygiénistes et de nos savants, dans le mouvement de la réforme des habitations ouvrières et l'impulsion donnée à celle-ci.

Les travaux des diverses commissions d'hygiène et des congrès, les circulaires ministérielles et les dispositions législatives, nous permettront de suivre leur action rationnelle et progressive.

Enquêtes locales. — Nous croyons pouvoir dire que c'est à la ville de Gand que revient l'honneur, d'avoir pris les premières dispositions relatives à la salubrité publique.

En 1838, le conseil communal de cette ville, effrayé des progrès du système des *enclos*, fit un règlement par lequel il prescrivit la largeur des rues et l'élévation des maisons dans les impasses.

La même année, le *Conseil central de salubrité publique*, siégeant à Bruxelles, chargea une commission de vérifier l'état des habitations de la classe ouvrière.

Le rapport de cette enquête fut rédigé par M. Ducpétiaux, qui présenta au conseil communal un projet d'association pour l'amélioration des habitations et l'assainissement des quartiers habités par la classe ouvrière dans la capitale.

Ce ne fut que dans sa séance du 11 avril 1846, que le conseil renvoya le projet à l'avis d'une commission. Celle-ci ne donna pas suite aux propositions qui lui étaient soumises. Les raisons en furent développées fort judicieusement dans un rapport de la commission médicale locale de Bruxelles, présenté lors de l'enquête sur la condition des classes ouvrières [1].

C'est à cette même commission que l'on doit d'avoir suggéré, la première à cette époque, l'idée de faire intervenir pécuniairement les administrations charitables dans la réforme du logement.

« Ne serait-il pas possible, disait-elle, d'appliquer chaque année une partie des fonds destinés à secourir la classe nécessiteuse à acheter d'abord ces impasses où l'air et la lumière arrivent à peine, et à remplacer ces misérables repaires par des habitations nouvelles?...

« L'administration communale ou les hospices seraient au bout d'un certain temps en possession d'un revenu considérable en consacrant à cet objet un subside annuel. »

---

[1] Voir ce rapport dans : *Enquête sur la condition des classes ouvrières et sur le travail des enfants en Belgique*, t. III, p. 633. 1848.

Commission de 1843. — Par arrêté royal en date du 7 septembre 1843, contresigné par M. le ministre Nothomb, une commission spéciale fut nommée pour préparer le travail se rattachant à l'élaboration d'un projet de loi sur le travail des enfants et la police des ateliers, pour compulser de nombreux documents, et notamment les matériaux de l'enquête faite dans le pays relativement à la condition des ouvriers.

Elle était présidée par *M. le chevalier de Sauvage*, président de chambre à la cour de cassation, et comptait *MM. Ducpétiaux* et *A. Visschers* au nombre de ses membres.

Cette commission rédigea un questionnaire qui fut adressé à tous les chefs d'industrie, aux chambres de commerce et des manufactures, aux commissions médicales et aux conseils de salubrité.

En réponse aux questions posées, la commission médicale locale de Bruxelles déposa un rapport rédigé par *M. le Dr Selade*.

Dans ce travail, qui est un traité complet de l'hygiène de l'ouvrier de la capitale, embrassant non seulement la condition des enfants, mais aussi celle des adultes, l'honorable praticien préconisait l'*association coopérative*, avec plus de développements peut-être qu'on n'en a encore souhaité à ce jour.

Il proposait l'association pour tout ce qui concernait l'achat des denrées de première nécessité, afin de les procurer à la classe ouvrière à des prix moins élevés; cette association pourrait, disait-il, administrer de grandes boulangeries, de grandes cuisines distribuant aux uns des aliments gratuits, aux autres des aliments à bas prix; un système de calorifère chauffant un grand nombre d'habitations; les étoffes nécessaires à la confection des vêtements seraient vendues en gros, etc., etc. Enfin un magasin central pourrait être organisé, de manière à fournir au prix coûtant les articles qui n'exigeraient pas une préparation trop compliquée.

Il terminait en signalant tout particulièrement la nécessité d'améliorer les habitations de la classe ouvrière et d'employer à cet objet, chaque année, une partie des fonds destinés à secourir la classe nécessiteuse.

Enquête de 1848. — *Circulaires.* — L'année 1848 vit *l'Enquête sur la condition de la classe ouvrière et sur le travail des enfants*, ainsi que l'ouverture d'un concours organisé par le département de l'intérieur pour la présentation d'un projet d'habitations modèles pour ouvriers.

Une *loi du* 18 *avril* de cette année ouvrit au département de l'intérieur un crédit permettant au gouvernement de contribuer aux travaux à entreprendre dans les communes urbaines et rurales, pour l'assainissement des quartiers et des habitations occupés par la classe ouvrière.

L'application de cette loi produisit d'excellents résultats.

La nature des travaux à exécuter, les développements à leur donner, les questions qu'ils pouvaient soulever au point de vue des intérêts particuliers et les dépenses auxquelles ils devaient donner lieu, étaient autant de questions au sujet desquelles le gouvernement devait être éclairé avant d'octroyer des subsides. M. Ch. Rogier, ministre de l'intérieur, par sa *circulaire du* 12 *décembre* 1848, invita MM. les gouverneurs de province à provoquer l'institution par les administrations communales des villes et des grandes communes rurales, de *comités spéciaux* ayant pour mission de lui procurer ces renseignements. Il indiquait quelle devait être la composition de ces comités, et subordonnait l'octroi des subventions à la nature des rapports transmis. Mais là ne se bornait pas leur rôle; ils devaient encore rechercher les améliorations à introduire dans les diverses localités, sous le triple rapport de l'assainissement des rues et des habitations, du manque absolu ou de la mauvaise construction des égouts, et de l'insuffisance des eaux nécessaires aux habitants.

Dès l'année suivante, l'éminent homme d'État adressait aux gouverneurs de province une circulaire (5 *avril* 1849), par laquelle il appelait leur attention sur la nécessité d'amener les communes à concourir efficacement à l'exécution des travaux d'hygiène publique en général, et particulièrement de ceux qui ont pour objet *l'amélioration des demeures de la population ouvrière et pauvre.*

Il leur recommandait d'engager ces autorités à faire appel au *concours des particuliers* pour l'exécution de ces travaux.

« L'institution sous le patronage des autorités communales, d'associations particulières pour la construction de maisons d'ouvriers, le percement de rues nouvelles dans les quartiers insalubres, etc., écrivait-il, serait surtout de nature à produire des résultats notables. Déjà une société de ce genre vient de se fonder à Liége. J'applaudis à la pensée philanthropique qui a présidé à la formation de cette société, et je verrai avec satisfaction, M. le gouverneur, que l'exemple donné à Liége trouvât des imitateurs dans d'autres localités populeuses.

« Nul doute, en effet, que la coopération des associations particulières ne rende plus facile la tâche des autorités communales pour l'accomplissement de l'œuvre d'amélioration hygiénique que le gouvernement a pris à cœur de favoriser par tous les moyens en son pouvoir; et ces autorités feront, dès lors, acte de bonne administration en s'efforçant, non seulement de provoquer la création de semblables associations, mais encore de les seconder dans tous les projets dont l'utilité sera démontrée. »

Les recommandations adressées aux administrations communales ne restèrent pas sans effet (1); dans la plupart des communes populeuses, des comités spéciaux furent institués, dans le but de rechercher et d'indiquer les mesures à prendre pour assainir les lieux et les logements insalubres, et les administrations communales se montrèrent généralement disposées à s'imposer les sacrifices que réclamaient les améliorations hygiéniques.

Par sa *lettre*, en date du 20 *avril* 1849, à M. le ministre de la justice, M. Ch. Rogier, après avoir exprimé encore le désir du gouvernement « de concourir, par tous les moyens en son pouvoir, à l'amélioration du sort des travailleurs », et l'intention du département de l'intérieur de venir en aide aux communes qui voudraient s'imposer les sacrifices financiers que réclamaient les utiles réformes auxquelles il les conviait, engagea son collègue de la justice à inviter les administrations de bienfaisance à consacrer aux améliorations projetées, une partie des ressources destinées par elles au soulagement de l'indigence.

M. de Haussy, ministre de la justice, adoptant les vues de son collègue, adressait, le 5 *juillet* 1849, *une circulaire* aux députations permanentes et aux conseils provinciaux, par laquelle il invitait ses collègues, à appeler la sollicitude des administrations de bienfaisance sur cet important objet et à les éclairer sur toute l'étendue de leurs attributions.

Cette même année, le gouvernement participant lui-même aux mesures d'amélioration, conclut une convention avec *M. Gomand*, propriétaire à Bruxelles, pour l'érection d'une société ouvrière sur le territoire d'Ixelles. Cette convention, approuvée par un arrêté royal du 15 septembre, accordait une subvention de 4,000 francs ainsi qu'une avance de 20,000 francs, sans intérêt, remboursable dans un délai de dix ans, par cinquième de deux en deux ans (2).

Par suite de circonstances qui nous échappent, le contrat fut rompu et la nouvelle construction reçut une autre destination.

Prix de propreté. — Le 4 *décembre* 1849, M. Ch. Rogier, se préoccupant des

(1) Ducpétiaux, *L'amélioration des habitations d'ouvriers*, p. 7.
(2) Voyez Ducpétiaux.

mesures à prendre dans l'intérêt de la propreté et de la salubrité des maisons ouvrières, adressait une nouvelle circulaire à MM. les gouverneurs des provinces, leur recommandant l'institution de *prix de propreté* et de *bonne tenue* pour les quartiers et les rues habités principalement par la classe ouvrière; lesquels prix devaient être décernés annuellement par l'administration communale, à l'intervention des bureaux de bienfaisance et du comité de salubrité publique.

Deux ans après, dans sa circulaire du 6 *septembre* 1851, M. le ministre de l'intérieur constatait que la distribution de ces récompenses avait produit partout de bons résultats; « l'expérience acquise, disait-il, me confirme dans l'opinion qu'elle constitue un des moyens les plus propres à développer les idées de propreté, d'ordre et de moralité au sein des familles pauvres. » Il demandait aux gouverneurs de s'efforcer de généraliser, autant que possible, l'institution des *prix de propreté* et leur faisait savoir que, « pour stimuler par tous les moyens les communes à suivre ses recommandations, il avait décidé : qu'à l'avenir l'allocation des subsides pour travaux d'assainissement serait subordonnée à l'institution préalable de prix de propreté et de bonne tenue des maisons ».

Le congrès d'hygiène publique de 1851, en transmettant au gouvernement l'expression de ses vœux, insista d'une manière toute spéciale sur la haute importance de l'amélioration des habitations de la classe ouvrière. Il lui remit son avis sur l'intervention jugée nécessaire de la législature, des administrations communales et charitables et du gouvernement; les règles à suivre pour la construction de ces habitations et les solutions arrêtées par l'assemblée générale.

Il crut utile d'étayer son opinion de considérations propres à éclairer le gouvernement, et chargea à cet effet le Conseil supérieur d'hygiène publique (1), de faire rapport sur ses propositions.

La commission à laquelle ce travail fut confié était composée comme suit : *A. Demanet*, *V. Uytterhoeven*, *Aug. Visschers*, *Ed. Ducpétiaux*, ce dernier rapporteur, et du Dr *Theis*, secrétaire du conseil.

Elle recherche les moyens les plus propres, à hâter et à faciliter la réforme du logement à la faire passer de la sphère de la théorie dans celle de la pratique.

Après avoir indiqué quelle devait être la nature du concours prêté par les admi-

(1) Un arrêté royal en date du 15 mai 1849 avait annexé cette nouvelle institution au ministère de l'intérieur.

nistrations charitables, elle recommandait tout particulièrement « d'assurer et de faciliter à l'ouvrier *les moyens d'acquérir cette même habitation* » dont on l'aurait pourvu.

« L'ouvrier, disait le rapporteur, appelé désormais à participer au bénéfice de la propriété, serait directement intéressé par là même à la défense de l'ordre sur lequel elle repose. »

Il demandait que M. le ministre de l'intérieur fît étudier le système des *building Societies* en grande faveur en Angleterre, et appelait tout spécialement l'attention du gouvernement sur la nécessité d'un programme qui spécifierait les conditions nécessaires pour l'assainissement des quartiers encombrés et la construction d'habitations appropriées aux besoins et aux convenances de la classe laborieuse.

Pour conclure, le Conseil supérieur d'hygiène s'offrait à remplir la mission suivante :

1° De rédiger le programme général pour la construction de maisons d'ouvriers;

2° D'examiner les plans qui lui seraient communiqués et de désigner ceux qui lui paraîtraient de nature à être approuvés, etc.;

3° De préparer des règlements et des programmes pour la délégation d'architectes, qui seraient chargés de préparer et de diriger gratuitement les constructions dans les diverses localités, pour l'enseignement dans les écoles des principes essentiels de l'architecture domestique et rurale, etc.;

D'étudier et d'arrêter des combinaisons propres à faciliter aux ouvriers l'acquisition de leurs habitations;

Enfin, de poser les bases et de formuler la rédaction d'un *projet de loi d'hygiène publique.*

Congrès international d'hygiène publique de 1852. — L'année 1852 vit une nouvelle session du congrès d'hygiène publique. Cette fois, les spécialistes de l'étranger y furent convoqués.

A la suite de ce congrès, le Conseil supérieur chargea une commission du soin « d'étudier et de rechercher les moyens de mettre à exécution les résolutions du congrès général de 1852 relativement à *l'amélioration des habitations des ouvriers* ». Elle était composée de : MM. A. Demanet, J.-P. Cluysenaar et Ed. Ducpétiaux, rapporteur.

Parmi les propositions que renfermait ce nouveau travail ([1]), nous remarquerons : la demande de rédaction, publication, mise en vente ou distribution gratuite de plans modèles d'habitations urbaines et rurales pour les classes laborieuses; l'établissement, par plans, devis, dessins et calculs appliqués à certaines localités désignées, des règles à suivre, dont l'économie et la simplicité seraient démontrées.

Le congrès de 1852 avait « discuté et voté une résolution qui embrasse à la fois *les conditions à observer pour ces constructions et les mesures à prendre pour les encourager et les faciliter* ».

Il avait notamment signalé l'utilité de « rechercher et d'étudier les combinaisons propres à *faciliter aux ouvriers l'acquisition des habitations*, soit en créant des associations qui feraient les avances nécessaires, sauf remboursement au moyen d'annuités ou de toute autre manière, soit en recourant à telles autres combinaisons que l'on croirait préférables ».

Afin de compléter leurs renseignements, deux membres de cette commission, *MM. Ed. Ducpétiaux* et *Aug. Visschers*, se rendirent à Paris, Berlin, Londres et Mulhouse, pour y recueillir des renseignements et étudier le mécanisme des sociétés fondées.

Leur rapport, terminé en 1855, fut approuvé le 31 mars de la même année. Nul n'était plus apte à éclairer l'opinion publique et à formuler les désidérata d'une réforme depuis longtemps souhaitée, que les deux dévoués et savants rapporteurs. Leur étude constitue un document précieux, qui servit de point de départ et de guide aux mesures diverses prises par la suite.

MM. Ducpétiaux et Visschers recherchèrent ce qui avait peut-être fait défaut jusqu'alors : quels seraient les moyens pratiques et les plans dont la réalisation ne serait pas de nature à entraîner des sacrifices trop considérables.

Ils basèrent donc leurs propositions sur les résultats qu'ils avaient constatés *de visu* en Angleterre, en Prusse, en France et ailleurs, et insistèrent particulièrement sur la nécessité de réaliser des combinaisons *propres à faciliter aux classes ouvrières l'acquisition de maisons salubres et commodes*, notamment en leur donnant la possibilité de s'acquitter par des payements successifs.

Convaincus du vif et constant désir de l'ouvrier de devenir propriétaire, ils considéraient que le meilleur moyen pour parvenir au résultat proposé était de

---

([1]) Approuvé par le Conseil supérieur du 5 décembre 1853.

combiner l'association avec le patronage; mais l'initiative de ces organisations devait appartenir à la bienfaisance.

Quant à la réalisation de ce projet, il pensait qu'il convenait que des patrons bienveillants de la classe ouvrière en prissent l'initiative, sauf à apporter aux plans et combinaisons déjà réalisés ailleurs les modifications que pourraient exiger les circonstances.

Ils déclaraient donc le moment venu de profiter des exemples recueillis à l'étranger et de tenter un essai décisif en Belgique, « dans ce pays où les idées utiles sont toujours sûres d'être accueillies », en fondant à Bruxelles, Gand, Liége, une société qui, dans ses statuts, inscrirait expressément le concours et la surveillance de l'administration. De plus, ils proposaient de faire appel aux chefs d'industrie, aux patrons de la classe ouvrière, aux capitalistes, aux personnes généreuses. « On assurerait, disaient-ils, aux actionnaires ou prêteurs un intérêt de 4 p. c., sans plus, du montant de leurs versements. Les loyers seraient calculés de manière à couvrir d'abord les intérêts des actionnaires, puis à former le compte spécial d'amortissement au profit des occupants. »

Ils développaient ensuite un règlement des tarifs d'amortissement, indiquaient quelles seraient les coopérations officielles à solliciter, etc.

Création des sociétés de construction. — C'est de cette époque que datent, chez nous, les sociétés de construction d'habitations ouvrières.

L'année suivante (1856) une société se fonda à Bruxelles sous le patronage de S. A. R. Monseigneur le duc de Brabant, pour l'amélioration des logements d'ouvriers; malheureusement elle dut renoncer à poursuivre son but, parce qu'elle fut informée que le gouvernement ne lui accorderait pas l'anonymat (¹). Aussi voyons-nous, peu de semaines après, le prince généreux qui s'était fait l'initiateur et le promoteur de cette œuvre de progrès et de charité, user de ses prérogatives parlementaires pour porter remède aux malencontreux obstacles que rencontrait le mouvement naissant en faveur de la réforme du logement.

Dans la séance du 4 avril 1857, Son Altesse Royale recommanda au gouvernement l'approbation des statuts des sociétés qui se constituaient en vue de construire des maisons ouvrières (²).

M. le vicomte Vilain XIIII, ministre des affaires étrangères, lui répondit que le

(¹) Voyez Ed. Vander Linden, p. 55.
(²) *Histoire parlementaire de la Belgique*, par Louis Hymans, t. III, p. 412.

Code de commerce ne permettait d'accorder l'anonymat qu'à des sociétés fondées dans un but commercial;

Qu'il désirait que ces sociétés pussent rédiger leur statuts de telle manière qu'il fût possible au gouvernement de leur accorder, soit la personnification civile, soit l'homologation comme sociétés anonymes.

Pour sa part, il assurait ces œuvres naissantes de toute sa sympathie et se voyait à regret arrêté par la légalité.

Grâce à cette auguste intervention, le gouvernement suivit la voie indiquée et une loi du 12 *juin* 1861 accorda l'anonymat à la *Société verviétoise pour la construction de maisons d'ouvriers.*

La fondation d'autres sociétés suivit peu après :

La Société liégeoise des habitations ouvrières fut constituée le 21 septembre 1867, et, à cette occasion, les Chambres étendirent la faveur accordée à la Société de Verviers à toutes sociétés ayant le même but.

La Société anversoise pour la construction et l'amélioration de maisons d'ouvriers fut fondée le 15 novembre 1867.

La Société anonyme des habitations ouvrières dans l'agglomération bruxelloise, le 7 mars 1868. S. M. le Roi figurait au nombre des souscripteurs de cette Société pour 150 actions, S. A. R. Monseigneur le comte de Flandre pour 50. D'autres sociétés furent encore fondées par la suite. Mais les administrations charitables les avaient devancées toutes, car, dès le 11 décembre 1859, un arrêté royal avait autorisé le Bureau de bienfaisance de Nivelles à réaliser le projet de MM. F. Le Bon et E. Hanon.

C'est ce groupe de maisons construites au faubourg de Namur, et qui toutes aujourd'hui sont devenues la propriété de leurs modestes locataires, qui a servi de modèle à maints constructeurs, et notamment au Bureau de bienfaisance de Wavre (1869).

Le Bureau de bienfaisance d'Anvers fut également des premiers à bâtir des maisons ouvrières (1864), mais ses opérations sont moins intéressantes; il nous paraît s'être beaucoup plus préoccupé de construire des maisons bourgeoises et de réussir une entreprise commerciale que de loger l'ouvrier à bas prix et de le rendre propriétaire de sa demeure (1).

Voici les principales localités dont les administrations charitables ont édifié des habitations modèles :

Wetteren (1857), Hoogstraeten (1865), Anvers (1864), Huy (1869), Jodoigne

(1) Voir *Commission du travail.* Rapports et conclusions, vol. III.

(1888), Morlanwelz (1873), Melle (1867), Sleydinge-Somerghem (1870), Mons (1886), Gand (1886), Termonde, Bruxelles, Saint-Josse-ten-Noode, etc.

Allocutions royales. — *Loi de 1867 sur l'expropriation par zones.* — Dès les premiers mois de son avénement au trône, le Roi se préoccupa de la réforme du logement de l'ouvrier, qu'il avait constamment favorisée comme héritier de la Couronne.

Le 17 septembre 1866, répondant aux bourgmestre et échevins de Tournai qui lui souhaitaient la bienvenue dans leur ville, il leur adressait les paroles suivantes :

« Assainissez votre ville, construisez des habitations ouvrières, vous remplirez la plus belle partie de votre mandat et vous ferez une bonne action. »

Peu de jours après, inaugurant les travaux parlementaires de la session 1866-67 il prononçait un discours dont nous recueillons ce passage :

« ... Le pays toutefois n'a pas été à l'abri de la maladie fatale qui a désolé d'autres contrées. Grâce au dévouement des autorités locales et de toutes les classes de la population, les effets du fléau, aujourd'hui presque entièrement disparu, ont été heureusement allégés.

« Ayons des paroles de commisération pour ceux qui ont souffert, des paroles de reconnaissance pour ceux qui se sont dévoués.

« Ces désastres, ne l'oublions pas, ont particulièrement affecté nos classes ouvrières. C'est notre devoir à tous de continuer à nous occuper de tout ce qui peut favoriser l'amélioration matérielle ou morale des populations laborieuses.

« Parmi les mesures préventives que la science et la pratique signalent comme les plus efficaces, figure au premier rang l'assainissement des quartiers insalubres, qui préoccupe, à juste titre, le gouvernement et les communes. »

Le 2 décembre de la même année, M. le ministre de l'intérieur déposa, au nom du Roi, sur le bureau de la Chambre, un projet de loi relatif à l'expropriation par zones; l'objet principal de celui-ci était d'assurer la reconstruction *d'habitations ouvrières* dans les quartiers expropriés.

M. Delhougne fut chargé de faire rapport à la Chambre à ce sujet.

C'est dans la séance du 12 mars 1867 qu'il s'acquitta de cette mission. Il le fit avec un talent et une conviction dignes de tous les éloges. Malheureusement, la Chambre perdant de vue les intérêts de la classe ouvrière, que le discours du trône avait recommandés à sa sollicitude, redoutant d'autre part ce que M. Tack appelait la *spéculation publique*, n'écouta ni l'honorable rapporteur, ni les objurgations de M. Dumortier et termina, après un long débat, en votant une loi (souvent déplorée depuis), qui permettait au gouvernement « d'appliquer le système d'expropriation par zones à des travaux qui n'intéressent en rien la classe ouvrière en ce qui concerne les logements qu'elle occupe [1]. »

Enquête de 1868. — En 1868, M. Jamar, ministre des travaux publics, institua une enquête concernant particulièrement la condition des ouvriers mineurs. Dans la circulaire qu'il adressa à cette occasion au corps des mines, il recommandait encore comme mesure d'amélioration pratique, « tant au point de vue matériel qu'au point de vue moral et intellectuel, la construction de maisons pouvant offrir à l'ouvrier un logement salubre à des conditions faciles ».

Exposition internationale et congrès de 1876. — Il était réservé à l'Exposition internationale d'hygiène et de sauvetage de Bruxelles 1876, et au Congrès international qui la suivit, de raviver l'intérêt de cette importante question de la réforme de la condition des classes laborieuses, quelque peu délaissée pendant la période de prospérité que nous venions de traverser. Elle eut aussi pour effet de populariser les questions d'hygiène et d'économie sociale, car, ainsi que le disait M. le Dr Liouville, délégué français, ce congrès avait « ce privilège, de convoquer chacun à rechercher publiquement les améliorations pratiques, physiques ou morales profitables à tous ».

Tandis que dans cette remarquable exposition, organisée sous le haut patronage de S. M. le Roi, on examinait et comparait les nombreux types d'habitations ouvrières installées par les exposants des divers pays, le congrès d'économie sociale proposait à l'étude de ses membres les questions suivantes : « *Déterminer les conditions que les habitations privées doivent présenter, au point de vue de la morale et de l'hygiène. Décrire et examiner l'orientation, les procédés de chauffage, de ventilation, d'éclairage, les moyens d'alimentation d'eaux potables et d'eaux pour les usages domestiques; les systèmes de canalisation pour l'écoulement des eaux ménagères et des déjections.*

« *Rechercher la solution économique de la question précédente, appliquée à la construction de maisons ouvrières; faire connaître les meilleurs types de ces maisons; indiquer les combinaisons les plus favorables pour que l'ouvrier puisse les acquérir; préciser et comparer les résultats obtenus par les sociétés*

---

[1] Paroles de M. De Nayer, Chambre des représ., séance du 25 mai 1867 (*Ann. parlem.*, Sess. 1866-1867.

coopératives, les sociétés anonymes et les chefs d'industrie ». M. le Dr Paul, de Namur, fut chargé des fonctions de rapporteur de la 3e section.

Son travail constitue une des meilleures études publiées au sujet de la question qui nous occupe, et peut servir de guide à ceux qui ont pour mission, soit d'édifier des maisons ouvrières, soit d'en faciliter l'acquisition aux travailleurs.

Nouveaux encouragements de nos souverains. — Dans la séance solennelle de clôture de cette mémorable session, M. Vervoort, président du congrès, donna lecture du message suivant :

Palais de Bruxelles, le 3 octobre 1876.

MONSIEUR LE PRÉSIDENT,

« D'après les ordres du Roi, je viens vous prier de vouloir bien informer le « Congrès que Sa Majesté a résolu de mettre à la disposition du prochain « Congrès d'hygiène un prix consistant en une coupe d'or de la valeur de cinq « mille francs.

« Ce prix, dans la pensée du Roi, sera décerné par le Congrès à la ville, à « l'autorité locale, à l'association ou au particulier qui, en améliorant les loge- « ments des classes nécessiteuses, sera parvenu à réduire de la manière la plus « notable et au moins de frais la moyenne de la mortalité dans ces mêmes « classes.

« La Reine, de son côté, met à la disposition du prochain Congrès d'hygiène « une médaille d'or.

« Le Congrès la décernera à l'institution publique ou privée chargée de l'en- « tretien d'orphelins, où la préservation de la vie des enfants aura atteint la « moyenne la plus élevée.

« Veuillez agréer, Monsieur le Président, l'assurance de ma haute considé- « ration.

Le chef du cabinet du Roi,
(Signé) JULES DEVAUX. »

Ces importantes récompenses ne constituaient pas seulement une générosité royale attestant du vif intérêt que portent Leurs Majestés à la classe laborieuse, mais un précieux élément d'émulation, appelé à faire succéder à ce congrès si riche en résultats, d'autres assises ayant le même but utilitaire.

L'assemblée laissa au bureau général « le soin d'examiner les questions qui se rattachent aux vœux implicitement compris dans la communication du Roi ».

Nous ignorons quelles furent les résolutions prises, nous ne pouvons donc que rappeler ici cet acte de haute bienveillance à tous ceux qui s'intéressent au sort de la classe nécessiteuse et aux orphelins...

Les expositions sont de puissants instruments de diffusion et de vulgarisation des idées et des systèmes; aussi la remarquable exposition de 1876 exerça-t-elle une heureuse influence sur l'amélioration du logement et l'application des préceptes de l'hygiène dans notre pays.

Enquête de 1886. — Les grèves et les conflits, dont nos provinces industrielles furent le théâtre au mois de mars 1886, appelèrent de nouveau l'attention du gouvernement sur les questions ouvrières.

Afin de prévenir le retour de ces déplorables événements, il résolut de rechercher immédiatement les remèdes propres à améliorer la condition générale des classes laborieuses en faisant étudier avec ensemble et méthode l'état de nos populations ouvrières et des industries qui les emploient, et examiner quelles seraient les institutions à créer ou les mesures à prendre en vue d'améliorer la situation ([1]).

Commission du travail. — Il institua à cet effet la *Commission du travail*, qui fut nommée par arrêté royal du 15 avril 1886.

Elle était composée de trente-six personnes, sénateurs, députés, industriels, publicistes, ingénieurs, etc., et fut présidée par M. E. Pirmez, ministre d'État.

Les travaux de la 3e section ([2]) de cette commission portèrent sur « l'amélioration de la condition morale et matérielle des classes laborieuses »; elle se préoccupa tout particulièrement de la situation fâcheuse des logements d'ouvriers et adopta les conclusions que M. le représentant Meeus motiva dans un rapport des plus remarquables ([3]).

([1]) Loi du 15 avril 1886. Rapport au Roi par M. Beernaert, ministre des finances.

([2]) Composée de : Président : M. Guillery. Vice-président : M. le comte A. d'Oultremont. Secrétaire : M. le baron A. t'Kint de Roodenbeek. Membres : MM. Cartuyvels, Cornet, L. d'Andrimont, Dauby, É. de Laveleye, De Ridder, Ch. Henry, baron Kervyn de Lettenhove, Lammens, Meeus.

([3]) *Commission du travail.* Rapports, vol. III.

Nous les reproduisons ici dans leur entier, telles que la Commission générale en arrêta la rédaction définitive dans sa séance du 13 novembre 1886 :

HABITATIONS OUVRIÈRES.

(Rapporteur M E. MEEUS.)

Conclusions adoptées en séance du 13 *novembre* 1886.

I

Il y a lieu de dresser une statistique scientifique les logements d'ouvriers.

La Commission du travail exprime le vœu que, lans l'enquête sur les logements d'ouvriers, le Conseil supérieur d'hygiène publique soit appelé à réunir des données aussi approximatives qu'il est possible sur le nombre des familles dans lesquelles il y a, pendant le repos, séparation des enfants et des adultes, séparation des enfants des deux sexes.

II

Il y a lieu de reconnaître législativement aux administrations communales le droit :

1° D'édicter des règlements prescrivant, pour la construction des maisons, les conditions les plus indispensables à la moralité et à la salubrité ;

2° D'exercer, dans l'intérêt de l'hygiène, une surveillance permanente et efficace des habitations, et spécialement de celles qui servent de logement à plusieurs ménages.

Les cours, vestibules et escaliers sur lesquels donnent issue plusieurs appartements loués séparément devraient, au point de vue de la police, être considérés comme appartenant à la voie publique.

III

En attendant une revision plus complète de la loi de 1822 sur la contribution personnelle, il y a lieu de modifier les dispositions de cette loi qui concernent les exemptions totales ou partielles établies en faveur des habitations d'une valeur locative peu élevée, en excluant des faveurs accordées les maisons servant de boutique ou de débit de boissons.

IV

Il y a lieu d'engager les administrations publiques à employer une partie de leurs capitaux à construire des habitations ouvrières convenables et à les louer à des prix qui ne laissent, tous frais payés, qu'un intérêt, rémunération nécessaire des capitaux engagés dans l'entreprise. Les cabarets devraient y être interdits. Pour intéresser les locataires à conserver leurs habitations en bon état, il pourrait être stipulé que le produit net au delà d'un certain taux d'intérêt du capital serait, chaque année, partagé entre les locataires, à valoir sur les prochains loyers.

V

Les bénéfices octroyés par les articles 1, 2, 4 et 5 de la loi du 12 août 1862, qui déroge, en faveur des sociétés ayant pour objet la construction des maisons et autres bâtiments destinés à l'usage des classes ouvrières, à la législation sur les droits d'enregistrement et de transcription, sont applicables à tout constructeur de maisons ouvrières, et spécialement aux administrations publiques, telles que bureaux de bienfaisance, hospices, administrations communales, qui emploieront en construction de maisons ouvrières, sous réserve d'amortissement, soit une partie de leur patrimoine, soit des capitaux empruntés.

VI

Il y a lieu :

1° De favoriser les sociétés qui ont pour objet exclusif la construction, la location et surtout la vente des maisons ouvrières aux ouvriers, en autorisant ces sociétés à émettre des obligations à primes ;

2° D'exempter de l'impôt foncier, pendant quinze ans, les habitations construites à neuf, dont le coût, non compris le terrain, ne dépasse pas 1,600 francs.

En cas de vente de ces habitations, si l'acquéreur ne possède pas d'autre immeuble et que le prix de vente soit stipulé payable par annuités, l'exemption de l'impôt foncier serait accordée pendant quinze ans à dater du jour de la vente ;

3° D'engager les administrations communales à exonérer des frais de voirie (acquisition de terrains destinés aux rues, pavage, égouts, conduites d'eau et de gaz) les administrations, sociétés et particuliers qui consacrent leurs capitaux à la construction de maisons ouvrières ;

4° D'interdire aux provinces et aux communes l'établissement de taxes sur les maisons exemptées de l'impôt foncier ;

5° De n'augmenter ni l'impôt foncier, ni les taxes provinciales et communales des maisons ouvrières existantes, après qu'elles auraient été assainies et améliorées, pourvu que leur valeur ne dépasse pas 1,600 francs, terrain non compris.

VII

Les sociétés ayant pour objet la construction, l'achat, la vente ou la location d'habitations destinées aux classes ouvrières pourront revêtir la forme anonyme ou coopérative.

Les exemptions de divers droits octroyées en faveur des sociétés coopératives par les articles 1, 2, 3 et 4 de la loi du 2 juillet 1875, sont applicables aux sociétés anonymes dont l'objet est défini à l'article 1.

VIII

Il y a lieu d'exempter de tout droit de mutation la vente des maisons d'une valeur n'excédant pas 1,600 francs, terrain non compris.

IX

Il y a lieu de reviser certaines dispositions du code civil à l'effet d'assurer au survivant des époux la jouissance de la maison acquise pendant le mariage et qui lui sert d'habitation.

X

Il y a lieu de reviser les articles 826, 827, 859 et 866 du code civil, ordonnant le partage ou le rapport des immeubles en nature et leur vente quand ils ne sont pas partageables, pour le cas où il n'existe dans la succession d'autre immeuble qu'une maison dont la valeur ne dépasse pas 1,600 francs, terrain non compris.

L'effet que nous attendons de la réalisation de ces vœux promet d'être considérable, car ils tendent :

1° *A abaisser les loyers;*

2° *A assurer la transmission intégrale du foyer;*

3° *A rendre l'ouvrier propriétaire.*

Enquête du Conseil supérieur d'hygiène publique. — M. le ministre de l'intérieur, approuvant la proposition qui lui avait été faite par le Conseil supérieur d'hygiène publique d'ouvrir une enquête sur la situation des logements, l'associa aux travaux de la Commission d'enquête du travail, en le chargeant de la partie relative à la salubrité des habitations ouvrières.

Les investigations du Conseil firent connaître l'état hygiénique des habitations dans toutes les régions du royaume, tandis que les rapports de MM. Berden et Somerhausen résumaient ses propositions quant aux modifications qu'il faudrait apporter à la loi sur le domicile de secours, en vue de faciliter la construction de maisons ouvrières; les modifications à introduire dans les lois et règlements en vigueur; le rétablissement des distributions annuelles de prix de propreté, etc.; de plus, une commission spéciale composée de *MM. Berden*, président, *Beyaert*, *Crocq*, *Dusaert*, *Guchez*, *Janssens*, *Leclercq* et *Vleminckx*, membres, fixa le programme [1] à suivre dans la construction et l'aménagement des habitations destinées à la classe laborieuse. Elle énonça dans ce travail les préceptes à suivre quant à l'emplacement, l'orientation, les dispositions générales relatives au nombre de ménages (qu'elle fixe au maximum de huit pour les maisons collectives), la hauteur des façades, la largeur des rues, etc., la distribution intérieure; le mode

---

[1] Voir annexe.

de construction, le chauffage et la ventilation, l'écoulement des eaux ménagères, l'approvisionnement d'eau, enfin quant aux cours, jardins et dépendances (1).

L'enquête du Conseil supérieur d'hygiène publique a démontré à suffisance, que la sollicitude du gouvernement aurait amplement matière à se manifester, pour améliorer le logement de la classe laborieuse. Les critiques les plus sérieuses visent particulièrement les villes de Courtrai, Roulers, Thielt, Thourout; les environs d'Oost-Vleteren dans la Flandre occidentale; certains quartiers de Gand et de Bruxelles; dans le couchant de Mons, Frameries, La Bouverie, Pâturages, puis Liége et les centres industriels de ses environs, Verviers, Arlon, etc.

Mais cette enquête a permis de constater également les progrès réalisés en bien des villes, et en général dans l'ensemble du pays, depuis l'enquête de 1843.

Ainsi, si les habitations ouvrières ne sont pas encore l'objet d'une surveillance suffisante dans les petites communes rurales, et si dans la province de Liége (en dehors de Liége, Spa, Pepinster et Verviers) les règlements relatifs à la salubrité font défaut, si ailleurs encore, on ne comprend pas que c'est par des mesures préventives que l'on garantit les populations contre les épidémies, les habitations sont généralement convenablement inspectées dans les communes d'une certaine importance. Pour ne citer que le Brabant, car nous ne pouvons examiner chaque province en détail, les rapports constatent l'existence et l'application de règlements d'hygiène et de police de la salubrité dans toute l'agglomération bruxelloise, dans toutes les communes suburbaines de celle-ci, puis à Diest, Jette, Hal, Court-Saint-Étienne, Genappe, Braine-le-Château, Clabecq, Tubize, etc. Dans d'autres localités, les habitations ouvrières sont spécialement inspectées par des délégués des chefs d'industrie auxquels elles appartiennent.

A Anvers, la condition du logement et la santé publique ont été notablement améliorées par la transformation des quartiers de l'Escaut et l'utilisation des terrains de l'ancienne citadelle du Sud.

A Lierre, « les habitations construites depuis une vingtaine d'années laissent peu à désirer.

On en a établi un grand nombre depuis dix ans en dehors de l'enceinte de la ville; elles se trouvent dans de meilleures conditions ».

A Mons, la démolition des fortifications a permis de créer des promenades plantées et de larges rues.

---

(1) Voir *Enquête du Conseil supérieur d'hygiène publique. Habitations ouvrières*, 1er fascicule, p. 64. Bruxelles, F. Hayez, 1887.

Le détournement de la rivière la Trouille, où se déversaient les immondices, le voûtement de l'ancien lit, auquel aboutit un réseau d'égouts complet, l'établissement d'une distribution d'eau à domicile, ont considérablement amélioré les conditions sanitaires de la ville. La classe ouvrière, nous dit le rapporteur, qui se compose en grande majorité d'artisans, a profité de ces améliorations.

« A Dour, Boussu et Hornu, les ouvriers vivent dans des maisons généralement salubres; une édilité soigneuse veille à ce que la propreté règne dans toutes les parties de la commune, entretient les voies de façon à éviter toute stagnation des eaux et réussit ainsi à maintenir une situation sanitaire des plus remarquables(1). »

A Morlanwelz, Chapelle lez-Herlaimont et Trazegnies et dans maints autres endroits que nous citons dans notre dernier chapitre, on a édifié un grand nombre de maisons ouvrières parfaitement aménagées.

« Au point de vue du logement, dit M. Guchez, les ouvriers du bassin de Charleroi n'ont rien à envier à ceux du Centre; presque partout les vieilles masures ont disparu et fait place à des maisons possédant un étage, pourvues d'air et de lumière et disposées de façon à sauvegarder suffisamment la santé et la moralité des habitants. »

Résumant son impression au sujet de l'enquête du Brabant, M. le Dr Janssen constate que, depuis trente ans, « des modifications très considérables et des améliorations très heureuses » ont été apportées dans la situation de Bruxelles.

Examinant ensuite à quelle cause il faut attribuer les progrès de la capitale et pourquoi certaines localités de la province n'en ont pas bénéficié, il formule les considérations suivantes :

« ..... Il est à remarquer que le règlement sur la police de la voirie et sur l'assainissement des quartiers populeux, qui est en vigueur dans notre ville depuis 1865 et dont les principes généraux ont été aussi traduits en prescriptions officielles dans les communes faubourgs, a donné une très vive impulsion aux mesures d'hygiène, tendant à doter les classes laborieuses d'habitations salubres et à contraindre les propriétaires à exécuter des travaux d'assainissement et de réparation nécessaires à cette fin. Les bouges, les taudis ignobles qui déparaient autrefois notre ville et qui étaient le réceptacle des maladies chroniques de toute nature, le foyer d'où rayonnaient les épidémies, ne constituent plus dans notre

---

(1) Rapport de M. Guchez.

ville que des exceptions dont le nombre diminue de jour en jour : le service d'inspection sanitaire qui fonctionne sous le contrôle de la commission médicale locale met en action régulière et permanente les pouvoirs étendus que les lois de 1789, 1790 et 1836 ont confiés au chef de la commune pour garantir la santé publique. Quelques chiffres récemment recueillis par notre rapporteur permettront de constater l'activité de cette surveillance en ce qui concerne la salubrité des habitations.

« Depuis 1875 jusqu'à la fin de l'année 1885, le nombre des maisons assainies à l'intervention de l'autorité locale et où des travaux ont été prescrits, ensuite d'enquêtes, par le bourgmestre sur l'avis conforme du bureau d'hygiène et, au besoin, de la commission médicale, s'est élevé au chiffre de 7,311. Le nombre total des habitations étant d'environ 18,000, on voit qu'environ 40 p. c. des maisons existantes ont bénéficié des mesures tutélaires dont il s'agit. Cette intervention de l'autorité locale, qui fait sans cesse appel aux lumières de l'hygiène et qui, par voie de persuasion ou, s'il le faut, par voie de coercition, provoque les applications de cette science au profit de la santé de tous ses administrés, a eu des résultats qui sont dignes de fixer l'attention de toutes les autres communes du pays. Ils se traduisent, en effet, par une diminution de plus de moitié dans la mortalité causée par les maladies épidémiques ou transmissibles; par une décroissance marquée du chiffre des victimes prélevées par la phtisie pulmonaire; par une diminution continue de la mortalité en général, ou, en d'autres termes, par un accroissement régulier et progressif de la vie moyenne, au grand profit de la production et de la richesse sociales. »

Le Conseil supérieur d'hygiène publique, considérant qu'il est du devoir du gouvernement de prendre les dispositions propres à améliorer les habitations destinées aux classes ouvrières et indigentes, lui recommanda les mesures suivantes :

1° Prendre des dispositions législatives en vue de régler les questions relatives à l'hygiène publique, et notamment de renforcer l'action du pouvoir supérieur dans toutes les matières qui touchent à la salubrité des habitations ouvrières tant dans les villes que dans les campagnes, tout en sauvegardant les prérogatives de l'autorité communale ;

2° Favoriser la construction pour les ouvriers et les indigents de maisons salubres, dont le prix de location soit en rapport avec les ressources des occupants, et encourager spécialement les bureaux de bienfaisance à construire des maisons de l'espèce ;

3° Modifier la législation sur les sociétés coopératives de manière à permettre aux associations ayant pour objet la construction des maisons ouvrières pour la revente ou la location de prendre la forme de sociétés coopératives ;

Encourager la création et le développement de ces associations en leur accordant des faveurs et des immunités dans la limite de nos lois constitutionnelles ;

4° Favoriser l'acquisition par les ouvriers des habitations destinées à leurs familles et rechercher les moyens d'assurer la conservation de ces habitations aux familles qui en sont devenues propriétaires ;

5° Dégrever les habitations destinées aux classes ouvrières de toutes contributions, taxes, etc., lorsque leur loyer n'atteint pas un certain taux, et exempter dans la plus large mesure possible des droits de mutation les acquisitions de ces habitations faites par ou pour les ouvriers ;

6° N'autoriser la construction des maisons destinées aux familles d'ouvriers et des logements des ouvriers célibataires que pour autant que ces habitations et ces logements répondent à toutes les conditions d'hygiène prescrites par un règlement type ;

7° N'autoriser la démolition des quartiers habités par les ouvriers que pour autant qu'il soit préalablement pourvu au logement de ceux-ci d'une manière conforme aux exigences de l'hygiène ;

8° Organiser un contrôle sérieux et permanent sur la construction des maisons ouvrières, sur leur entretien et sur tout ce qui touche à l'hygiène des habitations tant dans les villes que dans les campagnes ;

9° Venir largement en aide aux communes dont les ressources seraient reconnues insuffisantes, pour tous travaux concernant la salubrité publique, tels que le drainage, l'amélioration des cours d'eau, le pavage, la construction d'égouts, la distribution d'eau potable, etc.;

10° Exiger que chaque commune ait un règlement d'hygiène et de salubrité publiques, et prendre des mesures pour en assurer l'exécution. Ce règlement devrait prescrire notamment : l'assainissement des habitations qui laissent à désirer sous le rapport de l'hygiène et l'évacuation de celles qui seraient reconnues insalubres ; l'élargissement des ruelles ; la suppression des impasses complètement insalubres et l'amélioration des autres ; le mode de construction et d'entretien des latrines, des fosses d'aisance, des égouts et de leurs raccordements avec les maisons ; les précautions à prendre pour que les fumiers, les fosses à purin et autres réceptacles d'immondices ne puissent corrompre l'eau destinée à l'alimentation et aux usages domestiques ;

11° Encourager la création de logements salubres et de pensions économiques pour certaines catégories d'ouvriers, ainsi que l'établissement de lavoirs et de bains publics dans les quartiers populeux ;

12° Engager les communes à instituer des prix d'ordre et de propreté ;

13° Vulgariser les notions d'hygiène par tous les moyens, surtout par leur introduction, à titre obligatoire, dans l'enseignement scolaire.

Projet de loi déposé par le gouvernement le 27 *mars* 1888. — *Comités de patronage.* — Le gouvernement actuel s'est empressé de traduire en projet de loi les conclusions adoptées par les deux commissions d'enquête, et de le soumettre à la Chambre des représentants [1].

Les innovations qu'il renferme, font espérer que l'action des éléments divers qu'il met en jeu, aura raison des inerties ou des difficultés qui ont retardé le succès d'une réforme qui est dans les vœux de tous.

La disposition la plus essentielle qu'on y rencontre est l'institution de *Comités de patronage*, qui paraissent être appelés à remplir un rôle important.

Voici comment l'honorable chef du cabinet comprend celui-ci :

« En même temps qu'ils favoriseront la construction d'habitations ouvrières, et qu'ils useront de leur influence pour faire adopter les combinaisons les plus propres à en faciliter l'acquisition par les ouvriers eux-mêmes, ils exerceront un contrôle permanent sur la salubrité de ces habitations et encourageront le développement de l'épargne et des institutions de secours mutuels et de retraite...

« L'intervention des comités ne sera pas moins efficace quant au développement de la caisse de retraite, institution excellente et malheureusement trop peu connue, et des sociétés de secours mutuels [2].

« Le nombre de celles-ci s'est élevé rapidement, et des comités de propagande ont été constitués en vue de les augmenter encore. Leurs attributions passeront aux comités de patronage.

« Ceux-ci concentreront donc entre leurs mains, dans chaque arrondissement, le soins des intérêts ouvriers sous leurs principaux aspects. Et les études auxquelles le gouvernement se livre, en vue de l'organisation d'un système d'assurances, auront assurément pour résultat de leur donner de nouvelles et de plus importantes attributions.

« En ce qui concerne spécialement la construction des maisons ouvrières, l'avis favorable du comité sera nécessaire, sauf recours au gouvernement, pour que les sociétés puissent revêtir la forme anonyme ou coopérative et jouissent des faveurs fiscales introduites par le projet de loi.

« Les comités de patronage devront certifier la qualité de l'ouvrier qui acquerra une habitation ou contractera un emprunt ayant ce but, et le caractère même de ces opérations.

« La Caisse d'épargne devra prendre leur avis au sujet des prêts qui lui seront

---

[1] *Docum. parlem.* Chambre des représ., sess. 1887-1888, p. 137. Exposé des motifs de M. le ministre Beernaert et projet de loi.

[2] Exposé des motifs (*Docum. parlem.*, sess. 1887-1888, p. 136).

demandés, de manière qu'il soit bien établi que les avantages de crédit qu'elle accordera ne soient point détournés de leur but.

« D'autre part, les comités de patronage exerceront une surveillance générale et permanente sur les conditions hygiéniques des habitations ouvrières, dans leur ressort, et des quartiers où elles sont plus spécialement établies.

« Ils visiteront les habitations, ils se rendront compte de l'état de leur entretien, ils vérifieront notamment si le régime des égouts est bien établi, si les logements sont suffisamment vastes et aérés, si l'on y trouve en quantité suffisante l'eau nécessaire, si les immondices sont régulièrement enlevées.

« On n'a pas cru devoir, par respect pour l'inviolabilité du domicile, leur accorder le droit de pénétrer dans les habitations malgré ceux qui les occupent. Mais il n'est pas douteux que, au moins en général, les familles ouvrières se prêteront avec reconnaissance à une inspection faite dans leur seul intérêt et pratiquée avec autant de sollicitude que de discrétion.

« Il a été maintes fois constaté que, dans bien des communes du pays, le service de l'hygiène laisse beaucoup à désirer. Des autorités élues reculent parfois devant l'impopularité qu'entraînent des mesures de police, même lorsqu'elles sont parfaitement justifiées.

« Il ne s'agit pas cependant de déposséder l'autorité communale des attributions qu'elle tient de la loi. Le projet de loi ne tend qu'à les lui faire remplir avec plus de sollicitude et avec plus de fruit, grâce au contrôle des comités de patronage.

« Sans avoir le droit de prescrire aucune mesure ou de donner aucun ordre, le comité aura un droit illimité de vérification et d'investigation et il fera, soit aux administrations communales, soit au gouvernement, telles propositions qu'il jugera opportunes.

« Tous les ans, il adressera au ministre un rapport de ses opérations, et ce rapport sera communiqué au Conseil supérieur d'hygiène et aux commissions médicales.

« Ainsi, des abus qui demeurent aujourd'hui trop souvent ignorés arriveront promptement au grand jour de la publicité, et il sera plus aisé d'y trouver un remède ou d'en prévenir le retour... »

Projet d'une société nationale pour la construction et l'achat de maisons ouvrières. — Frappé du rôle important que les bureaux de bienfaisance et les hospices ont à remplir dans le développement des habitations ouvrières, et des avantages que les communes pourraient faire de leur propre crédit à ceux dont les ressources sont insuffisantes; préoccupé des résultats féconds que l'intervention de la commune et de l'État peut apporter à la solution de cette question, — intervention admise par les économistes (tels que M. Leroy-Beaulieu) les plus hostiles à l'intervention de l'État—; préoccupé surtout de l'idée de « généraliser la réforme des logements ouvriers », *M. Hector Denis*, membre de la 3e section de la Commission d'enquête, a proposé à celle-ci la création d'une société nationale pour la construction et l'achat de maisons ouvrières, analogue à celle instituée pour les chemins de fer vicinaux.

Ainsi qu'il le rappelait fort justement, Ducpétiaux et Visschers avaient déjà formulé le vœu de voir fonder dans les principales villes du pays une société qui, dans ses statuts, inscrirait expressément le concours et la surveillance de l'administration ([1]).

Dans la pensée du savant professeur, les sollicitations adressées aux administrations publiques et les faveurs légales accordées aux capitaux privés ne donnent pas la solution du problème, il faut « créer un organisme ou des organismes nouveaux, qui exercent une action morale constante sur les administrations publiques tout en accomplissant eux-mêmes une large part de cette œuvre d'amélioration des logements ouvriers ».

Cette proposition souleva des critiques diverses, que M. Eug. Meeus a fait connaître dans son rapport sur les logements ouvriers.

« S'il est possible, disait-il, à une société de construire et de donner à bail des lignes de chemin de fer disséminées sur toute la surface du territoire, cela ne serait plus pratique quand il s'agit de construire et de louer des maisons.

« L'administration d'une entreprise aussi vaste, comportant des détails infinis, deviendrait impossible. Les frais en seraient énormes et le contrôle impraticable. Comment, du reste, connaître les besoins de chaque localité, et s'entourer des renseignements nécessaires pour l'acquisition des terrains, le prix des constructions, etc. ([2])? »

Cette manière de voir ayant été partagée par la Commission d'enquête, la proposition de M. H. Denis fut rejetée. Le gouvernement, se ralliant à l'avis de ladite commission, n'a pas jugé opportun de constituer une grande société étendant ses opérations au pays tout entier, mais il facilitera la constitution de sociétés anonymes et coopératives de construction et autorisera la Caisse d'épargne et de

---

([1]) Voir p. 32.

([2]) *Commission du travail*, vol. IV, p. 83 et 244. Rapport de M. Eug. Meeus.

retraite à employer désormais une partie de ses fonds disponibles, en prêts en faveur de la construction ou de l'achat de maisons ouvrières.

Quoi qu'il en soit, les propositions formulées par M. Hector Denis offrent un trop grand intérêt pour que nous ne reproduisions pas ici son projet, tel qu'il le présenta en dernière analyse. D'autant plus que M. le baron Ruzette, gouverneur de la Flandre occidentale, déposant devant la Commission du travail, réclamait semblable création, et que l'*Association des maîtres de forges de Charleroi* et la *Société de Marcinelle et Couillet* lui ont fait parvenir des vœux identiques [1].

« Mon but, disait M. H. Denis, était de donner à l'entreprise de construction et d'amélioration des maisons ouvrières l'impulsion la plus énergique, la continuité la plus grande, l'esprit de suite, la stabilité, les conditions de crédit les plus favorables...

« La section centrale soutient à la fois que ma proposition sera inutile et que les frais généraux seront écrasants, puisque la société devra se mettre en rapport incessant avec 2,500 administrations communales.

« Je réponds que si les 2,500 communes du pays se décident à correspondre avec cette société, c'est assurément qu'elle n'est pas inutile; et même dans cette hypothèse, les frais généraux ne seraient pas nécessairement considérables; il suffit pour s'en convaincre d'examiner les bilans de la Société du crédit communal. »

Il insistait ensuite sur les avantages que présenterait l'organisation qu'il préconisait. La voici :

« Il serait constitué des sociétés provinciales pour la construction et l'amélioration des maisons ouvrières.

L'État, la province, les communes, les bureaux de bienfaisance interviendraient pour former le capital social.

Plusieurs communes et bureaux de bienfaisance pourraient s'entendre pour des séries de constructions.

L'intervention de l'État, celle de la province, seraient limitées à une certaine proportion du capital nominal de chaque groupe de maisons. Les bureaux de bienfaisance et les communes souscriraient les autres portions.

Les conseils d'administration seraient formés de délégués de l'État, des provinces, des communes et des bureaux de bienfaisance.

Le Conseil supérieur d'hygiène subsisterait comme une autorité scientifique au-dessus de toutes les sociétés provinciales et comme leur lien fédératif.

---

[1] Voir *Enquête de la Commission du travail*, t. IV.

Les actions souscrites pour la construction ou l'amélioration des maisons ouvrières seraient libérées par annuités.

Les sommes versées pour l'établissement de chaque série de maisons seraient représentées par une série d'actions correspondantes, et donneraient lieu à une comptabilité particulière.

Après défalcation des frais d'entretien et des charges des maisons, l'excédent serait appliqué au règlement des annuités dues par les administrations intéressées.

Il serait formé un fonds de réserve destiné à couvrir les pertes éventuelles.

Les sociétés provinciales émettraient des obligations en représentation des annuités par les administrations associées. L'État en garantirait le remboursement.

Les communes, les bureaux de bienfaisance intéressés construiraient, vendraient et exploiteraient les habitations construites aux conditions fixées par un cahier des charges adopté par le conseil d'administration.

On encouragerait la formation d'associations ouvrières pour le rachat, l'exploitation et même la construction de ces maisons. »

Autre projet de société de construction. — Nous avons fait connaître le programme auquel s'est arrêté le gouvernement; l'initiative privée n'a pas tardé à mettre à profit les facilités promises; M. L. De Naeyer a immédiatement jeté les bases d'une vaste société anonyme de construction d'habitations ouvrières, dont il a déjà fait connaître l'organisation (voir chap. V). La disposition des fonds de la Caisse d'épargne et de retraite, autorisée par le gouvernement, lui a permis de créer une entreprise de construction à l'usage des ouvriers de Willebroeck et de leur faciliter l'acquisition de charmantes maisons, dont chacun a admiré les spécimens au Grand concours international de Bruxelles 1888.

II. — Associations qui ont contribué a la réforme du logement de l'ouvrier.

Congrès des œuvres sociales de Liége 1886. — Tandis que le gouvernement belge mettait à l'étude les questions économiques en se plaçant surtout au point de vue des lois qu'il pourrait avoir à proposer ou à modifier, le congrès de Liége s'attacha principalement aux œuvres d'initiative privée, soit religieuses, soit économiques, et s'efforça de mettre en lumière les solutions chrétiennes des questions sociales [1].

La 2e section de ce congrès (œuvres économiques) avait inscrit à son programme les questions suivantes : Maisons ouvrières; moyen d'en assurer la pro-

[1] Voir *Compte rendu du Congrès des œuvres sociales de Liége*, 1886.

priété à l'ouvrier; les meilleurs types à adopter; mesures hygiéniques; prix d'ordre et de propreté.

Elle était présidée par le savant professeur de l'université de Louvain, M. Victor Brandts.

Après discussion de ces nombreuses questions, le Congrès adopta les conclusions de M. Lagasse relativement à l'expropriation par zones et formula une série de vœux.

L'ensemble de ces proprositions fut transmis au gouvernement.

La Société d'économie sociale (1), qui poursuit l'étude des diverses branches de la question sociale, aussitôt après ses séances extraordinaires des 30 mars, 14 et 21 avril et 19 mai 1886, fit parvenir à M. le ministre de l'agriculture, de l'industrie et des travaux publics, sous forme de *conclusions*, le résultat des études qu'elle avait faites des questions signalées par l'honorable ministre à la Commission d'enquête.

Elle énonçait en première ligne les propositions de M. Lagasse, qu'elle avait adoptées en assemblée générale le 14 août 1886. Ces mêmes propositions ont été favorablement accueillies le 6 juillet, par la section de Bruxelles de l'*Association des ingénieurs sortis de l'école spéciale de Gand*, et en septembre 1886 par le Congrès des œuvres sociales de Liége.

Les motifs en ont été exposés avec beaucoup de science par M. Eugène Meeus, et leur auteur en déposa le texte définitif (2) le 22 octobre 1886.

Les solutions recommandées par l'honorable sénateur étaient éminemment favorables à la diffusion de la propriété parmi les ouvriers et à la réduction des charges fiscales qui la grèvent; aussi ont-elles été comprises dans les conclusions de la Commission générale, que nous avons eu l'occasion de reproduire plus haut.

L'*Association des maîtres de forges de Charleroi*, dans une note remise à la Commission le 20 octobre, émit le vœu de voir réduire les impôts sur les maisons ouvrières et organiser sous le patronage de l'État, une société nationale pour la construction de maisons ouvrières.

Enfin la *Société commerciale, industrielle et maritime d'Anvers* appela son attention sur le mauvais état des habitations ouvrières et émit le vœu d'une intervention plus active des administrations de bienfaisance.

---

(1) Présidée par M. le comte de Bousies.

(2) A la 3e section de la *Commission du travail*.

III. — Législation.

Lois et règlements auxquels sont soumis les particuliers et les sociétés qui affectent des capitaux à la construction ou à la location d'habitations ouvrières. — L'article 50 du décret-loi du 14 décembre 1789 relatif à la constitution des municipalités ([1]) est ainsi conçu :

« Les fonctions propres au pouvoir municipal sous la surveillance et l'inspection des assemblées administratives sont :

. . . .

« § 5. De faire jouir les habitants des avantages d'une bonne police, notamment de la propreté, de la salubrité, de la sûreté et de la tranquillité dans les rues, lieux et édifices publics. »

Le rôle de la commune étant défini de la sorte, le législateur avait pour mission de régler les pouvoirs des administrations supérieures chargées de contrôler l'exercice de cette autorité et de veiller à l'exécution des mesures de salubrité et d'hygiène intéressant les habitants des agglomérations.

Les attributions et les pouvoirs des administrations départementales furent donc réglés par le décret-loi du 22 décembre 1789.

L'article 2 de la IIIe section (attributions des pouvoirs) porte ce qui suit : « Les administrations des départements seront chargées, sous l'autorité et l'inspection du Roi comme chef suprême de la nation et de l'administration générale du royaume, de veiller au maintien de la salubrité, de la sûreté et de la tranquillité publiques. »

Ce texte clair et précis, dit M. Berden ([2]), ne laisse aucune place au doute. La volonté nettement exprimée du législateur est de remettre aux conseils des provinces le soin de l'hygiène publique et d'investir l'autorité royale du contrôle et au besoin de la direction de toutes les matières qui touchent à la salubrité des provinces, et partant du pays.

Quelques mois s'étaient à peine écoulés depuis la sanction de ces lois d'organisation, que parut le décret-loi des 16-24 août 1790, qui en réglait la mise en pratique.

([1]) Le décret du 14 décembre 1789 fut voté par l'Assemblée constituante ; l'art. 5) fut publié en Belgique le 19 frimaire an IV.

([2]) *Enquêtes sur les habitations ouvrières ; pouvoirs de l'État en matière d'hygiène publique.* Rapport de M. Berden *Enquête du Conseil supérieur d'hygiène publique*, Ier fasc., p. 41.

« Les objets de police, disait l'article III du titre II de cette loi, confiés à la vigilance et à l'autorité des corps municipaux sont :

. . . .

« 5° Le soin de prévenir par des précautions convenables et celui de faire cesser par la distribution des secours nécessaires les accidents et fléaux calamiteux, tels que les incendies, les épidémies, les épizooties, en provoquant aussi, *dans les deux derniers cas*, l'intervention de l'autorité de l'administration du département et du district. »

Dans un rapport présenté le 14 juin 1849 au Conseil supérieur d'hygiène, le ministre d'État baron Liedts, président-rapporteur dudit conseil, commentait cette loi de la manière suivante :

« Plusieurs administrations communales ont arrêté récemment des dispositions réglementaires tendant à mettre en interdit les habitations reconnues insalubres; d'autres se proposent d'exiger qu'à l'avenir les plans de construction de ce qu'on est convenu d'appeler *bataillons carrés* soient soumis à l'approbation de l'autorité, non seulement dans le but de donner au constructeur un plan d'alignement le long de la voirie, mais aussi pour mettre l'administration à même de veiller à ce que ces constructions ne présentent aucun cas d'insalubrité. »

« ... Chaque fois que l'abus dans l'exercice du droit de propriété peut avoir pour conséquence de faire éclater des fléaux ou des calamités publiques, l'autorité peut et doit même intervenir en prescrivant des mesures réglementaires qui proscrivent cet abus. »

« Tel est, disait-il pour conclure, le vœu de la loi de 1790, dont la force obligatoire n'est révoquée en doute par personne.

« En résumé donc, chaque administration peut et doit même, en acquit de son devoir, prescrire dans la construction des habitations tout ce qui est essentiellement nécessaire pour prévenir des maladies épidémiques et garantir aux voisins la salubrité de l'air. »

Au point de vue de l'étendue des droits de l'autorité supérieure, nous voyons que le législateur a, en énumérant les circonstances dans lesquelles l'administration communale aurait le droit d'intervenir, limité l'exercice des pouvoirs de celle-ci au territoire de la commune; de plus, il a pris soin de stipuler qu'en ce qui pouvait toucher à la salubrité et à l'hygiène (épidémies, épizooties) des provinces, elle ne pouvait réglementer la matière que « sous la surveillance et l'inspection des assemblées administratives », c'est-à-dire de l'autorité provinciale.

La *loi communale du* 30 *mars* 1836, tit. II, chap. 1er, art. 78, dispose que :

« Le conseil fait les règlements communaux d'administration intérieure et les ordonnances de police communale ». Cet article a été maintenu dans la *loi du 30 juin* 1842.

Armées des pouvoirs que leur attribuent ces lois diverses, les administrations communales de nos villes ont édicté des règlements spéciaux quant à la salubrité et quant aux bâtisses.

D'autre part, les intérêts généraux du pays, quant à la salubrité, sont sauvegardés par l'autorité de contrôle et de direction dont est investie la Couronne.

Mais si, « dans quelques villes importantes, les administrations n'ont rien négligé pour assurer convenablement le service de la salubrité, nous n'ignorons pas non plus que dans la plupart des communes, ce service laisse absolument à désirer [1] ».

En effet, la législation actuelle pèche en ce sens qu'il n'y a de règlement de police que pour autant que les conseils communaux se décident à en faire et qu'ils veuillent bien les appliquer.

Il est vrai, qu'à défaut par le conseil communal d'avoir fait le règlement en question, et si l'insalubrité signalée peut donner lieu à un danger imminent, les bourgmestres sont en droit de prendre de leur propre chef les mesures que dictent les circonstances.

Les lois que nous venons de mentionner investissent le bourgmestre du pouvoir de frapper d'interdiction une maison insalubre ou de faire évacuer les logements pour lesquels les mesures d'assainissement prescrites n'auraient pas été exécutées.

Cette faculté perd malheureusement de sa valeur par le fait que les bourgmestres n'ont pas pour mission — comme en Angleterre — de fournir un logement aux expulsés.

Des mesures de réforme s'imposent donc à l'autorité supérieure, car l'exécution des prescriptions sanitaires ne laisse pas que de gêner les habitudes de ceux qu'elles visent, parfois même de leur causer quelque préjudice. Il en résulte que des administrations hésitent ou reculent devant l'application de certaines mesures, dont elles sont à même de prévoir l'impopularité, préoccupées qu'elles sont de ménager les intérêts de ceux dont dépend le renouvellement de leur mandat.

L'institution des *comités de patronage*, que prévoit le projet de loi que nous reproduisons plus loin, remédiera, espérons-le, à cette situation.

Commissions médicales. — Lorsque l'administration communale ne remplit

---

(1) *Enquêtes sur les habitations ouvrières; pouvoirs de l'État en matière d'hygiène publique.* Rapport de M. Berden, p. 46. *Enquête du Conseil supérieur d'hygiène publique*, Ier fasc.

pas ses devoirs, les institutions chargées de la police sanitaire exercent leur mission : en effet, les *commissions médicales provinciales* [1] comptent, parmi leurs nombreuses attributions, « la surveillance de tout ce qui intéresse la santé publique de leur ressort; elles veillent à l'observation des lois et des règlements qui concernent la police des professions médicales, l'hygiène et la salubrité publiques » [2].

Les *commissions médicales locales* exercent la même surveillance (loi du 12 mars 1818, mod. par la loi du 9 juillet 1858), et ont de plus pour devoir d'éclairer les autorités communales [3] sur les mesures à prendre pour améliorer les conditions hygiéniques de la commune.

Par conséquent, lorsqu'il y a incurie ou incapacité de la part d'une administration communale, les commissions médicales ont pour devoir d'en informer aussitôt l'autorité provinciale, « qui peut prendre des mesures énergiques pour vaincre les influences et les intérêts de clocher souvent hostiles au progrès » [4].

Le § 5 de la loi du 16-24 août 1790, titre II, que nous avons cité en commençant, lui en donne les pouvoirs; de plus, « lorsqu'il s'agit de prévenir ou de combattre une épidémie ou une épizootie, fléaux calamiteux qui peuvent rayonner en dehors de la circonscription communale, l'action réglementaire de la commune cesse devant l'initiative du conseil provincial ou du Roi » [5].

Les attributions des commissions médicales ont encore été complétées par l'instruction générale du 30 décembre 1884, qui les charge du soin de veiller sur la salubrité des ateliers et des logements [6]. Malheureusement, leur action est forcément limitée par le respect de l'inviolabilité du domicile, ensuite par les dispositions même de la loi de 1790, qui a tracé aux administrations le cercle de leur compétence : chaque fois donc que « l'abus dans l'exercice du droit de propriété ne peut nuire qu'à celui qui commet l'abus, l'autorité est incompétente pour

---

(1) Il y a, dans chaque province du royaume, une ou plusieurs commissions chargées, sous le nom de commissions médicales, de l'examen et de la surveillance de tout ce qui a rapport à l'art de guérir. (Loi du 12 mars 1818, art. 1er.) Le gouvernement règle leur nombre, leur organisation, la délimitation de leur compétence territoriale et leur mode de procéder. (Art. 2, 3 et 14.)

(2) *Le droit administratif de la Belgique*, par A. Giron. Livre VIII, titre IX, p. 416.

(3) Idem, p. 417.

(4) *Enquête sur les habitations ouvrières ; des modifications à introduire dans les lois et règlements en vigueur*. Rapport de M. Somerhausen, p. 55.

(5) *Le droit administratif de la Belgique*, par A. Giron. Liv. Ier, titre VIII, p. 122.

(6) Rapport de M. Somerhausen, p. 60.

intervenir, et dans ce cas, le citoyen a le droit d'user et d'abuser de son corps et de son bien » [1].

Voici maintenant quelles sont les mesures au moyen desquelles la législature a cherché à développer la construction des habitations ouvrières :

Une *loi du* 28 *mars* 1828 exempte de l'impôt foncier, les maisons construites à neuf, pendant les huit premières années.

Elle a simplement pour effet d'encourager la bâtisse.

La *loi du* 12 *juin* 1861 accorde l'anonymat à une société à constituer à Verviers, dans le but de construire, acheter, vendre ou louer des maisons d'ouvriers.

La *loi du* 12 *août* 1862 accorde aux sociétés qui se proposent pour objet la construction, l'achat, la vente et la location d'habitations ouvrières, l'autorisation d'acquitter en dix termes annuels les droits d'enregistrement et de transcription : 1° sur les acquisitions d'immeubles faites par elles; 2° sur la vente au profit d'un ouvrier de la maison qui lui sert ou va lui servir d'habitation.

La *loi du* 20 *juin* 1867 étend la faveur de l'anonymat accordé à la société de Verviers, à toutes sociétés se proposant le même but. Elle réduit le droit de timbre perçu sur leurs actions et obligations, et défend aux provinces, ainsi qu'aux communes, d'établir sur le revenu des habitations construites par ces sociétés des taxes qui pourraient avoir pour objet d'annihiler l'exemption d'impôt foncier que leur accorde la loi du 28 mars 1828.

La *loi du* 5 *juillet* 1871, en réduisant les avantages accordés par la loi de 1828 aux constructions nouvelles, a conservé l'exemption qu'elle consacrait aux habitations construites par les sociétés anonymes dont le but exclusif est la construction, l'achat, la vente ou la location d'habitations ouvrières.

Enfin, une loi spécialement élaborée au profit de la classe ouvrière, la *loi du* 18 *mai* 1873, — article 85 à 107 — a institué un nouveau genre d'associations, *les sociétés coopératives*, qu'elle définit ainsi :

« Art. 85. La société coopérative est celle qui se compose d'associés, dont le nombre ou les apports sont variables et dont les parts sont incessibles à des tiers. »

Des arrêtés royaux des 21 et 23 mai 1873 ont réglé le dépôt des actes qui les concernent, et la loi de 1873, complétée par celle du 2 juillet 1875, dispense certains de ceux-ci des droits d'enregistrement, de timbre, de greffe, etc.

On s'est demandé pourquoi, alors que la loi hollandaise de 1876 avait produit

---

[1] *Commentaires sur la loi communale* (art. 78), p. 89.

des résultats féconds chez nos voisins, notre loi sur les sociétés coopératives n'avait pas été suivie de plus d'effets.

En effet, il ne s'est constitué en Belgique que deux *sociétés coopératives de construction*. Ce sont : 1° *L'Immobilière namuroise*, société coopérative civile pour faciliter à ses membres l'acquisition de terrains et de maisons, fondée le 24 novembre 1877.

Cette société est constituée, administrée et surveillée conformément aux prescriptions de la loi du 18 mai 1873.

2° *Le Consortium d'habitations*, société coopérative du personnel des chemins de fer, postes et télégraphes de l'État belge (fondée le 15 juin 1888), se proposant pour but « l'amélioration de la position des associés au point de vue de l'habitation [1]. »

Nous objecterons que, depuis la promulgation de la loi de 1873, il ne s'est pas fondé d'autres sociétés de construction de maisons ouvrières dans notre pays que celles que nous venons de citer; ensuite, que ce genre d'application du système coopératif est nouveau, tant pour l'ouvrier belge que pour le bourgeois, et que les initiateurs ont peut-être fait défaut, d'autant plus que l'idée du socialisme a toujours été mêlée chez nous à celle de la coopération. Le résultat est donc meilleur qu'on ne pourrait le croire.

M. Berden, dans sa remarquable étude sur les sociétés coopératives des Pays-Bas, attribue l'insuffisance des résultats obtenus chez nous, à ce que, à la différence des lois sur la coopération publiées à l'étranger, la loi belge de 1873 ne détermine pas les opérations qui peuvent être envisagées comme rentrant dans la coopération.

« Elle s'est bornée, dit-il [2], à proclamer le principe, sans faire l'énumération des actes qui peuvent faire l'objet d'une association de coopération.

« Il suffit donc, d'après cette loi, qu'une opération ait le caractère commercial pour qu'elle puisse être revêtue de la forme de la société coopérative.

« Mais on s'est demandé si la construction d'habitations ouvrières en vue de la location ou de la vente constituait une opération de commerce. La question fut débattue dans les Chambres législatives, elle le fut également devant les tribunaux. Ce qu'il en est résulté, c'est l'incertitude, et c'est à cette cause qu'il faut sans doute

---

(1) Modifications aux statuts insérés au *Moniteur* du 6 avril 1889, p. 455.

(2) *État des maisons ouvrières dans les Pays-Bas et sociétés coopératives pour leur construction*. Rapport de M. Berden. *Enquête du Conseil supérieur d'hygiène*, 2e fasc., p. 255.

attribuer l'absence de formation, dans notre pays, d'associations coopératives pour la construction et la location de maisons ouvrières. »

Pourtant nous constaterons avec M. Ch. Lagasse [1], qu'au cours de l'enquête de la Commission du travail, cette loi de 1873 n'a que peu ou point soulevé de critiques; de plus, dans le rapport sur les sociétés coopératives qu'il a déposé sur le bureau de la 3e section le 24 mai 1887, nous relevons ce fait, que le savant ingénieur ne voit pas d'autre lacune sérieuse dans la législation réglant la matière, que l'impossibilité dans laquelle se trouvent « les sociétés de construction de maisons ouvrières visées par les lois du 12 août 1862 et du 20 juin 1867 de pouvoir revêtir la forme coopérative ». Et voici les conclusions qu'il formule à ce sujet :

« 1° La loi du 18 mai 1873, section VI, relative aux sociétés coopératives, est suffisante.

« 2° La loi du 20 juin 1867, qui autorise, par l'article 1er, le gouvernement à conférer tous les caractères de la société anonyme aux sociétés ayant pour objet la construction, l'achat, la vente ou la location d'habitations destinées aux classes ouvrières, devrait être complétée. Elle accorderait à celles de ces sociétés qui le désireraient les caractères et les avantages octroyés à la société coopérative par les lois du 18 mai 1873 et du 2 juillet 1875. »

A la suite de la vaste enquête, aux rapports et procès-verbaux de laquelle nous avons eu fréquemment recours dans le courant de cette étude, nos Chambres législatives ont voté une série de lois.

Elles témoignent de l'efficacité et de la grande utilité [2] des travaux des hommes aussi distingués que dévoués qui composaient la Commission du travail, ainsi que de la sollicitude du gouvernement belge pour tout ce qui touche à la protection des droits de nos travailleurs et à l'amélioration de leur condition morale et matérielle.

---

[1] *Commission du travail.* Rapport sur les sociétés coopératives, de M. Ch. Lagasse. Vol. III, p. 553.

[2] « Des enquêtes de ce genre secouent la torpeur publique par les révélations qui les accompagnent; elles mettent en évidence les initiatives prises, les solutions essayées, les résultats obtenus, et ont chance d'aboutir à l'un de ces élans, comme celui dont l'Angleterre nous donne aujourd'hui l'admirable spectacle.

« De si beaux exemples seront-ils perdus pour la France ?

« Notre démocratie sera-t-elle moins soucieuse de ses classes laborieuses que la bourgeoisie belge ou l'aristocratie britannique ? » (*La question des habitations ouvrières en France et à l'étranger*, par M. E. Cheysson. Paris, 1886, p. 40.)

La majeure partie de cette législation nouvelle a été élaborée pendant les deux dernières sessions; aussi espérons-nous que la présente session ne se passera pas sans que le projet de loi concernant les habitations ouvrières soit voté.

Nous compléterons donc notre examen de la législation concernant celles-ci en reproduisant les nouvelles dispositions légales telles qu'elles ont été soumises aux membres de la Chambre des représentants.

Projet de loi déposé au nom du gouvernement par M. A. Beernaert, ministre des finances, le 27 mars 1888.

LÉOPOLD II, Roi des Belges,
A tous présents et à venir, Salut,

Sur la proposition de Nos ministres des finances, de l'intérieur et de l'instruction publique,

Nous avons arrêté et arrêtons :

Nos ministres des finances, de l'intérieur et de l'instruction publique sont chargés de présenter, en Notre nom, aux Chambres législatives, le projet de loi dont la teneur suit :

Art. 1er. — Il sera établi dans chaque arrondissement un ou plusieurs comités, chargés :

A. De favoriser la construction et la location d'habitations ouvrières salubres et leur vente aux ouvriers, soit au comptant, soit par annuités;

B. De veiller à la salubrité des maisons habitées par les classes laborieuses et à l'hygiène des localités où elles sont plus spécialement établies;

C. D'encourager le développement de l'épargne et des institutions de secours mutuels et de retraite.

Ces comités recevront le nom de comités de patronage et seront composés de cinq membres au moins et de neuf membres au plus, nommés pour trois ans, savoir : trois à cinq par le gouvernement et deux à quatre par la députation permanente du conseil provincial. Ils auront un secrétaire nommé par le gouvernement.

Le mode de fonctionnement de ces comités et leurs relations avec le gouvernement, les administrations provinciales et communales, et les commissions médicales, seront réglés par arrêté royal.

Art. 2. — Les comités de patronage pourront instituer et distribuer des prix d'ordre, de propreté et d'épargne.

Ils pourront recevoir, à cet effet, des dons et legs et des subsides des pouvoirs publics.

Art. 3. — Les comités de patronage ou leurs membres à ce délégués proposeront, soit aux administrations communales, soit à l'autorité provinciale, soit au gouvernement, telles mesures qu'ils jugeront opportunes.

Ils adresseront annuellement rapport de leurs opérations au ministre de l'intérieur. Ce rapport sera communiqué au Conseil supérieur d'hygiène, et chaque commune recevra copie du passage qui pourrait la concerner.

Art. 4. — Les pouvoirs attribués au bourgmestre quant à l'interdiction des maisons reconnues insalubres ou ruineuses ne pourront être exercés que de l'avis conforme du comité de patronage du ressort, sauf recours au gouvernement.

Art. 5. — Avant de décréter une expropriation par zones dans les quartiers spécialement habités par la classe ouvrière, le gouvernement prendra l'avis du comité de patronage, sur les conditions à imposer au sujet de la revente des terrains compris dans l'expropriation.

Art. 6. — La Caisse générale d'épargne et de retraite est autorisée à employer une partie de ses fonds disponibles en prêts faits en faveur de la construction ou de l'achat de maisons ouvrières, soit aux sociétés spécialement constituées à cet effet, soit aux administrations publiques, après avoir, au préalable, demandé l'avis du comité de patronage.

De semblables prêts pourront être faits au comité lui-même, dans l'intérêt d'ouvriers construisant ou achetant pour eux-mêmes.

Ils seront assimilés, suivant leur forme et leur durée, aux placements provisoires ou aux placements définitifs de la Caisse.

Art. 7. — Le conseil général de la Caisse d'épargne déterminera le taux et les conditions desdits prêts, sauf approbation du ministre des finances.

Art. 8. — A défaut de payement à l'échéance des sommes dues à la Caisse, la réalisation du gage qui aurait été fourni sera poursuivie conformément aux articles 4 à 9 de la loi du 5 mai 1872.

La requête sera adressée au président du tribunal de première instance. Ce tribunal connaîtra de l'opposition à l'ordonnance et les significations seront faites au greffe civil.

Art. 9. — Sont exemptées de la contribution personnelle et de toute taxe provinciale ou communale analogue, à raison de la valeur locative, des portes et fenêtres et du mobilier, les habitations occupées par des ouvriers, savoir :

Dans les communes de moins de 15,000 habitants, les habitations d'un revenu cadastral inférieur à . . . . 54 francs.

Dans les communes de 15,000 à 20,000 habitants, les habitations d'un revenu cadastral inférieur à . . . . 72 —

Dans les communes de 20,000 à 30,000 habitants, les habitations d'un revenu cadastral inférieur à . . . . 90 —

Dans les communes de 30,000 à 60,000 habitants, les habitations d'un revenu cadastral inférieur à . . . . 108 —

Dans les communes de 60,000 habitants ou plus, les habitations d'un revenu cadastral inférieur à . . . . 126 —

Pour l'application de ces dispositions, les communes sont classées d'après la population totale constatée par chaque recensement décennal, et le revenu cadastral des habitations non encore cadastrées ou non cadastrées en parcelle distincte, est déterminé comme en matière de contribution foncière.

Art. 10. — Les sociétés ayant pour objet la construction, l'achat, la vente ou la location d'habitations destinées aux classes ouvrières pourront revêtir la forme anonyme ou coopérative, moyennant avis favorable du comité de patronage et sauf recours au gouvernement.

Art. 11. — Les actes et procès-verbaux constatant formation, modification ou dissolution de sociétés ayant pour objet les opérations énumérées à l'article 10, sont exempts du timbre et enregistrés gratis, à moins qu'ils ne renferment des dispositions soumises au droit proportionnel d'enregistrement.

Les extraits, copies ou expéditions de ces actes et procès-verbaux sont également exempts du timbre.

Ils ne donnent lieu à aucun droit ni émoluments de greffe.

Art. 12. — Sont exempts du timbre et de la formalité de l'enregistrement, tous actes sous signatures privées ne rentrant pas dans les termes de la disposition précédente, et tous registres concernant exclusivement l'administration sociale, ainsi que les procurations données par les associés pour leurs relations avec la société.

Art. 13. — Les ventes et adjudications aux sociétés préindiquées ou à des administrations publiques d'immeubles destinés à des habitations ouvrières ne sont assujetties qu'au droit d'enregistrement de 2 fr. 70 c. p. c. et au droit de transcription hypothécaire de 65 centimes p. c.

La même réduction est applicable aux ventes et adjudications à des ouvriers de biens immeubles destinés à leur servir d'habitation, ou à la construction d'une habitation. La qualité d'ouvrier et le but de l'acquisition doivent être établis par un certificat du comité de patronage, qui demeurera annexé à l'acte. Le cas échéant, la construction de la maison doit être effectuée dans le délai d'un an à compter de la date de l'acte.

Art. 14. — Les actes de vente ou d'adjudication dont il s'agit à l'article précédent sont enregistrés et transcrits en débit.

Le débiteur peut acquitter, en cinq termes annuels, les droits liquidés sur les actes faits par lui dans le cours de chaque année. Le premier écherra le 1er mars de l'année suivante. Les sommes non acquittées par une société au moment de sa dissolution deviendront immédiatement exigibles.

Le vendeur demeure responsable des droits dus par l'acquéreur.

Art. 15. — Les actes de prêt ou d'ouverture de crédit en faveur des sociétés ci-dessus désignées ou d'administrations publiques, faits en vue de la construction ou de l'achat d'immeubles destinés à des habitations ouvrières sont enregistrés au droit de 30 centimes p. c., s'ils ne sont contractés que pour une année au plus, ou au droit de 65 centimes p. c., s'ils le sont pour plus d'une année, même dans le cas où une garantie serait fournie par un tiers.

Les quittances des sommes prêtées sont assujetties au droit de 30 centimes p. c.

Ces dispositions sont applicables :

A. Aux prêts, aux ouvertures de crédit faits au profit de personnes appartenant à la classe ouvrière, mais sous les conditions suivantes : 1° Les fonds doivent être exclusivement destinés à l'acquisition ou à la construction d'une maison servant ou devant servir d'habitation à l'acquéreur, ou à l'achat d'un terrain pour le même objet ; 2° dans ce dernier cas, la maison doit être bâtie dans l'année de l'acquisition du fonds ; 3° si l'emprunt ou le crédit n'est pas contracté envers le comité de patronage, un certificat de ce comité attestant le but de l'opération et la qualité de l'emprunteur doit être annexé à l'acte;

B. Aux mêmes actes faits au profit d'un comité de patronage, et aux actes de quittance qui y sont relatifs.

Les actes de prêt et d'ouverture de crédit doivent mentionner la destination des fonds, et, le cas échéant, la qualité de l'emprunteur ou du crédité.

Sont affranchies du timbre et de l'enregistrement les reconnaissances des sommes remises par le créditeur au crédité.

Art. 16. — Dans le cas du second alinéa de l'article 13 et du n° 2° du troisième alinéa de l'article 15, si la maison n'est pas érigée dans le délai fixé, il sera dû les droits ordinaires de transmission immobilière et de transcription, de prêt ou d'ouverture de crédit, et le payement des droits ou du supplément devra avoir lieu dans les deux mois de l'expiration du délai précité.

L'action du trésor ne sera prescrite qu'après deux ans à partir de l'expiration du même délai.

Art. 17. — Le droit de timbre sur les actions et obligations émises par les sociétés désignées à l'article 10 est fixé ainsi qu'il suit :

A 5 centimes, pour celles de 50 francs et au-dessous ;

A 10 centimes, pour celles de plus de 50 francs jusqu'à 100 francs ;

A 20 centimes, pour celles de plus de 100 francs jusqu'à 200 francs, et ainsi de suite, à 10 centimes par 100 francs, sans fraction, pour celles de plus de 200 francs jusqu'à 400 francs.

Art. 18. — Les écritures des comités de patronage, y compris les certificats délivrés aux ouvriers, mais à l'exclusion des actes d'emprunt ou de prêt, sont affranchies du timbre et de l'enregistrement.

Art. 19. — L'article 6 de la loi du 5 juillet 1871 est abrogé.

Cependant, les habitations construites avant le 1er janvier 1889, par des sociétés anonymes ayant pour objet la construction, l'achat, la vente ou la location d'habitations destinées aux classes ouvrières, continueront à jouir du bénéfice des exemptions déterminées par les articles 1 et 2 de la loi du 28 mars 1828.

La loi du 12 août 1862, concernant les droits d'enregistrement et de transcription hypothécaire, et la loi du 20 juin 1867, relative à l'anonymat des sociétés d'habitations ouvrières, sont abrogées.

Art. 20. — L'article 9 de la présente loi ne sera obligatoire qu'à partir du 1er janvier 1889.

Donné à Laeken, le 27 mars 1888.
LÉOPOLD.

Par le Roi :
Le ministre des finances,
A. Beernaert.

Le ministre de l'intérieur et de l'instruction publique,
J. Devolder.

CHAPITRE III.

I. — La question de l'amélioration du logement dans ses rapports avec nos mœurs nationales.

La réforme du logement de l'ouvrier ne souffre pas l'application d'un système; plus que toute autre question économique, elle demande à être basée sur l'étude de l'histoire du peuple et des coutumes locales; elle répudie les solutions toutes faites et réclame la réalisation de mesures diverses conformes aux traditions et aux mœurs des habitants.

Il est donc utile et instructif de jeter un coup d'œil sur le passé de nos grandes cités, d'examiner également le rôle joué par les quartiers ouvriers dans les villes étrangères, et de ne pas perdre de vue l'influence que peut avoir le logement sur les mœurs de toute une population.

Tandis qu'à la fin du siècle dernier les ouvriers de nos cités vivaient côte à côte avec les autres classes de la société, — ce qui nous préserva de l'antagonisme des classes, — à Paris, les ouvriers s'étaient agglomérés peu à peu dans certains quartiers, qu'ils occupaient presque seuls, parce qu'on y échappait plus aisément au joug des maîtrises [1].

---

[1] Car, depuis le commencement du XVIe siècle, époque à laquelle la France avait vu naître chez elle ces monopoles si préjudiciables au progrès des arts, les abus du système des jurandes n'avaient cessé de s'accroître et de s'étendre jusqu'au moment où Louis XVI y mit un terme. (Voyez de Tocqueville.) — La situation n'était pas la même en Belgique; l'organisation des métiers ou *ambachten* était fort populaire et répondait aux mœurs du temps; si, depuis Charles-Quint, leurs droits politiques avaient été réduits, ils avaient conservé toute liberté en ce qui concerne leur organisation intérieure. Ainsi, pour citer un exemple : « Aucune ordonnance de nos princes, aucune résolution du magistrat n'ont déterminé le nombre de métiers existant à Bruxelles et celui des doyens (*dekens*) ou jurés (*gesworene*) placés à leur tête. Ce nombre a constamment varié suivant les fluctuations de l'industrie même; lorsque la nécessité s'en faisait sentir, le magistrat, c'est-à-dire l'administration communale, créait ou supprimait un métier et augmentait ou diminuait le nombre de ses chefs. » (Alphonse Wauters, *Liste chronologique des corps de métiers*, p. XIV.)

Aussi, lorsque Joseph II porta atteinte au droit d'association si cher aux Belges, en décrétant,

Les faubourgs Saint-Antoine et du Temple jouissaient surtout, sous ce rapport, de très grands privilèges.

Louis XVI étendit encore beaucoup ces prérogatives du faubourg Saint-Antoine et travailla de son mieux à accumuler là une immense population ouvrière, « voulant, dit ce malheureux prince dans un de ses édits, donner aux ouvriers du faubourg Saint-Antoine une nouvelle marque de notre protection et les délivrer des gênes qui sont préjudiciables à leurs intérêts aussi bien qu'à la liberté du commerce » ([1]).

L'histoire nous apprend ce qu'il résulta de ces errements.

De nos jours, les expropriations successives et les constructions de luxe ont refoulé la classe ouvrière dans les faubourgs de Belleville, la Villette, Montmartre, etc., dont elle forme, non sans inconvénients, la population presque exclusive.

A Londres, les ouvriers sont parqués dans la partie est, à l'extrémité de la ville, dans un quartier spécial appelé l'*East-End*. Ce sont les malheureux habitants de ce quartier qui, égarés par la misère, causèrent les fréquents tumultes et les dévastations de 1886.

L'examen de ces faits nous prouve que nous avons tout intérêt à respecter nos traditions nationales et qu'il convient, non seulement d'éviter soigneusement l'isolement des classes, mais encore tout ce qui pourrait ressembler à des démarcations entre l'ouvrier et le bourgeois ([2]).

C'est de la sorte seulement que nous réussirons à assurer la paix sociale.

Aujourd'hui comme jadis, une société civilisée ne peut exister que par l'assistance mutuelle des classes et le patronage constant des favorisés de la fortune envers les plus faibles ([3]).

---

le 8 avril 1786 la suppression des confréries tant militaires que religieuses, une seule ville, la petite ville de Virton, demanda la suppression de ses corporations de métiers. (Voyez sa requête : Archives générales du royaume, Conseil privé n° 1047).

Ajoutons que les métiers ou nations, ou *ambachten*, jouissaient de droits politiques fort notables qui disparurent comme de juste avec leur suppression.

([1]) *L'ancien régime et la révolution*, par A. de Tocqueville, p. 139.

([2]) Assigner à une classe de la population un quartier qui lui soit propre est une mesure irritante, une cause de désordre, une marque de méfiance et de mépris, comme l'étaient les quartiers juifs dans les villes du moyen âge. (*Les associations ouvrières de la Belgique*, par M. I. d'Andrimont.)

([3]) L'erreur fondamentale des partisans de l'égalité est de croire que l'homme se suffit à lui-même, qu'il peut se passer de toute protection. (G. Picot, *Un devoir social*, p. 9.)

Malheureusement, dans les grandes villes, le haut prix des terrains amène chaque jour la disparition de nouvelles maisons d'ouvriers, et par suite, l'encombrement de vieilles constructions mal entretenues, que leur destination première rend peu propices à l'habitation de nombreux ménages.

Les familles les plus favorisées occupent une ou deux chambres dans de vastes bâtiments, où le voisinage trop immédiat, l'emploi d'objets communs (pompes, robinets d'eaux, latrines, séchoirs, cour, jardin, etc.), ne permettent pas la séparation des ménages, si désirable au point de vue de la morale et de l'hygiène.

Si l'on ne peut doter chaque ménage d'une maison, on ne saurait songer non plus à éloigner la classe laborieuse du centre des grandes villes, dont le séjour leur est plus nécessaire qu'aux riches ([1]).

Car on ne saurait nier pour beaucoup d'ouvriers la nécessité de loger près du lieu où ils travaillent; ils réalisent ainsi une économie de temps et évitent les frais de transport. La vie étant fort chère à la ville et les chômages fréquents, le père de famille n'est pas seul à travailler, la mère et les enfants cherchent également à gagner quelque salaire.

Il faut donc que l'on conserve au milieu des agglomérations des villes, des logements pour les ouvriers; mais le prix des terrains y est trop élevé pour y édifier des *habitations privées;* il conviendra par conséquent d'édifier des *habitations collectives.*

Chacune de celles-ci ne devra pas avoir plus de deux ou trois étages, et contenir de huit à douze logements. On pourra y favoriser la séparation des locataires, et prévenir la propagation des épidémies, en réservant à chaque étage un accès séparé et une communication directe avec la rue.

([1]) En 1848, le père Lacordaire demandait que l'Assemblée nationale prît le décret suivant :

Art. 1er. — Chaque arrondissement de Paris affectera un certain nombre de maisons au logement des familles pauvres. Ces maisons seront réparties dans toute l'étendue de l'arrondissement, sur les points les plus salubres et les plus aérés.

Art. 2. — Ces maisons seront construites à neuf, ou d'anciennes maisons seront disposées pour le même usage.

Art. 3. — A l'avenir, *une maison sur cinquante dans toute rue nouvelle* sera consacrée au logement des pauvres.

Art. 4. — Ces maisons porteront le nom de maisons modèles.

Les loyers seront calculés de manière que les maisons ne rapportent pas à la ville (ou à l'État) un revenu de plus de 3 p. c. (*Ère nouvelle,* 8 octobre 1848, que cite M. le Dr Le Bon, p. 17 des *Habitations ouvrières de Nivelles.*)

Les divers escaliers devront être largement ventilés et éclairés.

M. Eugène Meeus [1] a dit ce que devra être la surveillance spéciale exercée sur ces maisons par les administrations communales. Des règlements spéciaux devraient prescrire « que chaque ménage avec enfants ait à sa disposition au moins deux places; que les vestibules et escaliers communs soient convenablement disposés, aérés, éclairés et proprement entretenus; que chaque ménage puisse disposer sans difficulté de l'eau nécessaire; que les divers quartiers soient convenablement entretenus de réparations locatives; que l'habitation des combles soit défendue; que l'on ne puisse entretenir des animaux ailleurs que dans les cours ou jardins; que les immondices soient chaque jour et à une certaine heure conduites à la rue, où elles seraient enlevées immédiatement; que les eaux ménagères de chaque logement puissent s'écouler facilement » [2].

Mais quelque perfectionnés que soient ces logements, l'ouvrier ne les accepte que comme pis aller et par obligation professionnelle [3]. Ils ne sauraient représenter le summum de ses plus modestes espérances; encore moins favoriser son élévation dans la hiérarchie sociale.

D'aucuns se sont demandé, s'il ne convenait pas de bâtir, aux confins des agglomérations ouvrières ou dans les faubourgs des villes, de vastes *maisons à étages*, dont on louerait les appartements aux ouvriers.

Les terrains y coûteraient moins cher qu'en ville, de sorte qu'on pourrait leur offrir des logements à un prix beaucoup moins élevé, et dans des conditions plus hygiéniques.

En effet, le prix de location de ces appartements serait réduit au minimum et coûterait moins cher que celui d'une maison, qui n'est pas à la portée de tous, car, les constructeurs réaliseraient des économies de fondation, de mitoyenneté, de toiture, de murs de clôture, etc., et établiraient à moins de frais les installations d'utilité communes aux divers appartements. Le prix de revient paraît donc devoir être

---

[1] M. Eugène Meeus, membre de la Chambre des représ., membre de la 3e section de la Commission du travail.

[2] Rapport sur les logements d'ouvriers, par M. Eugène Meeus, membre de la 3e section de la Commission du travail. (*Enquête de* 1886, vol. III, p. 81.)

[3] M. E. Peltzer, président de la Société verviétoise pour la construction et l'amélioration des habitations ouvrières, nous écrivait le 11 mars 1889 : « ...L'expérience que nous avons faite n'est pas en faveur des cités à plusieurs étages, où la cohabitation est trop grande et où l'ouvrier ne se sent pas assez chez soi ; nous donnons la préférence aux petites maisons à étage d'une superficie de 50 mètres carrés, avec jardinet de même contenance. »

inférieur à celui des maisons isolées. D'autre part, les locataires bénéficieraient encore de l'avantage de payer moins de contributions.

Ce genre d'entreprises serait donc avantageux à la classe ouvrière; car la possibilité de fixer son foyer et de réaliser des économies n'échoit pas en partage à tous. On pourrait le réaliser d'autant mieux, qu'aux confins des villes on peut donner à ces constructions l'air et la lumière qui leur sont indispensables, donner à la voirie une largeur en proportion de celle des immeubles, et ménager des jardins autour de ceux-ci.

Les Anglais ont construit des quantités d'édifices de ce genre et y ont réalisé des améliorations excessivement pratiques qui en atténuent les inconvénients.

Mais est-il réellement plus économique d'édifier ce genre d'habitations, lorsque l'on doit tenir compte des exigences multiples que réclame leur habitabilité, au point de vue de l'hygiène, de la société et de la morale?

Le bon marché existe-t-il réellement?

Il faut un service de nettoyage indépendant des locataires, des ventilateurs, des trous à poussière, des murs suffisamment épais pour intercepter le bruit venant des appartements voisins, des escaliers incombustibles en quantité suffisante, des planchers insonores, des buanderies et autres annexes, etc., enfin, une quantité de dispositifs peu compatibles avec une construction *à bon marché*.

MM. Muller et Cacheux, donnant les résultats de ce genre d'entreprises en Angleterre, [1] nous apprennent que : « Les sociétés qui ont fait connaître leurs comptes à M. Ch. Gattlif sont au nombre de 27. Elles ont dépensé 37,243,900 francs pour loger 6,838 familles. Le prix de revient moyen d'un logement d'ouvrier est donc, dans leurs maisons, de *4,420 francs.* »

A côté de ce chiffre, plaçons le prix de revient de maisons privées pour une seule famille : A Belfast, on peut établir une maison avec cuisine, office, deux chambres à coucher, pour 1,100 à 1,250 francs. Il est vrai que Belfast est la ville de la Grande-Bretagne où l'ouvrier peut devenir propriétaire à meilleur marché [2].

Dans notre pays, à Wavre, le bureau de bienfaisance a construit d'excellentes maisons à étage, renfermant cave, quatre pièces et grenier, dans une annexe water-closet et remise, au prix de *1,319 francs.*

---

[1] *Les habitations ouvrières en tous pays. Situation en* 1878. *Avenir*, par ÉMILE MULLER et ÉMILE CACHEUX. Paris, 1879, p. 45.

[2] Voyez *Le logement de l'ouvrier et du pauvre*, par ARTHUR RAFFALOVICH. Paris, 1887, p. 175.

M. L. De Naeyer bâtit des maisons à partir de 1,300 francs.

En ce qui concerne la Belgique, le prix de bons appartements paraît donc devoir dépasser celui auquel nous bâtissons des maisonnettes.

D'ailleurs, le familistère de Laeken lez-Bruxelles nous offre encore un excellent élément de comparaison.

Cette construction a coûté, sans les écoles, buanderies, etc., 250,000 francs; elle est destinée à abriter 74 ménages; le prix du logement de chaque ménage coûte donc au bas mot *3,378 francs*.

Les logements offerts aux ménages ouvriers dans cet édifice sont de deux et de trois pièces.

Le loyer des premiers est de 12 fr. 50 c. par mois, celui des seconds, de 16 fr. 50 c.

Or, dans les faubourgs les mieux aérés, près de l'avenue de Cortenberg ou de l'avenue Brugmann, on trouve à louer au prix de 15 francs une charmante maisonnette comprenant caves, rez-de-chaussée, chambres à l'étage et grenier, avec un jardin.

Voici quelques-uns des inconvénients que MM. Muller et Cacheux attribuent aux maisons collectives : La propreté des services communs laisse à désirer; il en résultera des obstructions de tuyaux de décharge, des dégradations au service des eaux, etc., surtout en hiver.

La hauteur des étages rendra l'usage des caves très incommode, et il sera difficile d'en pourvoir chaque habitant; de là impossibilité de faire des provisions.

La cour fera éclore les querelles d'enfants et amènera la mésintelligence entre les mères. Certains locataires seront très incommodés par leurs voisins.

« Les inconvénients les plus sérieux résultent des maladies épidémiques. Une maison à étages, pour être saine, ne doit pas excéder en hauteur la largeur de la rue qui la borde; comme ce n'est généralement pas le cas, il en résulte une disposition maladive des habitants des étages inférieurs, et ils communiquent rapidement le fléau, quand il apparaît dans le quartier. Avec des précautions, on arrivera à en retarder l'explosion; on le préviendra peut-être par des mesures sanitaires; mais, une fois déclaré, l'évacuation de la maison sera la seule ressource. Le peu de soins de certains locataires pour leur logement sera une cause de dégradation pour la maison; les loyers seront élevés en conséquence, de sorte que les bons locataires payeront pour les mauvais. Enfin, tout le monde ne s'accommode pas de la vie commune des maisons à étages. On s'y trouve moins chez soi, la vie de famille y est plus gênée; ce n'est pas une des moindres objections ([1]). »

Quoi qu'il en soit, si les sociétés de construction ou les particuliers pouvaient se procurer des fonds à des conditions suffisamment avantageuses pour pouvoir se contenter d'un très minime intérêt, la construction d'habitations collectives modèles dans les faubourgs serait un bienfait pour les ménages ouvriers, auxquels la modicité des salaires et les charges de la famille ne permettent pas de se procurer un logement convenable, encore moins d'épargner.

Quant à l'élite, aux ouvriers qui disposent de plus de ressources et auxquels on peut même faciliter l'accession à la propriété, il faut leur procurer des maisons qu'ils occuperont seuls avec leurs familles. « ... De même qu'elle a son unité et sa personnalité, la famille humaine doit remplir sa maison sans la partager avec aucune autre. C'est seulement à cette condition que la maison s'acquitte de son rôle social, au lieu de n'être qu'une banale hôtellerie où prend gîte en passant le voyageur ([2]). »

Il n'est pas douteux d'ailleurs, qu'en thèse générale, le système de l'encasernement répugne à notre caractère national; aussi le genre d'existence que procurent ces grands caravansérails et la contrainte qu'elle impose déplaisent aux ouvriers, et nous voyons les ménages chercher des logements en rapport avec leurs ressources et l'importance de leur famille.

D'autre part, la classe ouvrière a pour objectif les conditions du bien-être dont jouit la classe moyenne, et dont se rapprochent déjà les ouvriers d'élite. Or, que constatons-nous dans nos grands centres, et notamment à Bruxelles? C'est que la vie d'appartement déplaît à la généralité et que partout où la ville s'étend encore, on construit une foule de petites maisons qui n'ont ordinairement qu'un étage — fort proprettes, élégantes même — dont le prix de bâtisse varie de 6,000 à 8,000 francs, et le loyer de 450 à 750 francs l'an.

L'ouvrier subit l'influence de ces faits et vise, lui aussi, à habiter une maison, à bon marché, évidemment, mais dans laquelle il sera son maître et où lui et les siens ne dépendront de personne.

L'habitation privée sera donc ainsi la seule demeure conforme à ses goûts et à ses vrais intérêts.

([1]) Voyez MULLER et CACHEUX, p. 49.

([2]) *La question des habitations ouvrières en France et à l'étranger*, par M. E. CHEYSSON Paris, 1886, p. 28.

Aussi des efforts sérieux ont ils été faits dans ce sens par les sociétés de construction et les administrations charitables, les industriels et les particuliers.

« Cependant ces efforts, quelque importants qu'ils soient, n'ont apporté qu'un bien faible changement à la situation générale. Ils n'apparaissent que comme des jalons dans une voie qu'il importe d'autant plus de suivre, qu'elle peut mener plus sûrement à l'amélioration de la condition morale et matérielle de la classe ouvrière. » (1)

Les maisons ouvrières isolées (type cottage), ou bien construites par petits groupes(2), mais différentes d'architecture et de dimensions, et entourées de jardins plus ou moins étendus, devront donc être édifiées dans les faubourgs et à la campagne. (Dans toutes nos villes, les faubourgs présentent encore d'excellents terrains à bâtir, et l'ouvrier n'y sera pas à l'écart de la bourgeoisie, car l'absence de remparts et d'octrois fait que celle-ci étend chaque jour davantage ses constructions). C'est ce qui a été réalisé à Bruxelles par MM. Steens et Staes, qui ont construit aux confins de Saint-Gilles et vers Forest une quantité de bonnes maisons ouvrières, de même que par MM. Moermans, chaussée de Waterloo, à Saint-Gilles, et M. Broorman, à Forest lez-Bruxelles; à Laeken, par la ville de Bruxelles, pour le logement des ouvriers à l'usine à gaz, etc.; par la *Société anonyme des habitations ouvrières dans l'agglomération bruxelloise*, qui a bâti 53 maisons au centre du village d'Anderlecht lez-Bruxelles, 82 maisons aux confins de Molenbeek-Saint-Jean (chaussée de Ninove), 68 maisons avenue Biesme, près du parc de Saint-Gilles, 40 près de l'ancien Champ des Manœuvres, sur le territoire de Schaerbeek, etc., toutes habitées par un ménage.

Nous aurons l'occasion de citer plus loin maintes constructions édifiées dans ces conditions par les sociétés et les administrations charitables du royaume. Dans de telles habitations, l'ouvrier vivra dans des conditions d'hygiène et de moralité qu'on

---

(1) Rapport sur les logements ouvriers, par M. Eugène Meeus. (*Enquête de* 1886, p. 80.)

(2) La facilité de recrutement des locataires nous paraît résulter de la dissémination des habitations par petits groupes de six maisons au plus. (Réponse à notre questionnaire par la Société du Buisson, à Hornu, près Mons.)

Il convient de disséminer les habitations pour l'ouvrier. Ses relations, qu'il les ait avec tout le monde : il prendra et retiendra quelque empreinte de ce contact; il ne se trouvera plus en communion d'idées exclusive avec une seule caste; son intelligence entreverra des aspects ignorés; les aspérités de ses sentiments s'émousseront, et à mesure que son esprit se rectifiera, que son cœur éprouvera de bons mouvements, il grandira en dignité à ses propres yeux. (Dr H. Kuborn, à Seraing. *Enquête du travail*.)

ne saurait réaliser dans les logements des villes. Il s'y trouvera peut-être un peu à l'écart du mouvement et des distractions qui animent les centres, mais il y sera aussi à l'abri de la contagion des idées subversives, auxquelles les maisons-casernes offrent une proie si facile; il sera à l'abri de la fréquentation des cabarets, qui en entraîne bien d'autres; lui et les siens y trouveront la santé, car ils y jouiront de l'air et de l'espace qui leur manquaient en ville; il disposera d'un jardin dont les légumes et les fruits lui permettront de se nourrir mieux et à moins de frais ou dont il pourra, s'il le veut, tirer profit, comme à Wavre (habitations ouvrières du bureau de bienfaisance), où chaque occupant loue pour un prix minime une portion de terrain qu'il cultive après sa journée finie et sur lequel il récolte des pommes de terre dont la vente lui permet de réaliser tous les ans un bénéfice de 40 à 50 francs.

Enfin, matériellement, il résulte qu'avec les mêmes ressources pécuniaires, le ménage qui végétait dans la gêne au milieu d'une grande ville vivra dans l'aisance au faubourg ou à la campagne. Les économies réalisées permettront à la mère de famille de rester au logis, et de vaquer aux soins que réclament son ménage et ses enfants, en même temps que de se soustraire aux travaux des ateliers.

En résumé, cette existence procurera à l'ouvrier un bien-être dont les habitants des quartiers populeux ne se doutent pas ([1]).

Aussi, lorsque les exigences professionnelles le permettront, n'hésiterons-nous pas à préconiser la construction d'habitations ouvrières *à la campagne.*

En Italie, où les mauvais logements ne coûtent pas cher — 40 à 80 francs par an pour un mauvais gîte, — la plupart des ouvriers les mieux partagés habitent de petites maisons dont ils sont possesseurs, entourées de petits jardins et situées sur les déclivités des collines. « Ces demi-agriculteurs, demi-ouvriers de

---

([1]) Nous voyons par l'enquête de la Commission du travail que *les ouvriers des campagnes se nourrissent mieux que ceux des villes et des centres industriels.* L'ignorance, la malpropreté, les dérèglements, ont incontestablement une influence funeste sur la santé de l'ouvrier... On ignore généralement que ces vices ont leur source dans une alimentation défectueuse et que, si on n'est pas parvenu à les extirper, malgré des efforts réitérés, c'est qu'on a méconnu la cause du mal, qui est le défaut d'une nourriture substantielle. (Dr De Meyer.) Après avoir expliqué que le régime de la plupart des ouvriers est défectueux, le Dr De Meyer dit : « Après ces explications, on concevra facilement que l'ouvrier, chez lequel la force musculaire est trop faible, à cause de l'insuffisance d'un de ses éléments constituants, l'azote, doit nécessairement y suppléer par un stimulant artificiel, l'alcool, afin de pouvoir fournir une plus forte dose de travail. » (Dr De Meyer, à Boom. *Enquête de la Commission du travail*, p. 626, vol. I.)

fabrique constituent au point de vue matériel la partie la plus heureuse de la population laborieuse italienne [1]. »

Ce mode de logement qui, dans d'autres pays, n'est accessible qu'à un petit nombre d'ouvriers, est aisé chez nous, où les distances peuvent être franchies facilement, le plus souvent pédestrement et dans tous les cas à peu de frais.

Ce parcours à faire, matin et soir, soulèverait peut-être des objections; mais rien n'est plus facile que d'apporter remède aux inconvénients : toutes nos grandes agglomérations sont desservies aujourd'hui par des tramways et des chemins de fer vicinaux, les centres sont reliés ainsi aux points extrêmes de la périphérie. Il serait donc très aisé aux administrations publiques soucieuses du bien-être de la population ouvrière, d'imposer aux sociétés concessionnaires l'obligation d'accorder aux ouvriers des abonnements semblables à ceux qu'elles délivrent aux écoliers [2]. Les dix centimes que l'ouvrier aurait à dépenser journellement pour son transport [3], seraient largement compensés par la grande différence de prix de son loyer et les avantages que nous avons énumérés. Sans vouloir trop éloigner l'ouvrier de la ville, nous possédons pourtant des éléments d'appréciation des effets de ce système. Ainsi, à Anvers, beaucoup d'ouvriers se sont installés depuis ces dernières années au village de Merxem, où la *Société anversoise* pour la construction et l'amélioration des habitations ouvrières a construit 100 maisons. A Bruxelles, où la banlieue est fort étendue, bon nombre d'employés des tramways habitent la jolie commune d'Uccle, où ils occupent de petites maisons que leur louent des particuliers; elles comprennent : une cave au sous-sol, deux pièces au rez-de-chaussée, trois au premier, et sous les combles un grenier; chaque maison possède un jardin dont la culture permet de récolter légumes et fruits. Ces employés sont très satisfaits de leurs demeures; leur loyer est de 15 francs, parfois 16 [4], tandis que rue Blaes, le prix d'un appartement, dans une maison occupée par de nombreux ménages, est de 22 francs par mois pour deux pièces et une petite cuisine.

Les ouvriers appartenant aux branches nombreuses de la construction habitent

---

(1) *Over Arbeiderswoningen*, door Mercier, p. 100. H. D. Haarlem Tjeenk Willink.

(2) A Bruxelles, l'abonnement scolaire coûte 40 francs par an.

(3) A Naples, un grand nombre d'ouvriers habitent les villages avoisinants et payent chaque jour 30 à 50 centimes pour se faire transporter en ville.

(4) Une société pourrait les loger moitié moins cher et les rendre propriétaires de leurs maisons.

pour la plupart à la campagne, assez loin des villes, et y retournent presque chaque semaine [1].

L'État ayant dès longtemps organisé des trains spéciaux à leur usage, ce voyage se fait aisément.

Voici comment s'exprime à leur sujet M. J. Dauby [2] : « Maçons, couvreurs, tailleurs de pierre, marbriers, charpentiers, menuisiers, presque tous ouvriers de la campagne, et y retournant sinon chaque semaine, au moins à l'époque de la saison rigoureuse, ont conservé en grande partie l'austérité de mœurs qui distingue les ouvriers n'appartenant pas aux grands centres.

Ce sont, en général, des hommes aux allures grossières, mais non avilis, auxquels il suffirait de tendre la main pour les élever sur l'échelle sociale. On rencontre rarement chez eux la véritable misère, et plût à Dieu qu'on n'eût pas à combattre de plus mauvais éléments pour amener une amélioration efficace dans le sort encore si précaire de nos classes ouvrières ! »

Hôtels ouvriers. — Dans les grandes villes, dans les centres industriels et près de certains établissements, il convient d'installer des *hôtels d'ouvriers*, qui offrent aux célibataires et aux ouvriers domiciliés dans des localités éloignées un gîte agréable et économique.

Dans ces hôtels, dont la création est due ordinairement à des chefs d'industrie philanthropes, les ouvriers sont bien logés et nourris à un bon marché exceptionnel; parfois on ne leur procure que le coucher, alors ils achètent les denrées nécessaires à leur subsistance dans un magasin coopératif voisin.

L'*hôtel Louise*, fondé par M. le sénateur Jules d'Andrimont au Hasard, à Trooz, est un modèle du genre; les casernes de *la Vieille-Montagne*, et l'hôtel d'Yvoz à la Société de Marihaye méritent également une mention spéciale.

Remarquons toutefois que la réussite de ces hôtels est très variable et qu'ils ne jouissent pas toujours de la faveur des ouvriers. Nous citerons à l'appui de ce fait diverses constatations que nous avons faites au cours de notre enquête. A Anvers, la Société anversoise pour la construction et l'amélioration des maisons d'ouvriers a fait l'essai d'une maison uniquement destinée aux ouvriers céli-

---

(1) Chaque jour, matin et soir, des trains spéciaux transportent des quantités d'ouvriers occupés dans la capitale.

(2) *De l'amélioration des classes laborieuses et des classes pauvres en Belgique*, par J. Dauby. Bruxelles, 1885.

bataires, mais jusqu'à ce jour cette entreprise n'a pas donné les résultats qu'on en espérait; au charbonnage du Bois de Micheroux, on a dû convertir les locaux formant hôtel en maisons pour ménages; la Société du Hasard ayant construit un deuxième hôtel, a été obligé de le transformer, en 1884, en 12 maisons pour ménages. La Société « la Providence », de Marchiennes-au-Pont, qui a édifié des maisons spéciales pour les ouvriers habitant les localités éloignées, se plaint de la déplorable négligence des occupants.

Le système phalanstérien. — Quoique l'organisation de la vie en commun ait réussi dans certaines localités, nous ne recommanderons pourtant pas ce système.

Nous pensons que l'association n'est désirable que pour autant qu'elle serve à augmenter la liberté et l'indépendance.

Or, le communisme nous paraît une entrave au progrès et à la liberté; nous y voyons une quasi-servitude des individus, un obstacle au libre développement de l'essor individuel et de l'esprit d'entreprise.

De plus, alors que depuis un siècle on proclame la suppression des classes, ce système en accentue la division et établit même, en parquant l'ouvrier, des démarcations absolument tranchées et telles qu'on n'en a jamais connues.

L'instruction même et les divertissements lui sont départis en dehors des autres éléments de la nation. Bref, en adoptant ce régime, l'ouvrier fait bande à part. Partant le système phalanstérien retarde le passage des classes inférieures aux classes dirigeantes.

Voici quelques-unes des appréciations émises par M. le Dr Rochard (1) à propos de ce système. Tout en rendant hommage au but éminemment philanthropique des institutions de ce genre qui ont réussi, au talent et au dévouement de leurs fondateurs, et au succès qui a couronné leurs efforts, il constate que « cette vie en commun a pourtant l'inconvénient de condamner le chef de famille à demeurer perpétuellement locataire d'un petit foyer, qu'il ne pourra jamais acquérir et transmettre à ses enfants. Les épargnes, les bénéfices, sont concentrés dans le fonds social et soumis à toutes les chances de revers que peut courir une entreprise individuelle.

---

(1) *Traité d'hygiène sociale*, par le Dr Jules Rochard, inspecteur général du service de santé de la marine, en retraite, membre de l'Académie de médecine, etc. Paris, 1888, p. 305, qui cite Urbain Guérin.

« Un événement extraordinaire, une guerre par exemple, peut porter à l'usine un coup irréparable, et alors tout l'avoir des ouvriers est perdu, puisqu'ils ne possèdent rien en dehors.

« Le mode d'éducation des enfants a pour résultat d'enlever la personnalité à la famille.

« Ils sont tous élevés en commun. Ils passent de la nourricerie au pouponnat, puis de là aux écoles de l'usine. Ils y restent toute l'année et n'ont que quinze jours de congé.

« La liberté de choisir d'autres écoles est refusée aux parents. Enfin, quoique, au point de vue du droit, la famille soit parfaitement libre, elle subit au familistère une pression peu sensible en apparence, mais qui ne la laisse pas complètement maîtresse de sa vie morale et religieuse. »

II. — L'expropriation par zones et le domicile de secours.

Deux causes exercent une influence fâcheuse sur la conservation de bons logements ouvriers dans les villes et le développement de ceux des campagnes.

Ce sont les défectuosités de la législation régissant *l'expropriation par zones et le domicile de secours.*

L'expropriation par zones. — Il faut, ainsi que nous l'avons dit, que les ouvriers soient disséminés dans les villes et en contact permanent avec les autres classes de la société. Ces rapports journaliers sont indispensables au repos de la société et préviendront toute démarcation en quartiers riches et pauvres. L'isolement des diverses classes, appelées à s'entr'aider, est contraire à l'esprit de charité et à nos traditions nationales.

Malheureusement la contagion de l'haussmanisation a entraîné les administrations de nos grandes villes à transformer et à rebâtir des quartiers entiers, au grand détriment de ces principes, et partant du bien-être de la classe ouvrière.

Dans un remarquable rapport [1], présenté au nom de la 3e section de la Commission du travail, M. Lammens a exposé d'une manière frappante l'influence « que la législation sur l'expropriation par zones est appelée à exercer sur la situation morale et politique des classes ouvrières.

---

[1] Voir *Commission du travail*, vol. III. Rapports, p. 109.

« Le résultat moral de ces transformations babyloniennes de nos grandes villes, dit l'honorable sénateur, c'est la démarcation de plus en plus tranchée entre la propriété et le prolétariat, entre les riches et les pauvres. Or, tout système qui tend à faire entrer cette séparation dans notre vie quotidienne, dans nos mœurs, dans les habitudes publiques ou privées de nos cités, tout système qui a pour résultat de faire prévaloir cet axiome : « la ville aux riches et aux bourgeois ; les faubourgs aux pauvres et aux ouvriers », ce système est faux, dangereux, antisocial... »

M. Lammens terminait en déclarant que « l'expropriation par zones des quartiers ouvriers dans les grandes villes, en refoulant les pauvres dans des quartiers lointains et isolés, est une de ces questions qui s'imposent aux études du législateur ».

La Commission du travail, se ralliant aux idées du rapporteur de la 3e section, adopta les *conclusions* suivantes :

Il y a lieu d'obliger l'expropriant par zones :

1° A réserver pour la construction de maisons ouvrières une partie des terrains expropriés ;

2° A construire, sur les terrains expropriés, un certain nombre de maisons ouvrières pour remplacer les maisons expropriées ;

3° A ne couvrir de bâtisses qu'une proportion des terrains expropriés, à déterminer par la loi.

Le gouvernement, accueillant ces propositions, en a tenu compte dans la rédaction du projet de loi soumis à la législature (voir p. 57, art. 5).

Le domicile de secours. — Les difficultés qui s'opposent à l'établissement de maisons ouvrières dans les communes suburbaines, proviennent surtout de la loi sur le domicile de secours. Par suite des effets de celle-ci, l'ouvrier qui au bout de cinq années de séjour est éprouvé par la misère, tombe à charge de la commune; celle-ci ne favorise donc pas son établissement et évite autant que possible d'appeler sur son territoire un plus grand nombre d'émigrants.

D'autre part, l'ouvrier qui craint de perdre son domicile de secours, n'a garde de quitter la ville, et s'éternise dans des logis malsains et encombrés.

La loi sur l'assistance publique réclamait donc une revision sérieuse.

Le gouvernement, appréciant les défauts signalés et les réclamations portées maintes fois à la tribune de la Chambre, a déposé, le 28 *mars* 1888, un projet de loi dont voici le premier article :

« Art. 1er. Les secours de la bienfaisance publique sont fournis aux indigents par la commune sur le territoire de laquelle ceux-ci se trouvent au moment où l'assistance devient nécessaire. »

Cette législation nouvelle, en même temps qu'elle supprime le domicile de secours et le droit de recours de la part des communes, recours dont une expérience aujourd'hui complète a démontré les graves inconvénients, met à la charge de l'État et des provinces une fraction notable des dépenses de la bienfaisance.

Le gouvernement se propose, en outre, d'aider par des subsides les communes qui établiront des hospices ou des hôpitaux et celles qui, à défaut de fondations hospitalières, consentiront à traiter, avec des établissements publics ou privés, pour les soins à donner à leurs indigents malades ou infirmes [1].

III. — Projet d'administrations cantonales chargées de répartir les excédents de recettes des bureaux de bienfaisance.

Le *Conseil supérieur d'hygiène* s'est demandé [2] si l'on ne pourrait pas arriver à fusionner les ressources des bureaux de bienfaisance dans les agglomérations de plusieurs communes, — car il est des bureaux de charité dont l'insuffisance de ressources ne permet pas de procurer aux ouvriers nécessiteux des logements améliorés, et les communes qui, à défaut des administrations de bienfaisance, ont le devoir de leur venir en aide, sont elles-mêmes hors d'état de le faire —, et, dans l'affirmative, quelles seraient les modifications qu'il faudrait apporter à la loi sur le domicile de secours.

Il s'agissait donc, dans l'occurrence, de répartir d'une manière plus égale les ressources des institutions de bienfaisance publique, de manière à faciliter à chaque commune les moyens de venir efficacement en aide à la classe ouvrière.

Cette idée de fusionner les ressources des bureaux de bienfaisance n'est pas nouvelle.

« Vous n'ignorez pas, messieurs, disait M. Berden, que la Convention française, entraînée par les idées prétendûment humanitaires qui avaient cours à la fin du siècle dernier, avait supprimé toutes les institutions charitables en proclamant le principe que la nation avait le devoir d'entretenir les nécessiteux et les infirmes.

---

(1) Exposé des motifs. *Doc. parlem.*, p. 130.

(2) Enquêtes sur les habitations ouvrières, des modifications qu'il faudrait apporter à la loi sur le domicile de secours, en vue de faciliter la construction des habitations ouvrières. Séance du Conseil supérieur d'hygiène publique du 1er mars 1887. Sous-commission de législation. Rapport de M. Berden, Ier fasc., p. 48.

C'était là combattre un excès par un excès contraire, et l'expérience vint démontrer bientôt que le principe de la Convention, dangereux en soi, offrait dans son application des difficultés insurmontables. La loi du 7 frimaire an v vint heureusement réparer les fautes de la Convention. » Elle corrigeait les exagérations du principe de solidarité, sans retomber dans le particularisme communal qui caractérisait notre pays avant la Révolution.

A cet effet, elle institua une organisation cantonale, et substitua « à la commune chargée de l'entretien de ses indigents une personnification cantonale ayant l'administration des biens de la bienfaisance fusionnés au profit du canton ».

Ce système fut appliqué jusque dans les dernières années de notre union avec les Pays-Bas, époque à laquelle on en revint au système ancien de l'organisation communale de la bienfaisance.

Après avoir fait remarquer au Conseil : que la fusion des ressources d'un certain nombre de bureaux de bienfaisance, ne pourrait se réaliser sans la suppression de certaines personnes civiles et sans la création de personnifications civiles nouvelles; qu'elle entraînerait la revision de la loi du 7 frimaire an v qui a organisé les bureaux de bienfaisance par commune, de la loi de 1836 qui règle l'inscription des dépenses afférentes au service de l'entretien des indigents, enfin de la loi sur le domicile de secours, qui impose à chaque commune, et partant à chaque bureau de bienfaisance, le devoir de secourir les indigents; que l'examen de ces questions appartenait à l'administration compétente, l'honorable rapporteur déclara qu'il pensait que la solution demandée au Conseil pourrait être obtenue sans rien changer à la législation actuelle, en faisant *décréter par la Législature que les excédents des recettes sur les dépenses des bureaux de bienfaisance d'une certaine circonscription, par exemple du canton, pourraient être mis à la disposition d'une administration cantonale chargée du soin de répartir suivant les besoins des localités.*

« Ce mode, ajoutait-il, aurait l'avantage d'atteindre le but qu'on poursuit, tout en laissant subsister l'organisation de la bienfaisance par commune, qui paraît être dans le tempérament et dans les mœurs du pays. »

CHAPITRE IV.

I. — Importance de la diffusion de la propriété.

L'éducation; l'accession à la propriété; conséquences. — Tout homme aux idées généreuses, préoccupé du sort et des aspirations de l'ouvrier, comprendra que les classes dirigeantes ont pour devoir d'aller à lui et de l'initier « aux saines habitudes de la vie pratique ».

Il faut lui proposer la classe bourgeoise comme exemple, et tâcher de l'en rapprocher en s'intéressant surtout au perfectionnement de son éducation; car l'utilité et la nécessité de l'instruction ne font de doute aujourd'hui pour personne, mais son action est limitée : elle ne rend pas l'homme plus moral ou plus honnête, plus sobre ou plus économe; l'éducation elle, ne se fait pas à l'école, elle est le résultat de l'enseignement de la religion [1], de la famille, de l'expérience et de la tradition.

Il n'est donc pas de meilleur moyen d'élever la destinée de l'ouvrier, que de le placer dans un milieu sain et moral, de le soustraire aux influences funestes et de l'encourager dans la pratique des vertus, en l'aidant à améliorer sa position par le travail et l'économie.

On inculquera ainsi peu à peu aux populations ouvrières ces facultés spéciales qui distinguent la classe bourgeoise, « ces forces morales, résultat d'une longue suite d'efforts, tradition d'une série de générations méritantes » [2].

« Les progrès de la civilisation, dit M. Paul Leroy-Beaulieu, consistent à aug-

---

[1] « Le christianisme seul peut réconcilier les classes inférieures avec l'inégalité des conditions, qui est inévitable ici-bas. » Mgr von Kettler.

« Le christianisme seul, pénétrant les classes hostiles, peut les réconcilier sur le terrain de la charité et de la justice. » (M. Todt, *Le socialisme allemand et la société chrétienne.*)

« Il est donc évident que ceux qui veulent une révolution sociale accomplie par la violence ont intérêt à répandre le matérialisme, et que ceux qui propagent cette doctrine leur fournissent des armes. (Émile de Laveleye, *Le Socialisme contemporain*, p. 205, 207.)

[2] *La Question ouvrière au* XIX*e siècle*, par Paul Leroy-Beaulieu, p. 293. Paris, 1881.

menter sans cesse le nombre de ceux dont l'existence est facilitée par une naissance acquise, à réduire au contraire les rangs de ceux qui mènent au jour le jour une vie précaire et mal assurée; mais ce mouvement fécond ne s'accomplit pas par soubresauts et spontanément, il réclame les efforts des hommes et la collaboration du temps. » [1]

Pour réaliser ce programme et aider l'ouvrier à franchir un premier degré dans la hiérarchie sociale, il faut le rapprocher de la classe moyenne, en lui facilitant l'accession à la propriété.

Non seulement ce remède offre les avantages divers que nous avons signalés en commençant cette étude, mais encore, en élevant sûrement la condition de l'ouvrier, il lie étroitement ses intérêts à la continuité du travail et au maintien de l'ordre.

Or, l'intérêt personnel sera toujours en économie le principe le plus actif [2]; nous ne saurions donc user d'un moyen plus efficace pour atteindre notre but, et le protéger en même temps contre les influences de ceux qui le poussent à améliorer son sort par des procédés que répudient la saine raison et la morale.

La possession de son logis inspirera à l'ouvrier le respect de l'ordre, dont dépend le respect de son bien, elle l'intéressera au gouvernement de son pays et l'attachera davantage à la fortune de celui-ci.

« Dès l'instant où il possède quelque chose, il cesse d'envisager avec défiance les institutions au milieu desquelles il vit; il ne croit plus à la nécessité de l'emploi de la violence comme moyen d'amélioration sociale. » [3]

« Il est un fait digne de remarque, dit M. J. Dauby [4], c'est que, lors des crises périodiques qui ont éclaté dans les bassins charbonniers de Belgique, les ouvriers poursuivis pour délit d'émeute ou de grève n'appartenaient généralement à aucune des sociétés qui ont eu la prévoyance de construire pour leurs travailleurs des maisons à bon marché et à l'acquisition desquelles ils ont été intéressés. »

C'est donc à juste titre que la Commission du travail s'est préoccupée de recher-

---

(1) Idem, p. 294.

(2) Les intérêts matériels sont en corrélation constante avec les intérêts sociaux ou politiques. (*Étude sur les principaux économistes*, par Dupuynode.)

(3) Rapport sur les sociétés de secours mutuels, par M. J. Dauby. *Enquête de la Commission du travail*, vol. III, p. 95.

(4) *De l'amélioration de la condition des classes laborieuses et du pauvre en Belgique*, par J. Dauby. Bruxelles, 1885.

cher tous les moyens qui pourraient assurer à l'ouvrier la propriété de sa demeure, et que la 3e section a formulé le désidératum suivant :

« Favoriser les sociétés qui ont pour objet la construction, la location et surtout la vente des maisons ouvrières.

« Autoriser ces sociétés à émettre des obligations à primes. »

M. Lagasse, dans la séance du 13 novembre 1886 [1], appuya cette conclusion de quelques considérations auxquelles j'emprunterai les lignes suivantes :

« La possession de sa maison par l'ouvrier est d'une importance capitale...

« Ici même dans notre Belgique, l'enquête a démontré que la paix sociale et la possession du foyer étaient choses intimement liées.

« Dans le Luxembourg, nous n'avons entendu presque pas de plaintes. Il y a plus, des ouvriers sont venus librement à l'enquête se déclarer satisfaits de leur situation présente, et quand nous leur avons posé la question relative à la possession du foyer, ils avaient presque l'air de ne pas nous comprendre, tant le loyer d'une maison sort en général de leurs habitudes.

« Pourquoi si peu d'ouvriers agricoles sont-ils venus se présenter à l'enquête? Sans doute en raison de ce que leurs salaires ont subi en somme des variations relativement faibles, mais aussi et surtout parce que presque tous possèdent leur maison ou tout au moins quelque lopin de terre.

« La possession du foyer est la garantie la plus solide de la stabilité de la famille. Là où la famille ouvrière instable prédomine, là où la paix est troublée, où les meneurs trouvent un champ tout prêt à recevoir la semence révolutionnaire, dans ces contrées du Centre où nous avons cependant rencontré, chez les ouvriers, beaucoup de bons esprits et de bons cœurs, il n'y a plus d'ouvriers propriétaires, plus même de jardin autour de la maison louée, et nos procès-verbaux diront que les compagnons s'en plaignent amèrement. »

Nous voyons donc qu'à tous égards la société est sérieusement intéressée à la diffusion de la propriété.

---

[2] *Enquête de la Commission du travail.* Compte rendu des séances plénières. Séance du 13 novembre 1886. Vol. IV, p. 57 et 58.

II. — Éléments qui dans notre pays concourent a rendre l'ouvrier propriétaire.

Nous venons de voir que dans tout le Luxembourg et le sud du pays de Namur, la propriété est la règle générale et que la location d'une maison n'entre pas dans les habitudes de l'ouvrier.

Cette règle s'étend également à la majeure partie des populations de nos provinces agricoles ou semi-agricoles, car la petite culture, qui est en somme celle de notre pays [1], retient un grand nombre d'individus; en leur assurant l'existence elle se présente à leur esprit comme l'industrie la plus naturelle, et leur inspire le goût de la propriété. Quant à ceux qui ne sont pas propriétaires, ils trouvent à louer une maison et un lopin de terre à fort bon compte.

Il y a certainement à améliorer là aussi, mais c'est surtout dans nos pays houillers et métallurgiques, ainsi que dans les grands centres, que le développement de la propriété doit nous préoccuper.

Si en dehors de ces régions nous cherchons l'usage, la coutume nationale, nous voyons que l'ouvrier aime à se bâtir lui-même une maison; il choisit librement son emplacement et l'édifie suivant ses goûts, ses habitudes de vie intérieure et ses ressources. Il n'est pas possible de faire le devis d'une semblable bâtisse, car il ne paye le plus souvent que le maçon qui place les briques et le plafonneur.

Il est certain qu'une maison bâtie dans ces conditions coûte peu de chose, et que l'ouvrier y est très attaché.

La majeure partie des maisons des campagnes et des villages sont bâties de la sorte; le campagnard qui a besoin d'une petite somme pour réaliser cette entreprise, s'adresse volontiers à son patron, qui l'aide dans bien des circonstances, ou bien il demande un prêt au notaire voisin.

Intervention des industriels. — Les industriels en général et les sociétés telles que : Cockerill, la Vieille-Montagne, le Val Saint-Lambert, le Bleyberg, la Société des carrières de Quenast, Mariemont et Bascoup, etc., ont compris dès longtemps l'action bienfaisante que pourrait exercer leur intervention, et les conséquences heureuses qui devaient en résulter au point de vue de la paix sociale

---

[1] On compte dans le royaume environ 744,000 exploitations rurales, qui se subdivisent comme suit : 638,000 de moins de 5 hectares, 83,000 de 5 à 20 hectares, 23,000 de plus de 20 hectares. Le nombre d'ouvriers occupés par l'ensemble de ces cultures est de 800,000.

et de l'amélioration de la condition matérielle et morale de leurs ouvriers; aussi accordent-ils volontiers leur patronage aux ouvriers qu'ils occupent.

Les uns leur cèdent gratuitement des parcelles de terrain; d'autres leur font des avances d'argent, dont le remboursement s'effectue ensuite petit à petit; ou bien encore construisent eux-mêmes des maisons, qu'ils vendent aux ouvriers au plus bas prix possible.

Les combinaisons varient suivant les industries et les localités.

A la *Société anonyme de Wygmael lez-Louvain* (Brabant), où les usines sont en pleine campagne, les ouvriers tâchent de bâtir à proximité des terres qu'ils ont en location; de là des constructions éparpillées, bien préférables aux agglomérations.

Ils commencent par faire partie de la caisse d'épargne de ladite Société qui leur alloue 5 p. c. d'intérêt. Au bout de quelques années ils achètent un terrain, et la Société leur avance l'argent nécessaire à la construction de leur maison. Celle-ci comprend généralement une étable et une grange.

Ce système, inauguré dans ce village par *M. E. Remy*, il y a bientôt vingt ans, a donné d'excellents résultats, puisque les trois quarts des 700 ouvriers employés aux usines sont propriétaires de leur maison ou en voie de le devenir.

La *Société la Vieille-Montagne*, indépendamment des nombreuses constructions qu'elle a élevées à ses frais aux sièges de ses diverses exploitations, a aidé de tout son pouvoir l'ouvrier à devenir propriétaire. Ainsi, on a morcelé quelques parties de terrains pour les vendre à des prix très modérés; les ouvriers ont construit sur ces terrains des maisons modestes, mais convenables; la Société leur a fait des avances de fonds pour qu'ils pussent élever des constructions ou les acquérir; elle leur a cédé, au prix de revient, tous les matériaux nécessaires : briques, pierres, pavés, bois, etc.; elle leur a accordé des facilités, soit pour le payement du prix de ces concessions, soit pour le remboursement des avances.

Aux *Usines et mines de houille du Grand-Hornu*, dont nous avons déjà cité les vastes installations ouvrières, ainsi qu'aux *Charbonnages de Mariemont et de Bascoup*, à la *Société Sainte-Marie d'Oignies* et dans maints autres sièges industriels, on a fait des avantages aux ouvriers désireux de bâtir.

Mais il faut les bonnes années, pour que les ménages disposent de ressources suffisantes, et encore tous n'ont-ils pas les moyens ou l'envie de construire. Il fallait donc tenir compte de l'insuffisance de l'initiative individuelle; d'autres fois, comme au charbonnage du Hasard à Trooz, il était urgent de procurer un logis aux nombreux ouvriers appelés aux travaux de mines éloignées des centres habités. C'est pourquoi beaucoup de sociétés industrielles et de chefs d'industrie ont construit des maisons ou des hôtels, pour fournir au plus bas prix de location des habitations convenables à toutes les familles occupées dans leurs travaux [1]. C'est ainsi que se sont développées dans notre pays ces institutions ouvrières si admirablement organisées à Quenast, Mariemont, Hornu, Houssu, Willebroeck, au Bois-du-Luc, au Hasard, au Bleyberg, à Seraing, etc. etc., et qui comprennent non seulement d'excellentes habitations ouvrières, mais encore des caisses de secours, des écoles diverses, des économats et magasins, des hôpitaux, etc. Dans la plupart des établissements de quelque importance, tous les ouvriers employés, sinon les locataires, jouissent encore de quelques avantages. Ainsi, la Société des carrières de Quenast instruit les enfants gratuitement, les nourrit et leur distribue des vêtements; la *Société anonyme des charbonnages unis de l'Ouest de Mons*, à Boussu, donne à chacun des 325 ménages qui habitent ses maisons, 4 hectolitres de houille par mois; de plus, cette Société alloue 3,000 francs par an pour l'instruction des enfants de ses ouvriers.

La *Société du charbonnage de Marchienne*, qui possède une centaine de maisons ouvrières, fournit à ses ouvriers la farine au prix coûtant du gros.

La *Société du Buisson* (mines de houille), à Hornu, rétribue une institutrice gardienne pour les enfants de moins de six ans de ses locataires, et leur délivre les chauffours à un prix souvent inférieur au prix de revient.

Au Grand-Hornu, on trouve un hôpital et des maisons d'éducation annexés à l'établissement, un médecin donne des soins gratuits, etc., etc.

D'autres sociétés industrielles ou chefs d'industrie vendent aux ouvriers des maisons payables partie au comptant et le restant par annuités.

La Société la Vieille-Montagne, que nous venons de signaler, est de ce nombre; ses ouvriers peuvent déposer leurs économies dans la caisse d'épargne de cette Société qui leur alloue 5 p. c. d'intérêt, ce qui leur permet de réunir assez promptement les fonds destinés au premier versement; le surplus se paye par annuités et en tenant compte de l'intérêt.

A la Société de Marcinelle et Couillet (hauts-fourneaux, fabrique de fer et charbonnages), les maisons coûtent, terrain compris, de 1,600 à 3,000 francs, elles sont vendues 1/5 payable comptant, les 4/5 restants en huit annuités aug-

---

[1] Nous ferons apprécier l'importance de ses efforts en disant, que deux de nos sociétés, les *Sociétés de Quenast* et de *Mariemont et Bascoup*, ont édifié à elles seules à ce jour environ 1,100 maisons ouvrières, c'est-à-dire plus que toutes les sociétés de construction du pays, dont le nombre de maisons bâties est de 881.

mentées de l'intérêt à 4 p. c. Ces payements se font au moyen de retenues faites sur le payement du salaire.

Mais aucunes n'offrent à leurs ouvriers une combinaison aussi favorable que celle adoptée par *M. L. De Naeyer, de Willebroeck.*

Grâce à l'intervention de la caisse d'épargne et de retraite, dont les administrateurs ont compris qu'il convenait d'utiliser l'argent de l'épargne pour fortifier et propager l'esprit d'économie et d'ordre, tout en rendant cette épargne profitable et très fructueuse pour l'ouvrier, il construit pour ses ouvriers des maisons dont le prix varie de 1,300 à 2,450 francs, et dont ils peuvent devenir propriétaires en dix-huit années par le payement annuel d'un intérêt de 7 p. c.; 3 p. c. sont destinés à servir les intérêts à la caisse d'épargne et 4 p. c. à l'amortissement.

Ceux qui désirent obtenir une maison s'adressent à une commission que M. De Naeyer a composée d'employés, maîtres-ouvriers et ouvriers de ses usines. Celle-ci prend note de leur demande et l'instruit. Ceux qui se sont fait remarquer par leur bonne conduite, leur esprit d'ordre et d'économie, sont les premiers inscrits.

Cette commission s'entend avec les ouvriers sur le genre de maison que ceux-ci veulent se faire construire, la dépense à y affecter, la grandeur du jardin y attenant, en un mot sur l'importance de la construction. Lorsque celle-ci est terminée, l'ouvrier reçoit un livret qui contient la mention imprimée de la convention; on y inscrit chaque mois les sommes payées, le montant de l'amortissement et ce qui reste dû.

A Isle-le-Pré, près Bastogne, *M. Fr. Sévrin* fait construire pour les ouvriers des maisons qu'il leur vend payables en vingt annuités, plus l'intérêt du capital engagé, à raison de 4 p. c. l'an, ce qui donne, avec la prime d'assurance, une redevance mensuelle de 10 francs.

Les grandes sociétés métallurgiques ont, en général, construit ou acheté un certain nombre d'habitations, pour y loger leurs contre-maîtres et principaux ouvriers.

Certaines sociétés mettent ces maisons à la disposition de leurs ouvriers au prix de revient, qui est en moyenne de 3,000 francs, terrain compris.

Ils deviennent propriétaires par le fait du contrat, payent 1/5 comptant et le surplus par annuités.

Le loyer des maisons appartenant à ces sociétés est, comme on le verra plus loin, fort modéré. De sorte qu'en résumé, nous pouvons dire que le rôle de l'industrie belge, dans la question du logement, a été considérable, et c'est en somme elle qui a rendu le plus grand nombre d'ouvriers propriétaires.

Administrations charitables et sociétés de construction. — Les administrations de bienfaisance et les sociétés de construction se sont également efforcées d'atteindre le but proposé.

Le bureau de bienfaisance de Nivelles, sur la proposition de *MM. les docteurs Lebon* et *Hanon*, fit construire en 1860, au faubourg de Namur, une douzaine de maisons dont le coût, terrain compris, était de 1,646 francs et le loyer mensuel, y compris l'amortissement, de 10 fr. 50 c. (dont 4 à la caisse d'épargne). Au bout de vingt ans, ces maisons étaient devenues la propriété de leurs locataires, et notons que dès 1863, ils avaient construit à leurs frais, les uns un toit à porcs, les autres un toit à chèvres ou à lapins, l'un d'eux s'était même fait bâtir une petite étable. Cet exemple a été suivi à *Wavre*, où *le bureau de bienfaisance* a fait construire, en 1870, 12 maisons au quartier de la Loriette; mais la combinaison financière diffère quelque peu : il accepte également ses futurs propriétaires sans réclamer d'eux ni acompte, ni garantie pécunaire, mais il leur laisse la faculté de se libérer de leur entreprise, soit au moyen d'une annuité uniforme de 122 francs, soit par voie d'amortissement pendant une période de vingt ans, le loyer de la première année étant fixé à un prix représentant 10 p. c. de la valeur de l'immeuble.

Les bureaux de bienfaisance d'Anvers et de Gand, ainsi que l'administration des hospices civils de Huy, ont également construit, avec leurs capitaux, des maisons ouvrières qui méritent d'être signalées.

Les sociétés de construction ont construit déjà un nombre assez important d'immeubles; malheureusement elles ont fait « trop beau ou trop grand », ainsi que le disait M. Lagasse à la Commission du travail, partant trop cher; elles ne se sont pas suffisamment préoccupées non plus de rendre l'ouvrier propriétaire. Les sociétés de Liége et de Verviers ont particulièrement réussi à venir en aide à la classe laborieuse. Nous verrons au dernier chapitre les résultats qu'elles ont obtenus.

Enfin, des particuliers, inspirés par des idées de spéculation, ont construit une quantité d'excellentes maisons dans une foule de localités, notamment à Gand, Anvers, Bruxelles, Liége et leurs banlieues, à Mons, Cuesmes, Alost, Turnhout, etc.

Ils ont observé les préceptes de l'hygiène, de sorte qu'en faisant une bonne affaire, ils ont rendu service à la classe laborieuse.

Parmi les entreprises bien conçues, qui peuvent être considérées comme un bienfait pour l'ouvrier, nous citerons en première ligne celle de *M. E. Hoyaux*, ingénieur à Mons, qui a édifié la cité Hoyaux à Cuesmes. Cette cité comprend déjà 86 maisons, qu'il est disposé à vendre aux ouvriers.

Les sociétés de crédit mutuel ou banques populaires viennent très fréquemment en aide aux ouvriers désireux de posséder leur maison. Après les industriels, ce sont elles qui ont eu le plus de part dans l'amélioration du logement de l'ouvrier et la diffusion de la propriété. Ainsi, à Liége particulièrement, le nombre de maisons édifiées grâce à leur heureuse intervention est beaucoup plus considérable que celui que construisent les *sociétés*.

Voici comment elles opèrent : l'ouvrier qui dispose de quelques économies achète un terrain à sa convenance; il s'adresse ensuite à la banque, qui prend hypothèque sur le terrain et lui ouvre un crédit; l'emprunteur choisit lui-même son entrepreneur, qui touche directement à la banque le prix de la bâtisse; puis, tous les mois ou tous les trois mois, en venant payer les intérêts, il apporte ses nouvelles économies pour réduire sa dette.

Il existe en Belgique dix-sept *banques populaires* ou associations de crédit mutuel [1]; elles forment entre elles une fédération dont le président est M. Léon d'Andrimont, membre de la Chambre des représentants, et comptent ensemble plus de dix mille sociétaires ayant versé un capital dépassant 2 millions de francs.

Le chiffre des dépôts qui leur sont confiés est près d'atteindre 4 millions, et les avances qu'elles font annuellement à leurs membres s'élèvent à plus de 30 millions.

Ainsi que le rappelait fort justement M. Micha, secrétaire général de la fédération des banques populaires au XIIIe Congrès de ces sociétés tenu à Liége, le 26 septembre 1886, c'est grâce à l'initiative et au constant dévouement de M. le représentant Léon d'Andrimont, que ces utiles institutions sont aussi répandues dans le royaume, et qu'elles contribuent journellement à rendre propriétaires *nombre d'ouvriers* laborieux et économes.

Prix d'une maison. — Quel est le prix auquel il faut construire les maisons ouvrières pour en mettre la location et ensuite l'acquisition à la portée du plus grand nombre des travailleurs belges?

Cette question fait aujourd'hui l'objet des préoccupations de tous ceux qui veulent hâter la solution de la réforme du logement de l'ouvrier et améliorer son sort,

---

[1] Liége, Huy, Verviers, Gand, Namur, Saint-Nicolas, Anvers, Dinant, Châtelet, Malines, Andenne, Roulers, Termonde, Renaix, Lokeren, Alost et Thuin.

car de la modicité du prix de la bâtisse dépendra le bien-être du plus grand nombre.

Le prix total de l'immeuble variera évidemment en raison du prix du terrain.

Aux environs des grandes villes, ce dernier atteindra facilement 1,500 francs, tandis qu'ailleurs il ne dépassera pas 150 francs.

A Nivelles, chaque maison du bureau de bienfaisance a coûté 1,621 fr. 47 c.

Le bureau de bienfaisance retirant de cette somme un intérêt de 4 p. c., le prix du loyer annuel est de . . . . fr.	64,86
Auquel il faut ajouter le prix de location de 1 are 50 centiares de terrain	2,25
L'assurance contre l'incendie	0,48
L'entretien des bâtiments	7,50
Total. . .	75,09

Le loyer mensuel revient donc à 6 fr. 25 c., auxquels chaque locataire ajoute mensuellement 4 francs d'épargne pour devenir propriétaire de son habitation et du terrain (valeur totale, 1,771 fr. 47 c.).

Le prix du loyer mensuel est donc de 10 fr. 25. (En réalité il a été fixé à 10 francs et 10 fr. 50 c. selon les maisons.)

L'annuité correspondant à 1,771 fr. 47 c. est donc de 123 francs, ce qui implique un revenu de 123 × 6 = 738 francs.

Ce qui se rencontre aisément dans un ménage ouvrier.

Les maisons construites par le bureau de bienfaisance de Wavre n'ont coûté que 1,319 francs, sans le terrain. Chez M. De Naeyer, le prix des maisons varie de 1,300 à 2,450 francs, non compris le terrain. La Société verviétoise vend des maisons de 4,500 francs et même de 8,000 francs (ceci n'est plus à proprement parler la maison ouvrière), mais on rencontre plus fréquemment des maisons ouvrières bâties par des particuliers ou des industriels, dont la construction, terrain compris, coûte 3,000 francs.

En comptant que la somme à payer annuellement par un locataire s'élève à 7 p. c. de la valeur totale de la maison, l'annuité correspondant à 3,000 francs (prix aux environs des grandes villes) sera de 210 francs. Ce qui suppose un revenu de 210 × 6 = 1,260 francs.

Somme passablement élevée pour une famille ouvrière.

M. L. De Naeyer propose comme *type moyen* la maison de 1,600 francs. L'occupant aurait à payer 7 p. c. du capital dépensé, soit 112 francs, pour devenir propriétaire au bout de 18 ans environ, 112 × 6 = 672 francs.

Cette dernière combinaison suppose un revenu de 672 francs, ce qui est fort raisonnable.

Le prix des constructions varie assez notablement dans nos diverses provinces, selon la proximité des carrières, des fours à chaux ou à briques, le prix de la main-d'œuvre et des charriages, etc. Cette remarque faite, nous croyons pouvoir poser en principe que le prix d'une bonne maison ouvrière pour un ménage ne devra pas dépasser le prix moyen de 1,500 francs.

Un inventeur belge, *M. H. Windels*, (1) pour hâter le moment auquel l'ouvrier deviendra propriétaire et lui éviter ces longues économies qui supposent, dit-il, de longues privations et de longues souffrances, préconise un système de construction économique rapide, par moule à combinaisons continues et servant indéfiniment. Il utilise pour la construction, au lieu de briques, des non-valeurs, telles que les déchets des carrières, des charbonnages, des verreries, des briqueteries, des usines et des fabriques en général. Un agent chimique — dont il a le secret —, mélangé à l'eau lors de la mise en œuvre du mortier, convertit le mortier ordinaire en hydraulique. « Par une température de 5 à 10 degrés de chaleur, une épaisseur de mortier de la valeur d'une brique sera, au bout d'une quinzaine de jours et même moins, cela dépend de la ventilation, assez sèche et assez hydraulique pour devenir insoluble à l'immersion complète et permanente. » (2)

Il obtient l'agrégation des débris durs, au moyen d'un mortier solide et peu coûteux, et réalise, par la suppression de la brique et de la main-d'œuvre qu'elle exige, une économie fort notable. Grâce à ces matériaux et au moule qu'il a inventé, l'ouvrier peut construire sa maison lui-même et éviter les frais de main-d'œuvre. M. H. Windels évalue à 68 p. c. l'économie réalisée par l'utilisation de son système de construction.

L'État belge lui-même, quoiqu'il ne fournisse le logement qu'à deux catégories d'employés, n'est pas resté étranger à cette bienfaisante réforme.

Il loge les éclusiers des ponts et chaussées et les gardes-barrières de nos voies ferrées; ils ne saurait donc être question pour lui de leur vendre des immeubles.

Nous constaterons seulement que les maisons des éclusiers sont saines et spacieuses; quant à celles qui dépendent de l'administration des chemins de fer, elles ne laissent rien à désirer, car, chaque fois que l'État a racheté une ligne ferrée,

---

(1) De Bruxelles.
(2) Notice de M. H. WINDELS.

Chemins de fer de l'Etat.

Maisonnette de Garde.

FAÇADE VERS LA ROUTE.

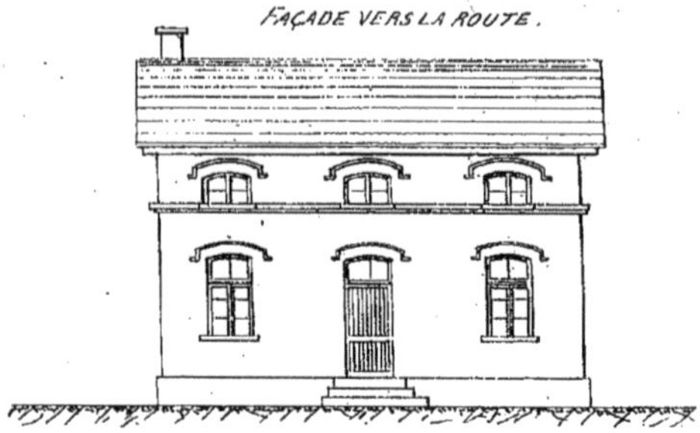

COUPE TRANSVERSALE.

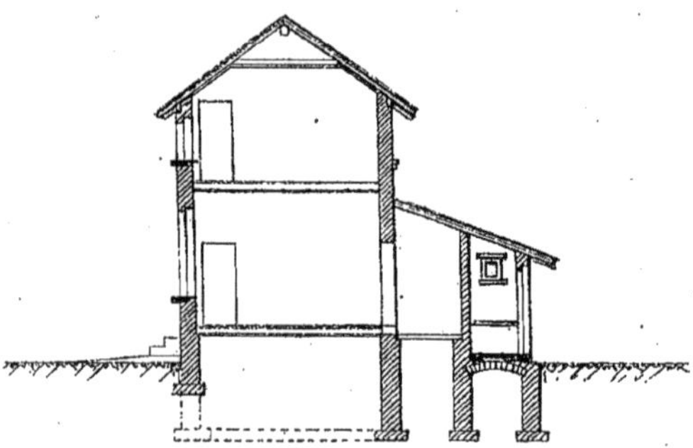

COUPE LONGITUDINALE.

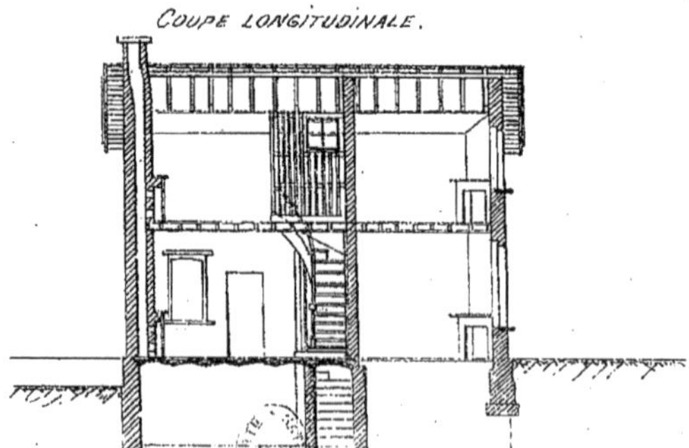

ECHELLE : 0.005 P. M.

l'administration s'est empressée de reconstruire ou de transformer toutes les maisons de gardes-barrières. Ces habitations ont été l'objet, depuis deux ans, sur tout le réseau national, d'améliorations notables ou même de reconstructions, auxquelles M. Vandenpeereboom, ministre des chemins de fer, a consacré plus de 1 million de francs.

La propriété collective, ou acquisition en détail d'une maison par plusieurs locataires copropriétaires. — Les économistes et les philanthropes, préoccupés de faire partager aux ouvriers des villes la satisfaction de pouvoir se rendre acquéreurs de leurs logements, alors même qu'ils habiteraient en appartement, ont cherché à leur faciliter l'acquisition des chambres qu'ils occupent.

Cette forme spéciale de la propriété, en usage dès longtemps dans diverses régions de l'Europe, a attiré tout d'abord l'attention d'économistes anglais qu'avaient frappés les particularités de ce système fort usité en Écosse, et notamment à Édimbourg.

« Ce système, dit M. Arthur Raffalovich, qui en a étudié le mécanisme en détail, est si solidement établi, que la législation écossaise a pourvu d'avance aux difficultés provenant de ce que plusieurs personnes sont propriétaires d'une portion de la même maison, d'une ou de plusieurs chambres.

« Les réparations nécessaires du toit, les frais d'entretien des conduits de drainage et d'eau, doivent être supportés dans une certaine proportion par les copropriétaires, et l'on dit qu'il n'en résulte pas de difficultés dans la pratique. »

C'est, nous apprend-il, sir Sidney Waterlow, toujours à l'affût des moyens de développer la propriété parmi les ouvriers, qui obtint en 1881 du Parlement anglais le vote d'une loi, *Chambers and offices act*, destinée à faciliter aux ouvriers l'acquisition des logements qu'ils occupent dans des maisons collectives.

M. A. Raffalovich constate que jusqu'en 1885, aucun des nombreux locataires de la ville de Londres n'avait profité des dispositions en vertu desquelles les locataires peuvent s'arranger afin de devenir propriétaires des chambres qu'ils occupent; et voici les considérations fort judicieuses qu'il émet au sujet des efforts de sir Sidney Waterlow et de la *Chambers and offices company* fondée sur l'inspiration de ce dernier.

« La commission d'enquête (*Salut committee on artisans' and labourers' dwellings*) a suggéré l'idée d'étendre cette loi à toutes les compagnies qui ont été fondées en vue de construire des logements ouvriers, si elles le désirent. Elle fait observer que l'on s'apercevra des difficultés dans la pratique, non pas au début, lorsque les immeubles sont en bon état, mais plus tard, lorsqu'il y aura de grosses réparations à faire. En outre, y aura-t-il beaucoup d'amateurs pour ce genre de propriété parmi les classes ouvrières? Il diffère de l'acquisition d'une petite maison. Il ne faut pas oublier que les grandes maisons modèles, auxquelles il s'agissait d'appliquer la législation imaginée par sir Sidney Waterlow, ont été longtemps impopulaires; cette impopularité ne s'effacera qu'à la longue. Est-ce que l'ouvrier ne considérera pas comme plus digne de son ambition de devenir propriétaire d'une petite maison bien à lui plutôt que d'acquérir une part dans une énorme caserne de location [1]? »

M. A. Raffalovich suggère donc, à ceux que préoccupe la réalisation de la propriété partielle des immeubles, l'adoption d'une combinaison « consistant à permettre à l'ouvrier d'acquérir des actions de la compagnie immobilière où il loge, lui donnant la faculté de solder son loyer en totalité ou en partie avec les intérêts et les dividendes... »

M. Ernest Gilon, dans sa savante étude des misères sociales [2], s'est également préoccupé des avantages que l'acquisition de la propriété d'une partie de maison pouvait offrir à la classe ouvrière : « En Angleterre, dit-il, dans le midi de la France, et à Paris également, où la société *Les Petits Propriétaires* a inauguré le système, on vend les maisons par étages, ce qui ne donne lieu à aucun inconvénient, la mitoyenneté horizontale n'offrant pas plus de danger de procès que la mitoyenneté verticale. »

A notre tour, nous nous sommes demandé si le système qui nous occupe ne serait pas d'une application pratique dans les grands centres populeux de notre pays, et s'il ne porterait pas en lui la solution de la question de l'accession de l'ouvrier des villes à la propriété.

Ayant eu l'occasion de relever, dans diverses villes de l'Italie, des exemples de vente d'immeubles par étages, nous nous sommes préoccupé de rechercher quelle avait été l'influence de cette coutume sur la condition de la classe ouvrière et les constatations auxquelles elle avait donné lieu.

Nous devons à la grande courtoisie de M. Prunieau, consul de Belgique à Rome, et à son obligeant concours, de pouvoir apporter ici des éléments nouveaux

---

[1] Voir *Royal Commission on the housing of the working classes*. Evidence, p. 422. Report, p. 43.

[2] *Misères sociales. La lutte pour le bien-être*, par Ernest Gilon. Prix académique de 10,000 francs. 2e édition. Paris, Librairie universelle, 1889.

à l'étude de cette intéressante question. Grâce aux investigations qu'il a bien voulu étendre aux diverses régions de l'Italie, grâce aussi aux documents qu'il a eu la gracieuseté de mettre à notre disposition, nous avons pu fixer nos idées, tant au sujet de l'importante question de la propriété collective des habitations que de la réforme du logement de la classe ouvrière dans ce pays.

Des renseignements qu'il a bien voulu nous transmettre, nous recueillons donc ce qui suit :

L'usage d'acheter et de vendre une partie d'une maison, d'un palais, un étage ou plusieurs étages, a existé en Italie, surtout dans certaines régions, et notamment à Naples et à Venise.

C'était un moyen, pour beaucoup de gens de toutes les classes de la société, de placer de petits capitaux.

La vente, par le gouvernement italien, de tous les biens domaniaux provenant du clergé, après 1870, a donné lieu encore à cette espèce de morcellement de la propriété des maisons d'habitation. Il arrivait souvent même qu'un seul étage un peu vaste était acheté par deux personnes, et il n'est pas rare, à Naples, qu'une maison de quatre ou cinq étages avec boutiques au rez-de-chaussée, appartienne à huit ou dix propriétaires.

Semblable morcellement de propriété se vérifie encore aussi, à la suite du partage d'une maison entre plusieurs cohéritiers d'une succession.

A Rome, ces cas sont peu fréquents; cela s'est pratiqué et cela se pratique encore parfois à Gênes.

A Turin, cela n'est pas dans les mœurs locales.

A Naples, au contraire, cet usage est, paraît-il, tellement invétéré qu'il ne disparaîtra pas aisément, malgré les difficultés et procès même qu'il engendre entre les copropriétaires lorsqu'il y a, par exemple, des réparations à faire aux maisons.

A Milan comme à Rome, existait autrefois l'habitude d'acheter un étage d'une maison, quelquefois même une seule chambre ou une boutique; mais, précisément à cause des discussions et litiges entre copropriétaires, et d'une foule d'inconvénients auxquels elle donnait lieu, cette habitude est sortie peu à peu des mœurs locales, et elle n'existe absolument plus aujourd'hui.

Ce mode d'acquisition de propriété de parties de maison, favorisait les placements de la classe moyenne ou de petits capitalistes, et satisfaisait les tendances de populations très denses habituées à la vie d'appartement; mais il n'a été constaté en aucune façon qu'il ait servi à développer le goût de la propriété parmi la classe ouvrière, à augmenter son bien-être ou à favoriser son élévation sociale.

Ainsi donc, dans un pays où ce système était pratiqué sur une grande échelle et était issu des coutumes locales, nous le voyons tomber en désuétude et disparaître par suite des inconvénients nombreux qui en résultent.

Là où il persiste encore et où il est réellement invétéré, comme à Naples, nous constatons une densité de population, un entassement réellement fâcheux et une insalubrité tellement grande, que l'on doit avoir recours aujourd'hui à la décentralisation.

Le gouvernement et la municipalité ont adopté de commun accord un vaste projet « d'éventrement de Naples », et les concessionnaires de l'exécution de celui-ci ont dû s'engager (art. 6 du contrat) à construire des maisons ouvrières en dehors du centre actuel.

A Milan, cité manufacturière importante, où la propriété collective des maisons était partout usitée jadis, la *Societa édificatrice di abitazioni operare in Milano* n'édifie pas des habitations destinées à être débitées par étage ou section, mais bien des maisons à un seul étage et pour une famille.

Nous pensons donc pouvoir dire que :

1° Loin d'agglomérer les populations, nous devons ne pas perdre de vue que la salubrité publique est sérieusement intéressée à leur décentralisation. Lorsque, comme dans notre pays, il n'y a (sauf à Anvers) ni remparts, ni octrois, les villes doivent s'étendre;

2° Le taux élevé des terrains, des bâtisses et des contributions dans les villes, fait que le prix d'un étage ou d'un appartement sera inabordable pour la majeure partie des ouvriers, — des vrais ouvriers. Si pourtant ils acquerraient des propriétés de ce genre, ils ne pourraient jamais accroître l'importance du logis; quant au jardin, si profitable à la santé des enfants, il n'en est pas question;

3° Nous nous demandons si la propriété des appartements ne favoriserait pas l'encombrement; si elle ne rendrait pas l'exécution des règlements de salubrité et d'hygiène plus difficile, car il serait peu aisé de les inspecter; si l'on ne perdrait pas les avantages de la location, qui permet d'inscrire dans les baux, l'obligation de se soumettre à l'inspection et d'observer les réglementations jugées utiles;

4° Ce qu'avait prévu la commission d'enquête parlementaire pour l'Angleterre, nous l'avons constaté pour l'Italie [1]; les grosses réparations, les frais d'entretien, les intérêts communs, quatre mitoyennetés pour chaque occupant, causent constamment des litiges et des discussions. Ces difficultés discréditeraient ces sortes

---

[1] Où le progrès tend à faire disparaitre le morcellement des immeubles.

de propriétés et les dépopulariseraient, si tant est que l'ouvrier belge essaye de s'en rendre acquéreur [1].

Si pourtant l'achat de maisons au détail devait être offert à la classe ouvrière, nous ne l'admettrions que pour autant qu'elles appartinssent, ainsi que le proposent MM. Gilon et Raffalovich, à des compagnies immobilières et qu'elles adoptassent la combinaison fort pratique imaginée par ce dernier pour la réalisation de ce système.

III. — Solutions auxquelles nous donnerons la préférence.

Certains économistes pensent trouver la solution de la question du logement dans la part que pourraient prendre les administrations charitables à la construction d'habitations modestes, saines et à bon marché.

Dans cet ordre d'idées, *M. le Dr F. Le Bon*, le promoteur des maisons de Nivelles, se rallie au vœu exprimé jadis par *M. Ducpétiaux*, « de voir un jour les administrations de bienfaisance publique participer aux souscriptions ouvertes par des sociétés ayant pour but l'érection de maisons ouvrières qui présenteraient des garanties suffisantes ».

C'est ce qui a été fait à Bruxelles et à Liège, où les administrations de bienfaisance ne pouvaient se charger elles-mêmes de la construction et de l'administration de maisons ouvrières.

« En effet, ce n'est pas seulement la partie de la population inscrite sur les registres de la bienfaisance qui a besoin de logement, mais encore tous ceux qui demandent au salaire quotidien le pain de la famille, et pour accomplir une tâche aussi vaste, les Hospices seraient obligés d'étendre outre mesure les cadres de leur administration [2]. »

Pourtant, là où les circonstances le leur permettront, il convient qu'ils traduisent leur intervention d'une manière plus active encore en consacrant une partie de leurs ressources à l'édification des habitations pour ouvriers.

---

[1] J'ai oublié de dire que la population d'Édimbourg est fort mal logée et fort cher. Un logement d'*une pièce* et d'*une cuisine* de dimensions exiguës, coûte au rez-de-chaussée 5,000 francs et 6,250 francs à l'étage.

La mortalité y est considérable et on a dû prendre des mesures énergiques pour réduire l'encombrement. (Voyez A. Raffalovich.)

[2] *Étude sur l'amélioration des habitations ouvrières et sur l'organisation du domicile de secours en Belgique*, par Ed. Vander Linden, avocat à la cour d'appel de Bruxelles, p. 55.

La réussite de semblable entreprise par le bureau de bienfaisance de Nivelles, est aujourd'hui passée dans le domaine des faits, et son efficacité n'est pas douteuse.

Ainsi que le rappelle fort justement M. F. Le Bon [1], l'imprévoyance est l'obstacle qui s'oppose le plus à l'élévation de la classe ouvrière; et celle-ci pense rarement au lendemain.

Il ne saurait donc se rallier aux idées de feu *M. E. De Fuisseaux* [2], qui voulait que l'on n'agît sur l'ouvrier que par persuasion et qu'on lui laissât toute liberté de faire des économies ou de n'en pas faire. Il n'a pas foi non plus dans la réforme des logements par la voie coopérative que *M. Jules Simon* croit la plus sûre et la meilleure: « Une société coopérative immobilière a été tentée en Belgique, dit-il, et malgré une propagande des plus actives on n'est point parvenu à réunir assez d'adhérents pour commencer les opérations et l'on a dû abandonner cet ingénieux projet. » Et il ajoute :

« L'expérience semble avoir prouvé jusqu'à présent qu'en Belgique du moins, l'ouvrier ne saurait améliorer efficacement les conditions de son logement sans l'aide du patronage, qui répugne tant au publiciste français [3]. »

Tous les spécialistes ne professent pourtant pas une semblable méfiance pour l'efficacité de la coopération. Aux Pays-Bas, *M. le Dr Straatingh-Tresling*, que *M. Berden* cite dans une remarquable étude [4], demandait, dès 1873, dans un rapport à l'Association nationale pour l'amélioration des fabriques et des ateliers, que les ouvriers pussent devenir propriétaires des maisons construites pour leur usage, et déclarait que les sociétés de forme coopérative étaient seules à même de les aider à atteindre ce résultat.

Le comité d'Utrecht partage cette manière de voir, « guidée non seulement par des considérations spéculatives, mais encore et surtout par les résultats matériels et moraux obtenus dans les Pays-Bas par la coopération; il émet l'avis que le meilleur moyen de développer dans la classe ouvrière le sentiment du devoir et le goût de l'épargne, c'est de favoriser la création de ces sortes de sociétés coopéra-

---

(1) *Des habitations ouvrières à Nivelles. Moyen pratique de faciliter aux classes laborieuses l'accès du capital et de la propriété*, par le Dr F. Le Bon. Nivelles, 1887.

(2) E. De Fuisseaux, avocat. Conférences.

(3) Gustave de Jaer. *L'Économie chrétienne*, 1862. 9e livre, p. 448, que cite M. Le Bon.

(4) *État des maisons ouvrières dans les Pays-Bas et sociétés coopératives pour leur construction*. Rapport de M. Berden, adressé par le Conseil supérieur d'hygiène publique, en février 1888, à M. le ministre de l'intérieur et de l'instruction publique. Voir *Enquête*, 2e fasc. p. 254.

tives dans lesquelles les ouvriers seuls, sans le concours ou la tutelle du patron, prennent la direction et la gestion de l'avoir commun. »

« L'ouvrier, dit le rapporteur de la commission, est trop généralement regardé comme incapable de se gouverner; même lorsqu'il s'agit de ses propres intérêts, on le consulte rarement. Cette situation doit être changée. Personne mieux que l'ouvrier lui-même ne connaît les besoins du prolétariat; c'est relever son caractère que de lui permettre de s'aider lui-même. »

M. Berden, dans son rapport au Conseil supérieur d'hygiène publique, conclut donc en appelant l'attention de notre gouvernement sur l'utilité qu'il y a à favoriser ce genre d'association.

La Commission d'enquête du travail, abondant dans le même sens et estimant que la forme coopérative est recommandable pour les sociétés de construction de maisons ouvrières, a émis l'avis qu'il convenait de réformer la loi qui régit les sociétés coopératives, afin d'amener les ouvriers à réunir leurs efforts pour se construire eux-mêmes des habitations.

Nées en Angleterre, il y a quarante-cinq ans [1], les sociétés coopératives se sont promptement développées sur les deux continents.

En Angleterre seulement, l'exemple des tisserands de Rochdale avait déjà été suivi en 1878, par 1,200 sociétés.

Le rapport de M. Schultze Delitsch pour 1876 constate à cette époque en Allemagne l'existence de 4,574 sociétés coopératives, de crédit, de consommation, etc., dont 62 de construction. A la même époque, le Danemark, avons-nous vu, possédait 10 sociétés coopératives de construction. En 1889, on en compte 16 dans le Royaume des Pays-Bas, toutes dans un état des plus prospères.

D'autre part, l'existence florissante des sociétés belges de consommation, particulièrement des sociétés gantoises et parmi celles-ci du *Volksbelang* et du *Vooruit* de Gand; de l'*Alimentation de Namur*, des *Ateliers réunis de Bruxelles*, des *Chempostels*, des *Magasins alimentaires du Val* près de Liége et *d'Herbatte* près de Namur, et de bien d'autres, témoigne des progrès réalisés dans l'organisation de ces sociétés et de leur popularité dans notre pays, en même temps que de l'exagération des craintes ou des critiques formulées par divers économistes à l'égard de cette forme moderne de l'association.

---

(1) Rappelons à ce propos que dès 1843 M. le Dr Selade, de Bruxelles, avait exposé le plan d'une vaste organisation ouvrière. Voir p. 26.

Nous ne saurions mieux étayer notre jugement au sujet de cette intéressante question qu'en invoquant ici l'opinion de M. Louis De Naeyer, dont la compétence bien connue est acquise par l'expérience et la pratique des faits ainsi qu'une connaissance parfaite de l'ouvrier.

Dans une note adressée le 3 avril 1886 à MM. les président et membres de la Commission du travail, il fait remarquer « qu'à côté des réformes dont la réalisation appartient au gouvernement lui-même, il est d'autres mesures qu'il faut poursuivre en adoptant la méthode qui développe l'énergie de l'ouvrier en le confiant pour ainsi dire à lui-même, en le provoquant et en l'aidant à agir, au lieu de le prendre en tutelle en pourvoyant sans cesse à ses besoins ».

Parmi ces réformes, il citait la coopération, et voici les considérations que l'application du système lui suggérait :

« Inutile donc de dire que nous attachons une importance énorme au développement et à l'organisation des sociétés coopératives, qui doivent rendre des services immenses à la société en général, et à l'ouvrier en particulier, et qu'il est nécessaire de faire immédiatement les études les plus complètes pour leur organisation dans les conditions les plus pratiques.

« Pour nous, il est incontestable qu'il n'y a pas une force humaine qui puisse arrêter le développement de semblables institutions. Peu à peu elles doivent infailliblement se généraliser dans tous les pays du monde, et ce seront certainement les pays en général et les industriels en particulier, qui auront pris les devants pour l'établissement de ces sociétés humanitaires et bienfaisantes qui en cueilleront les premiers fruits et qui se trouveront dans les conditions les plus favorables.

« Il est reconnu, c'est vrai, que ces institutions rencontrent une opposition très grande de la part de ceux qui aujourd'hui servent d'intermédiaires entre le consommateur et le producteur, mais il n'est pas moins vrai que la saine raison et l'intérêt bien compris de la société, le progrès, pourrions-nous dire, doivent tendre de plus en plus à procurer à l'ouvrier tout ce dont il a besoin dans les conditions les plus économiques possible.

« D'ailleurs, quelque utiles que soient ces institutions et quelques efforts que l'on fasse, leur implantation ne se fera pas très rapidement, et la transition sera suffisamment longue pour que les personnes atteintes par le développement des sociétés coopératives aient le temps de fixer leur activité sur d'autres moyens d'existence.

« Dans tous les cas, l'intérêt général doit évidemment toujours primer l'intérêt particulier, sinon peu de progrès se réaliseraient. Ils n'y en a pas qui n'atteignent plus ou moins quelques individus. N'en a-t-il pas été ainsi de l'immense progrès de l'établissement des chemins de fer et de cent autres qu'il est superflu de citer ici?... »

Ainsi que le disait M. Louis De Naeyer, le système coopératif rencontre une opposition très vive dans certains groupes de citoyens; cette opposition a même acquis dans ces derniers temps une telle acquité, que des *associations anticoopératives* se sont constituées dans diverses villes du royaume, à Malines notamment où les ligueurs ont même arrêté des mesures comminatoires et formulé un règlement qu'ils ont fait afficher. Ce sont là des troubles inhérents à une évolution économique dont on ne saurait se dissimuler la gravité. En tout état de cause, nous ferons remarquer que de toutes les entreprises coopératives, ce sont celles qui auront pour objet la construction de logements ouvriers qui échapperont le plus aisément aux critiques.

On ne peut, en effet, leur reprocher de ruiner le commerce de détail et la classe nombreuse qui en dépend, et en supprimant la boutique, d'enlever à la femme celle des occupations pour laquelle elle paraît avoir le plus d'aptitudes.

Il ne nous paraît donc pas douteux qu'à l'exemple de tant d'autres nations, nous ne trouvions également dans la création de sociétés coopératives de construction, un moyen nouveau d'améliorer la condition matérielle de l'ouvrier.

L'essai en a été fait à Namur par l'*Immobilière Namuroise, Société coopérative civile.*

Grâce à la généreuse initiative et à la compétence spéciale de son fondateur, *M. Delisse*, cette entreprise a pleinement réussi; nous pouvons donc en toute sécurité former des vœux pour qu'elle trouve de nombreux imitateurs.

Les entreprises coopératives de tout genre sont nombreuses en France, « il résulte d'un inventaire général des sociétés coopératives, dressé en 1876, par M. Roulliet, qu'il n'y en a pas deux qui soient régies par des statuts identiques.

Cette enquête prouve en même temps que les seules qui aient réussi sont celles qui ont été patronnées par les chefs d'industrie » (1).

Si nous rapprochons cette constatation du fait que presque partout où l'ouvrier belge a amélioré son logement, ç'a été avec l'aide des industriels, et que de plus il invoque volontiers leur patronage, nous nous croyons autorisé à formuler cette

(1) Dr Rochard. *Traité d'hygiène sociale. Les conditions matérielles de la vie*, p. 293. Paris, 1888.

conclusion, qu'il est à souhaiter *que les ouvriers créent des sociétés coopératives de construction de maisons ouvrières et qu'ils réclament, à cet effet, l'aide et le concours des industriels*, qui sont à même de connaître et d'apprécier l'intérêt de l'ouvrier.

Le large développement qu'ont pris dans le royaume les sociétés de secours mutuels a préparé la classe ouvrière à cette nouvelle application du principe de l'association, en faisant disparaître l'esprit de méfiance et apprécier les avantages nouveaux qu'il dépend d'elle de recueillir.

La combinaison de la vente par annuités (1) *avec l'assurance sur la vie* offrirait également un moyen très favorable de rendre l'ouvrier propriétaire.

M. l'avocat Harmignies, de Mons, a signalé en 1878 l'utilité d'une pareille combinaison; au cours de l'année 1886, M. Herman De Baets a exposé à la Société belge d'économie sociale un système de ce genre; M. le représentant De Smet-Denaeyer à Gand, et M. J. Poelman à Bruxelles, se sont à la même époque préoccupés de l'étude de cette question. Ce système assurerait à la société de construction, ou au particulier, la vente définitive de l'immeuble en cas de décès du chef de famille avant libération complète, et aux héritiers de celui-ci la possession immédiate de leur logis. Le surplus de la somme assurée, ou en cas de libération complète, la totalité de ladite somme serait payée à l'épouse de l'assuré, ou à son défaut, à ses enfants (2).

Pour que le système soit d'une application pratique, il faut que le prix total de la location ainsi combinée, soit encore à la portée de la majorité des bourses d'ouvriers.

Par ce moyen, l'ouvrier sera assuré de laisser non seulement la propriété entière de sa maison à ses enfants, — ce que nous considérons déjà comme un résultat éminemment appréciable —, mais encore des économies (3).

Il favoriserait donc très heureusement l'amélioration de la condition de l'ouvrier, ainsi que la diffusion de la propriété.

Une partie des fonds provenant de l'assurance pourrait être placée en actions de la société de construction d'habitations ouvrières et fournir ainsi un aliment nouveau à son développement.

---

(1) Réalisée par des sociétés coopératives ou non.

(2) Je dois à l'obligeance de mon honorable collègue, M. J. Poelman, rapporteur de la 6e section, de pouvoir reproduire aux annexes un exemple du contrat à intervenir entre la société et l'assuré.

(3) *Le Consortium d'habitations*, société coopérative, offre cette combinaison à ses adhérents. Voyez *Moniteur* du 6 avril 1889.

Les combinaisons favorables qu'offre l'entreprise de constructions ouvrières au moyen de fonds avancés par les caisses d'épargne, ainsi que cela se pratique déjà à Willebroeck, permettront certainement de réaliser dans le service financier des économies qui faciliteront, espérons-le, la réalisation prochaine de cette idée et son développement dans le royaume.

La *combinaison de la coopération avec l'assurance* est d'ailleurs appelée à recevoir de plus grands développements et à procurer encore d'autres bienfaits; elle permettrait certainement de donner aux ouvriers plus d'aisance et de sécurité; aussi croyons-nous qu'elle porte en elle le véritable moyen d'améliorer la destinée du plus grand nombre. Peut-être sera-t-elle la clef de voûte de l'organisation économique du siècle prochain!

L'homme, débarrassé des plus graves préoccupations de l'existence, trouvera alors aux divers échelons de la société un bien-être relatif et des compensations qui corrigeront les inévitables inégalités sociales; il puisera en même temps dans ces institutions nouvelles cette solidarité qui doit faire disparaître les préventions des classes, en rattachant les plus modestes ouvriers aux sommités financières et industrielles.

« Entre la dissolution des anciens liens et la formation des liens nouveaux qui, sous l'empire de l'égalité civile, doivent réunir et coordonner les forces individuelles, il devait y avoir un état intermédiaire, une époque transitoire agitée, difficile, livrée aux passions et aux controverses des hommes. Cet intervalle, plein de difficultés et de périls, nous sommes près de le franchir; on peut en apercevoir distinctement la ligne extrême. »

Voilà ce que Rossi, l'éminent publiciste, écrivait il y a plus de trente ans. Il est indéniable que nous touchons à cette ligne extrême et qu'il appartient à notre fin de siècle de la franchir.

CONCLUSIONS.

L'état des habitations d'un peuple donne la mesure de son degré de civilisation.

Celle-ci est le fruit du progrès, qui est lui-même la conclusion de nos recherches et le résultat de l'éducation morale et intellectuelle.

Le progrès, comme toute conquête humaine, est lent; il ne se constate qu'à mesure que les connaissances se répandent et pénètrent la nation.

Ce n'est donc pas au moyen d'une combinaison économique, que l'on transformera du jour au lendemain, la condition morale et matérielle de toute la population ouvrière du royaume.

Quelle que soit la loi qu'adopteront les Chambres, il faudra se garder de la considérer comme une panacée universelle, et ne pas oublier qu'il y a toute une éducation à entreprendre; que le peuple doit être initié aux mœurs nouvelles qu'on souhaite lui voir adopter.

La réforme qui nous occupe réclame donc des mesures spéciales. Voici celles que nous croyons appelées à améliorer l'état de choses actuel :

Il faut apprendre à l'homme *à habiter sa demeure;* pour cela ne négliger aucune des conditions diverses qui influeront sur la propreté des intérieurs :

1° Vulgariser les notions d'hygiène par tous les moyens, surtout par leur introduction, à titre obligatoire, dans l'enseignement scolaire (1).

2° Créer dans tous les quartiers populeux et les agglomérations de quelque importance, des lavoirs publics et des établissements de bain à l'usage des ouvriers; — la propreté corporelle et celle de l'appartement ne vont pas l'une sans l'autre (2).

Il y a des bains économiques à Anvers, Gand, Nivelles, Bruxelles, puis dans

---

(1) 13° des conclusions du Conseil supérieur d'hygiène publique.

(2) Il va de soi que nous demandons que le gouvernement vienne généreusement en aide aux communes pour tous travaux concernant la distribution de l'eau et la construction d'égouts.

certains grands établissements industriels, mais ces installations si nécessaires à l'hygiène du corps, si utiles à la santé publique et à l'accroissement du bien-être, sont trop peu répandues dans notre pays.

3° Répandre partout les écoles ménagères et modifier l'instruction des filles, afin de leur donner, dès l'enfance, les connaissances diverses nécessaires à la femme de ménage.

Elles feront ainsi régner chez elles la propreté, l'ordre et l'économie, sans lesquels il ne peut exister de logements bien tenus (1).

Si dans nos grands centres, « bon nombre d'habitations et de groupes de maisons, impasses, ruelles, etc., peuvent être considérés comme insalubres, il est à constater que cette insalubrité provient des habitants eux-mêmes, auxquels les propriétaires, soit de plein gré, soit sous la pression de l'autorité, fournissent les éléments d'une bonne hygiène » (2).

... « C'est l'encombrement et la malpropreté résultant de l'inconscience et de la mauvaise éducation des classes inférieures qui causent tous les maux... »

Ainsi que le rappelle M. Belval dans son rapport sur la capitale, « les articles 54, 79 et suivants, jusques et y compris l'article 92 du règlement des bâtisses, assurent la bonne hygiène des habitations, tandis que les dispositions additionnelles de l'ordonnance du 3 mai 1880 sur la police de la voirie, veillent au bon entretien et à l'assainissement des habitations et des quartiers populeux.

« Malgré ces mesures bien étudiées, dit-il, et appliquées avec intelligence par l'autorité, bon nombre d'habitations, par suite des mœurs de leurs locataires, sont malheureusement à citer pour leur état antihygiénique; *ce sont tout aussi bien des maisons nouvellement bâties que celles qui datent de cinquante ans et plus.* Celles-ci, situées généralement dans les ruelles étroites et les impasses des vieux quartiers, n'ont qu'un rez-de-chaussée ou un étage très bas; elles abritent dans leurs chambres sordides une population nombreuse privée d'air et de lumière. Les maisons ouvrières modernes, au contraire, ont deux ou trois étages, sont bâties dans des rues d'au moins huit mètres de largeur et se développent sur quatre et six mètres de façade. Elles se divisent en chambres et appartements d'un cubage convenable. Les baies de fenêtres largement ouvertes laissent entrer l'air et la

---

(1) Ce qui afflige le plus, dit M. Émile de Laveleye, quand on considère la condition des classes laborieuses, ce n'est pas tant l'insuffisance du salaire que le mauvais emploi qui en est fait trop souvent. (*Le socialisme contemporain*, p. 191.) *Enquête du Conseil supérieur d'hygiène publique.*

(2) Rapport de M. Belval, p. 120.

lumière. Les égouts, les lieux d'aisance, les cours de ces maisons sont l'objet d'une attention spéciale de la part du bureau d'hygiène et de celui des travaux publics de la ville.

« Enfin, rien n'est négligé au point de vue de la santé de l'ouvrier; mais trop souvent cette sollicitude reste sans effets; elle est impuissante en présence de l'indolence, de la mauvaise éducation, du mauvais gré des habitants qui prennent avidement possession de ces demeures.

« Cette pauvre maison bâtie dans de bonnes conditions, à peine habitée, voit son corridor, ses murs, ses escaliers couverts d'une couche immonde de saleté.

« Ses égouts sont ouverts en maints endroits; ses *sterfputs* brisés, ses latrines obstruées n'ont plus de *coupe-air;* sa pompe est hors de service; le robinet laisse couler en pure perte l'eau de la ville; le pavement de la cour est défoncé et couvert d'immondices. Rien ne reste de ce qui fait le bien-être et la santé. C'est un mal presque inévitable que l'autorité ne peut prévenir, car elle ne peut en atteindre les auteurs, mais dont elle rend le propriétaire responsable en l'obligeant à réparer constamment ce qui est constamment détruit. L'encombrement, l'ignorance, l'envie haineuse et surtout les mœurs populaires sont les véritables causes de ces actes de vandalisme et de sauvagerie. »

4° Ce n'est donc que par les procédés de suggestion que nous venons d'indiquer, par une *inspection* rigoureuse et continue, ainsi que par le rétablissement des *prix de propreté*, que l'on rendra efficace la construction d'immeubles nouveaux et l'amélioration des anciens. Il faudra se rappeler constamment, que l'action des comités ne sera profitable, qu'à la condition de former les couches nouvelles à des mœurs nouvelles.

Nous voyons ainsi qu'il ne suffit pas de bâtir, il faut encore conserver aux maisons leur salubrité et leur propreté, et aider l'ouvrier à habiter le logement qu'on lui aura procuré conformément aux règles de l'hygiène et de la morale.

5° Or, dans les grands centres surtout, parmi les causes constantes d'insalubrité ou d'immoralité, il faut compter la malpropreté et l'insuffisance *du mobilier* [1].

A ce point de vue, les meubles dits à bon marché et les objets de ménage, destinés non pas aux ouvriers d'élite, mais *aux moins favorisés du sort*, sont encore d'un prix trop élevé, et les combinaisons fallacieuses de crédit qui leur sont offertes ne font qu'en rendre l'acquisition plus onéreuse.

---

[1] « Le concours de l'appartement ouvrier. » *Le Moniteur officiel du Grand Concours de Bruxelles* 1888, 18 août 1888, p. 276.

Il est donc urgent de réaliser des progrès dans la fabrication des objets mobiliers spécialement destinés à la classe laborieuse, tant au point de vue du bon marché et de la solidité que de l'hygiène, de l'utilisation pratique et de la forme. (1)

Les sociétés coopératives seraient seules à même de les vendre à un prix assez bas, pour qu'ils fussent à la portée des plus modestes bourses; les ouvriers bénéficieraient ainsi eux-mêmes des gros profits que ce genre de commerce permet aujourd'hui aux intermédiaires de réaliser à leurs dépens.

6° Il faut apprendre également aux ouvriers comment on devient propriétaire de sa maison.

Il convient, à cet effet, d'organiser l'appel à l'épargne sous toutes ses formes; puis d'en inculquer le goût dès l'enfance.

« C'est en vain, dit M. Émile de Laveleye (2), que vous prêchez l'économie aux hommes faits.

« Que l'ouvrier arrive à posséder un capital, et aussitôt il est converti aux idées d'ordre; il devient l'ennemi de tout bouleversement qui lui enlèverait des économies péniblement acquises. Mais comment atteindre ce résultat? En lui enseignant l'épargne dès l'enfance, afin qu'il en prenne l'habitude. Plus tard, quand le pli de la dissipation est pris, les meilleurs conseils restent stériles. Le capital créé par l'ouvrier est le seul qui sera conservé... Celui-là seul qui aura su créer le capital sera en état de le gérer, de le conserver et de l'accroître (3).

7° Enfin, il appartient à l'État de prévenir l'encombrement des demeures et d'améliorer la situation des ménages ouvriers, en réduisant l'impôt qui frappe les habitations ouvrières. Voici, d'après la Société d'Ougrée, les impositions qui grèvent une maison louée 15 francs par mois :

En principal, à la contribution foncière (revenu cadastral imposable de 72 francs, non compris le jardin)	5.04
En additionnels, à la même contribution	4.13
En principal, à la contribution personnelle (valeur locative de 70 francs).	12.50
En additionnels, à la même contribution	12.88
Soit au delà de deux mois de loyer	84.55

(1) Voyez *Le Grand Concours de Bruxelles* 1888. Les désidérata du concours de l'appartement ouvrier.

(2) *Le Socialisme contemporain*, par M. Émile de Laveleye, p. 119.

(3) Idem, p. 191.

Les contrôleurs du fisc imposent les moindres masures dès qu'elles sont habitées. Il est des circonstances où les contributions les plus minimes sont encore trop élevées; elles obèrent les ménages ouvriers et pèsent lourdement sur les indigents (1).

Un dernier mot.— C'est fort justement que des publicistes déclarent que « c'est surtout des ouvriers qui ont le plus à se plaindre de leur sort qu'il faut s'occuper. »

La situation de la majeure partie des ouvriers ne leur permet pas, dit-on, d'acheter leur habitation.

Tous les efforts devront tendre, par conséquent, à trouver un procédé de construction aussi bon marché que possible.

Nous formons donc le vœu de voir le gouvernement encourager les études faites dans cette voie, en accordant des subventions aux inventeurs qui présenteraient des systèmes dignes d'attention.

La section belge de l'habitation ouvrière à l'Exposition universelle de Paris renferme déjà un spécimen très intéressant du système économique inventé par M. Windels, de Bruxelles; nous ne doutons pas qu'il ne soit appelé à rendre de grands services à la classe ouvrière.

---

(1) Voir la déclaration de la Société de Warmifontaine. (Enquête de la Commission du travail, vol. I, p. 613.)

CHAPITRE V.

STATISTIQUE. — NATURE ET ORIGINE DES EFFORTS ACCOMPLIS EN VUE D'AMÉLIORER L'HABITATION DES OUVRIERS.

(Analyse de notre enquête.)

Le recensement de 1856 a constaté en Belgique l'existence de 834,212 maisons habitées; le nombre d'habitants par 100 maisons était de 543, celui des ménages par 100 maisons, de 112 et celui des habitants par 100 ménages, de 484.

Le recensement général de 1880 renseigne pour toute la Belgique 1,061,046 maisons. On avait donc bâti depuis le précédent recensement 227,257 maisons.

A cette époque, le nombre d'habitants par 100 maisons habitées est de 520, et le nombre de ménages par *100 maisons, de 114*; or, le nombre d'habitants par 100 ménages est de 456; nous pouvons donc dire qu'en moyenne chaque maison est habitée par un seul ménage. Il va sans dire qu'il convient de faire une exception pour les grandes villes. On voit donc que si le nombre de ménages par 100 maisons habitées a légèrement augmenté, celui des habitants par 100 ménages a légèrement décru.

Quoi qu'il en soit, ces chiffres sont assez satisfaisants, si nous les comparons à ceux relevés pour la France l'année suivante (1881); la moyenne constatée fut de *136 ménages* par *100 maisons*. La différence est en notre faveur.

Nous ne devons pourtant pas perdre de vue que l'accroissement annuel de la population de notre pays est de 66,250 habitants, et que par conséquent la question du logement est pour nous une question de tous les instants, un besoin qui va sans cesse grandissant.

Les chiffres suivants permettront de juger de l'augmentation de nos populations industrielles de 1831 à 1886.

	ANNÉES :		
	1831.	**1846.**	**1886.**
Hainaut	613,179	714,708	1,034,677
Liége	375,030	452,828	718,656
Brabant	561,828	601,357	1,074,765

I. — Sociétés constituées exclusivement par des ouvriers. — Sociétés coopératives de construction.

[1] [A] L'Immobilière Namuroise (Société coopérative civile).

(Fondée le 24 novembre 1877.)

Le but de cette société est de faciliter à ses membres l'acquisition de terrains et de maisons.

Le capital réuni à cet effet était, au 31 décembre 1888, de 29,069 fr. 53 c. Avec ce capital, la société a fait construire au faubourg de Salzinnes, commune de Namur, un groupe de 10 maisons. Chaque maison comprend : au sous-sol, une cave voûtée ; au rez-de-chaussée, une chambre, une cuisine et un dégagement; à l'étage une grande chambre et un réduit. Chaque maison dispose d'une cour pavée en briques sur champ et d'un petit jardin qui permet aux locataires de cultiver des légumes.

Ces maisons sont louées par bail, pour le terme d'un an et au loyer mensuel de 16 francs [2].

---

[1] La lettre A désigne les adhérents à la XIe section du XIe groupe.
[2] Voir annexe II un modèle de bail employé pour ces locations.

La combinaison de la vente de ces maisons n'a pas encore pu être appliquée, par la raison qu'aucun amateur n'en a fait la demande.

Extrait des statuts : Art. 7. — Les associés s'obligent :

1° A se constituer un capital de 100 francs au minimum et de 10,000 francs au maximum ;

2° A se conformer aux présents statuts ainsi qu'à toutes résolutions prises, en vertu de leurs pouvoirs respectifs, par l'assemblée générale ou le conseil d'administration.

Les sociétaires n'engagent leur responsabilité personnelle dans les opérations sociales que pour le montant des actions qu'ils ont souscrites.

Art. 8. — L'apport des sociétaires pourra être versé en une ou plusieurs fois, et notamment par fractions mensuelles du vingtième de la souscription.

Jusqu'au complément d'une action de 100 francs, les dividendes revenant à cette action seront portés au compte du sociétaire.

Art. 10. — L'exclusion des membres peut être prononcée par le conseil dans les cas suivants :

1° Si un membre est d'une année en retard pour ses versements sociaux ou payements d'annuités de vente ou de location ;

2° S'il a dégradé volontairement les immeubles appartenant à la société ;

3° S'il a subi une condamnation grave.

Art. 11. — L'avoir d'un sociétaire exclu lui sera remboursé dans les trois mois qui suivront l'approbation par l'assemblée générale des comptes de l'exercice courant.

Art. 12. — Les héritiers d'un sociétaire décédé restent engagés pour lui. Ils sont tenus de désigner l'un d'entre eux ou un mandataire commun pour les représenter.

Société du Familistère de Guise, Dequenne & Cie (ancienne maison Godin), **à Laeken lez-Bruxelles.**

Le phalanstère annexé à l'usine de M. Dequenne et Cie (ancienne maison Godin) située dans la plaine de Montplaisir, appartient à la Société du Familistère de Guise et a été calqué sur ce dernier établissement.

Voici quelques-uns des principes sur lesquels feu M. Godin a basé la création de ses familistères (1) :

« L'association seule peut concentrer tous les genres de coopération : production, consommation, éducation, habitation.

« Elle seule peut unir les intérêts du labeur et ceux de la richesse.

« Elle seule ouvre aux classes et aux individus la voie de la fraternité.

. . . .

« C'est à la bonne organisation de l'atelier qu'est dû le progrès de la production et du travail.

« C'est à la bonne organisation de l'habitation que sera due la réalisation du bien-être par la consommation bien comprise des produits du travail.

« C'est dans l'habitation que se concentrent les côtés les plus intimes de l'existence humaine; c'est par elle que les ressources dues au travail peuvent recevoir l'emploi le plus conforme au but de la vie et concourir de la façon la plus certaine au bien-être et au progrès de l'existence.

« C'est par l'habitation que l'association peut réaliser en faveur des classes ouvrières les équivalents de la richesse; par l'habitation bien comprise, on peut concentrer les ressources et les choses d'un usage commun, les rendre d'un facile accès à toute une population et mettre ainsi à la portée des associés la plupart des avantages que la fortune seule peut s'accorder dans l'état actuel de division des intérêts.

« L'association est la voie ouverte à l'humanité pour la pratique de la fraternité.

« Avec elle, on peut marcher constamment dans la voie des œuvres utiles; on a un guide sûr et infaillible devant soi.

« Placer la famille du travailleur dans un logement commode;

« Entourer ce logement de toutes les ressources et de tous les avantages dont l'habitation du riche est pourvue;

« Faire que le logement de l'ouvrier soit un lieu de tranquillité, d'agrément et de repos;

« Remplacer par des institutions communes les services que le riche retire de la domesticité;

« Telle est la marche à suivre si l'on ne veut pas que les familles ouvrières

(1) GODIN. *Mutualité sociale et association du capital et du travail ou extinction du paupérisme*, etc. Paris, 1880, p. 64.

soient perpétuellement exclues du bien-être qu'elles créent, auquel toute créature humaine a droit, et qu'il est dans les nécessités de notre époque de réaliser pour tous.

« . . . Associer tout à la fois les opérations d'industrie, de travail, de commerce, d'approvisionnements, de logement, d'éducation et d'instruction et les divers services de mutualité concernant les vieillards, les infirmes, les malades, les orphelins, etc. (1). »

Tel est le but que s'est proposé M. Godin en fondant les familistères de Guise (Oise) et de Laeken lez-Bruxelles.

C'est en 1840, à Esquehéries, son village natal, qu'il commença une industrie nouvelle dont l'objet était de produire en fonte de fer des appareils de chauffage et de cuisine qui jusque-là n'avaient été faits qu'en tôle (2).

Six ans plus tard, accompagné d'une vingtaine d'ouvriers, il s'installait à Guise et y fondait les premiers ateliers de l'usine importante qu'on y voit aujourd'hui.

C'est en 1859 qu'il arrêta les plans d'ensemble du familistère et en commença la construction. Il était achevé et occupé en 1860.

Ce vaste édifice, qui comporte 570 mètres de façade extérieure, possède sous-sol, rez-de-chaussée et trois étages. Les cours intérieures sont couvertes d'un vitrage à la hauteur des toits. Les galeries en forme de balcon qui entourent chaque étage permettent aux habitants de circuler partout à l'abri des intempéries. L'ensemble des constructions du familistère de Guise abrite 1,800 personnes environ.

Au point de vue de l'organisation des services généraux, on peut compter que cette institution donnera ses résultats maxima avec une population de 1,500 à 2,000 habitants.

Les aménagements de l'air, de l'eau, du gaz et des autres services d'hygiène et d'utilité ne laissent rien à désirer (3).

Les magasins coopératifs sont situés au rez-de-chaussée, dans des bâtiments spéciaux.

Ils comprennent la boulangerie, l'épicerie, les étoffes, la mercerie, les combustibles, la boucherie, la charcuterie, la buvette, etc.

---

(1) Godin, etc., p. 67.

(2) Voyez Godin, p. 77.

(3) Voir à ce propos *Le familistère de Guise. Solution de la question ouvrière.*

La coopérative n'est pas une association particulière, mais une branche de l'association générale. C'est un service public dirigé par un économe et des chefs de rayons. Le capital des marchandises est fourni par le capital collectif de l'association.

Les marchandises sont vendues d'après les cours, sur des prix arrêtés par les conseils de l'association.

Les bénéfices provenant de cette source sont partagés entre les acheteurs et l'association; celle-ci ajoute sa part de bénéfices à ceux de la fabrication, et le total est réparti.

La répartition aux acheteurs se fait d'après un carnet sur lequel sont inscrits tous leurs achats, au moment où on leur délivre la marchandise; aucun règlement n'oblige pourtant les habitants du familistère à s'approvisionner à ces magasins.

La part faite à l'enfance dans l'association du familistère est considérable.

Quatre cents enfants dépendent de ce service.

Seize maîtres ou maîtresses sont attachés aux institutions d'éducation et d'enseignement.

Tous habitent le palais social.

Les enfants sont répartis en dix classes.

L'éducation et l'instruction sont organisées de manière à réunir tout ce qui peut contribuer au développement physique, intellectuel et moral de l'enfant, depuis la naissance jusqu'à l'âge de quatorze ans au moins.

Les enfants du premier âge sont confiés à la *nourricerie*, puis au *pouponnat* organisés dans un édifice spécial, premier jardin d'enfants, où sont accordés les soins et les amusements nécessaires aux enfants de deux à quatre ans.

Les enfants sortent du pouponnat vers l'âge de trois ans et demi, entrent dans une première classe maternelle, le bambinat, où ils restent jusque vers six ans. Au-dessus des classes maternelles, l'enseignement comprend cinq classes.

Le soin du logement individuel est laissé à la charge des familles; l'administration n'intervient pas au foyer domestique.

L'entretien de la propreté générale incombe à l'administration, qui le confie à des employés, des femmes pour la plupart, qui se livrent ainsi à des travaux rémunérateurs en dehors des soins du ménage.

L'établissement comporte des lavoirs et buanderies réunis dans un édifice particulier, une piscine à écoulement continu de 50 mètres carrés de surface, qui sert également d'école de natation, des bains disposés dans un local attenant à la buanderie; puis des salles de jeux, de billard, de réunions, une salle de théâtre, de vastes locaux destinés à l'instruction et à l'éducation.

Dès l'origine du familistère, des sociétés, des comités se sont établis dans des buts divers.

Des assurances mutuelles ont été fondées.

Un corps de musique s'est constitué et compte aujourd'hui environ cinquante musiciens.

Un corps de pompiers s'est organisé.

La Société du familistère de Guise unit donc dans une même association les personnes et les capitaux. Les personnes y jouissent des avantages et des bienfaits ressortant des bénéfices créés par le travail; les capitaux, de la rémunération due à leur utilité.

Le familistère de Laeken lez-Bruxelles, inauguré le 1er octobre 1888, ne présente pas encore une importance comparable à celle de l'établissement de Guise, mais il abrite déjà 25 ménages, vivant sous le régime de communauté que nous venons de décrire.

ANNÉES	COUT TOTAL, terrain compris, de la bâtisse de chaque groupe.	NOMBRE de personnes logées dans chaque groupe.	SURFACE BATIE	NOMBRE DE MAISONS VENDUES
1888 18 . 18. . .	250,000 francs Non compris les dépendances (écoles, buanderies, etc.	74 ménages.	1794m350 Terrains occupés par l'usine, l'habitation, le parc, dépendances, etc. 6 h. 30 a. 15 c.	Exploitation en association.

La population actuelle comprend donc :

25 familles, soit. . . . . 50 personnes.
Enfants. . . . . 65 —

Total. . . 115 habitants.

Les logements sont de deux et trois pièces.

Prix d'un logement de deux pièces au mois, 12.50 francs.
Id. trois id. 16.50 id.

Cette vaste habitation collective n'est pas seulement intéressante au point de vue spécial du système de logement qu'elle présente et du bien-être qu'y trouvent les ouvriers, mais encore par la combinaison réalisée en vue de les faire participer aux bénéfices des usines et aux avantages des assurances mutuelles de protection organisées entre eux.

Les statuts de l'Association du Familistère et ses règlements constituent l'ensemble le plus complet des règles pratiques conçues jusqu'à ce jour, en vue de la participation des ouvriers aux avantages créés par le travail et l'industrie [1].

Aussi, au risque de franchir les limites tracées au cadre de notre étude, croyons-nous intéressant d'en donner ici quelques extraits.

Les statuts ont été établis d'après la doctrine suivante :

II

La vie est la loi suprême de tout ce qui existe ;
Tout est fait pour la vie et a la vie pour fin ;
C'est pour progresser dans la vie que l'homme reçoit l'être ;
Son existence a pour objet évident de concourir à l'élaboration de la vie sur la terre.

. . . .

V

L'individu et la société ont pour devoir essentiel d'agir en tout pour le plus grand bien de la vie humaine, d'en faire le constant objet de toutes leurs pensées, de toutes leurs paroles, de toutes leurs actions.

VI

Le sentiment de ce devoir a dicté aux sages de tous les temps les préceptes suivants, dont ils ont recommandé la pratique aux hommes :

« Aimer les autres comme soi-même.

« Agir envers les autres comme nous voudrions qu'ils agissent envers nous.

« Faire servir votre capacité et votre talent à la perfection de votre existence et de celle des autres.

« Ne vous lassez jamais de faire le bien ni de traiter toute chose avec droiture.

« Nous unir pour nous soutenir mutuellement.

. . . .

---

[1] GODIN, p. 84.

ART. 9 des statuts : L'Association [1] comprend, outre le fondateur, des membres aux titres suivants :

1° Associés;

2° Sociétaires;

3° Participants;

4° Intéressés.

Ces titres et qualités s'acquièrent dans les formes et conditions déterminées par les présents statuts. Ils reposent sur la différence des mérites et des services rendus dans l'Association. Ils donnent des droits différents dans la Société et dans le partage des bénéfices.

Les droits et les devis de ces divers membres de l'Association sont inscrits : (suivent les numéros des articles).

L'Association emploie, en outre, comme auxiliaires, des employés et des ouvriers dont la situation est fixée art. 34 et 36).

. . . .

ART. 14. — *Les associés* sont les membres de l'Association qui, outre les conditions générales énumérées (art. 10), remplissent les conditions particulières suivantes :

1° Être âgé d'au moins vingt-cinq ans;

2° Résider depuis cinq ans au moins dans les locaux du Familistère;

3° Participer, au moins depuis le même temps, aux travaux et opérations qui font l'objet de l'Association;

4° Savoir lire et écrire;

5° Être possesseur d'une part du fonds social s'élevant au moins à 500 francs;

6° Être admis par l'assemblée générale des associés.

Les conditions prescrites (n°s 2, 3, 6) ne sont pas obligatoires pour le membre appelé à la qualité d'associé en vertu des droits réservés au fondateur (art. 12).

ART. 15. — *Les associés* ont la priorité sur tous les autres membres de l'Association pour être occupés en cas de pénurie de travaux.

Ils participent à la répartition des bénéfices, conformément aux articles 128 et 129.

Ils composent les assemblées générales et prennent part aux votes de ces assemblées.

Ils jouissent des avantages attachés à l'habitation du Familistère (voir, en outre, l'art. 24).

L'associé forcé par l'âge, la maladie ou les infirmités, de cesser de prendre part aux travaux de l'Association, continue à jouir des avantages résultant de l'habitation sociétaire, conformément aux règlements, avec le droit de siéger et de voter aux assemblées générales.

ART. 17. — *Les sociétaires* sont les membres de l'Association qui, outre les conditions générales énumérées (art. 10), remplissent les conditions particulières suivantes :

1° Être âgé d'au moins vingt et un an et libéré du service militaire dans l'armée active;

2° Travailler au service de l'Association depuis trois ans au moins;

3° Habiter le Familistère;

4° Être admis par le conseil de gérance et l'administrateur gérant.

---

[1] La Société est en commandite simple.

Les sociétaires peuvent, mais sans que cette condition soit obligatoire, posséder une part du fonds social.

Les conditions prescrites (nos 2 et 4) ne sont pas obligatoires pour le membre appelé à la qualité de sociétaire, en vertu des droits réservés au fondateur par l'article 12.

Art. 18. — *Les participants* sont les membres de l'Association qui, outre les conditions générales énumérées (art. 10), remplissent les conditions particulières suivantes :

1° Être âgé d'au moins vingt et un ans et libéré du service militaire dans l'armée active ;

2° Travailler au service de l'Association depuis un an au moins ;

3° Être admis par le conseil de gérance et l'administrateur gérant.

Les participants peuvent ou non habiter le Familistère et posséder une part du fonds social.

Les conditions prescrites (nos 2 et 3) ne sont pas obligatoires pour le membre appelé à la qualité de participant, en vertu des droits réservés au fondateur par l'article 12.

Art. 19. — Le *sociétaire* et le *participant* prennent part aux bénéfices. (Art. 128, 129. Voir, en outre, l'art. 24.)

Art. 21. — La qualité de sociétaire et celle de participant, ainsi que les droits qui s'y rattachent, peuvent être suspendus par l'administrateur gérant, avis pris du conseil de gérance, lorsque, pour cause de manque d'ouvrage, il y a dans l'intérêt de l'Association nécessité de congédier des travailleurs employés ou ouvriers.

Art. 24. — Les *ouvriers*, *sociétaires* et *participants* ont droit aux garanties qui leur sont offertes, selon leur qualité, par les institutions de prévoyance. (Art. 118 à 124.)

Art. 26. — L'associé, le sociétaire ou le participant peut perdre sa qualité et les droits qui s'y rattachent pour l'une des causes ci-après :

1° Ivrognerie ;

2° Malpropreté de la famille et du logis gênante pour le Familistère ;

3° Actes d'improbité ;

4° Inassiduité au travail ;

5° Indiscipline, désordre ou actes de violence ;

6° Infraction à l'obligation de donner l'instruction aux enfants dont il a la responsabilité à un titre quelconque. (Règlement, 3e partie, art. 99.)

Art. 34. — L'Association peut occuper, en qualité d'auxiliaires salariés, des ouvriers et des employés de tous les ordres, sans qu'ils aient qualité d'associés, ni de sociétaires, ni de participants.

Les employés supérieurs peuvent eux-mêmes être engagés à ce titre.

L'Association fait avec ceux qu'elle emploie ainsi des conditions en conséquence.

Art. 48. — Les certificats d'inscription sont de deux sortes, et désignés sous le nom de :

Certificats d'apport pour ceux représentant le capital de fondation ;

Certificats d'épargne pour ceux représentant les dividendes échus à titre de travail.

Art. 49. — Les certificats d'apport sont de cinq cents francs ou de multiples de cinq cents francs.

Les certificats d'épargne sont de cinquante francs.

Les fractions d'épargne au-dessous de cinquante francs sont inscrites au compte particulier du membre de l'Association : un livret contenant un extrait de son compte lui est remis, en attendant qu'il ait réuni la somme suffisante pour recevoir un certificat d'inscription.

Art. 57. — L'assemblée générale est composée des membres de l'Association au titre d'associé.

Art. 59. — L'assemblée générale a pour mission de veiller à tous les intérêts de l'Association.

Elle a pour attributions :

1° La nomination des membres électifs du conseil de gérance, selon les dispositions des articles 84 et 85;

2° L'élection, au scrutin secret et à la majorité absolue des votants, de trois commissaires rapporteurs formant le conseil de surveillance.

Ces trois commissaires sont choisis parmi les associés et peuvent faire partie des divers conseils de l'Association;

3° Nomination et révocation de l'administrateur gérant dans les cas prévus par les articles 75 et 79;

4° Remplacement dans le conseil de gérance des membres élus, sortants, décédés ou démissionnaires;

5° Admission ou rejet des postulants au titre d'associés, sauf réserve des droits du fondateur (art. 12);

6° Exclusion d'un associé;

7° Sanction des modifications proposées aux règlements particuliers des assurances mutuelles (2e partie), pour leur donner force obligatoire;

8° Modifications proposées aux présents statuts, sous réserve des dispositions de l'article 138;

9° Opportunité de la dissolution de l'Association dans le cas prévu par les articles 135 et 137.

Art. 60. — L'assemblée générale ordinaire reçoit communication du bilan de fin d'année

Elle entend le rapport annuel de l'administrateur gérant (art. 73) sur la situation morale, industrielle et financière de l'Association.

Elle entend aussi le rapport du conseil de surveillance sur le même sujet.

Elle approuve ces rapports, s'il y a lieu.

Emploi des bénéfices :

Art. 127. — Sur les bénéfices industriels et commerciaux constatés par les inventaires annuels, il est opéré les défalcations suivantes à titre de charges sociales :

1° Prélèvement de 10 p. c. de la valeur du matériel et de 5 p. c. de la valeur des immeubles.

Ces sommes restent au crédit d'un compte spécial d'amortissement, dont le débit balance les divers comptes de dépenses faites soit pour l'entretien ou la réparation des immeubles.

Ces sommes restent au crédit d'un compte spécial d'amortissement dont le débit balance les divers comptes de dépenses faites soit pour l'entretien ou la réparation des immeubles ou du matériel, soit pour la création de bâtiments ou de matériel neufs;

2° Subvention aux diverses assurances mutuelles, 2e partie, art. 3, 18, 47, 59;
3° Frais d'éducation et d'instruction, statuts, art. 122 à 124;
4° Intérêts aux possesseurs des apports et des épargnes.
Ces intérêts sont payables en espèces.
Ce qui reste constitue le bénéfice net.

ART. 128. — Le bénéfice net est réparti de la manière suivante :

1° Il est appliqué d'abord au fonds de réserve, puis au rachat par la Société des certificats d'apports et d'épargne, selon les règles fixées par les articles 131 et 132, 25 p. c., ci . . 25

2° Au capital et au travail, 50 p. c., ci 50

Dans cette attribution, la part du travail est représentée par le total des appointements et salaires touchés pendant l'exercice, et la part du capital par le total des intérêts, des apports et des épargnes.

Les 50 p. c. sont répartis au marc le franc entre ces deux éléments producteurs.

Les dividendes du capital sont payables en espèces, et ceux du travail en titres d'épargne.

Le reste est distribué en titres d'épargne, savoir :

3° A l'administrateur gérant, 12 p. c., ci. 12

4° Aux autres membres du conseil de gérance, 9 p. c., ci. 9

La répartition est faite entre les membres du conseil de façon que le participant ait une part, le sociétaire une part et demie, et l'associé deux parts.

5° Au conseil de surveillance, 2 p. c. ci 2

Ces trois attributions sont indépendantes de ce qui peut revenir aux parties prenantes dans la part attribuée au travail sur le n° 2.

6° A la disposition du conseil de gérance pour être répartis, dans le courant de l'année, aux employés et aux ouvriers qui se seront distingués par des services exceptionnels, 2 p. c., ci 2

Total . . 100

ART. 129. — Afin de faire la part du dévouement à l'Association et du mérite intellectuel et moral des membres sur lesquels elle peut le plus compter pour l'avenir de l'œuvre, il est stipulé que dans la répartition proportionnelle de la part afférente au travail, art. 28, 2°, l'associé intervient à raison de deux fois la valeur, les sociétaires à raison d'une fois et demie la valeur, et le participant à raison de la somme exacte de leurs salaires ou appointements respectifs.

La part revenant au travail des auxiliaires est versée à l'assurance des pensions et du nécessaire, sous la réserve faite au titre XIII du règlement, 3e partie, art. 80 à 85.

Les titres un, deux et trois des statuts réglementent les assurances mutuelles de l'Association.

Assurance des pensions et du nécessaire à la subsistance; l'assurance contre la maladie; assurance des dames du Familistère.

Consortium d'habitations (Société coopérative).

Cette société a été instituée le 15 juin 1888.

Parmi les quarante et une personnes qui ont pris part à la signature de l'acte de fondation, nous remarquons les noms de fonctionnaires des départements des chemins de fer, postes et télégraphes, de la marine, puis ceux de personnes exerçant les professions de : dessinateur, tourneur, piocheur, ajusteur, chaudronnier, etc.

Les statuts adoptés le 28 mai 1888 ont été modifiés récemment et publiés au *Moniteur* du 6 avril 1889. En voici quelques extraits :

Art. 1er. — Il est formé entre les soussignés et les autres membres du personnel du département des chemins de fer, postes et télégraphes de l'Etat belge qui seront régulièrement admis, une société coopérative, sous la dénomination de consortium d'habitations.

La société pourra, sur décision de l'assemblée générale, se fusionner ou établir des traités d'alliance avec d'autres sociétés analogues constituées entre les membres du personnel des autres départements ministériels.

Art. 3. — La société a pour but l'amélioration de la position des associés, au point de vue de leur habitation.

Elle réalisera ce but par :

1° L'achat de terrains destinés à recevoir des constructions devant servir d'habitations aux associés ;

2° La construction pour compte des associés de maisons destinées à leur habitation;

3° L'achat de maisons pouvant servir à l'habitation des associés ;

4° La revente aux associés et, à leur défaut, à des tiers, moyennant un prix remboursable par annuités, des immeubles acquis ou construits par la société ;

5° La conclusion avec le Crédit foncier de Belgique d'une convention garantissant à la société elle-même, soit à chacun de ses membres individuellement, la disponibilité des capitaux remboursables par annuités qui seraient nécessaires à l'achat ou à la construction d'immeubles destinés à l'habitation desdits membres ;

6° L'assurance contre l'incendie, aux conditions les plus favorables, des immeubles habités par les membres de la société, soit à titre de propriétaires, soit à titre de locataires, ainsi que les meubles qui les garnissent ;

7° La location aux membres de la société ou, à leur défaut, à des tiers des immeubles acquis ou construits par la société ;

8° L'organisation d'un bureau dans lequel seront concentrés tous les renseignements utiles pour faciliter aux membres de la société :

A. L'achat ou la location d'immeubles ;

B. Le règlement de leurs rapports avec les propriétaires ;

9° Toute combinaison d'assurance sur la vie ou autre, ayant pour objet de garantir, en cas de décès d'un associé, le service à la décharge de sa veuve ou de ses héritiers de tout ou partie des annuités que cet associé se serait engagé à payer au Crédit foncier de Belgique pour rembourser la somme employée à l'achat de son habitation ;

10° La constitution d'un fonds d'assistance destiné à alléger les charges, momentanément lourdes, que les associés auraient assumées pour s'assurer la propriété d'une maison d'habitation ;

11° Toute opération commerciale ou civile.

Art. 6. — Le capital social, dont le minimum est fixé à 410 francs, est formé du montant des parts souscrites.

Chaque part est de 10 francs, payables au siège de la société, moitié au moins au moment de la souscription et le surplus dans les deux mois suivants.

Art. 7. Pour être admis à souscrire une part, il faut :

A. Être d'une parfaite honorabilité ;

B. Être présenté par deux membres ;

C. Adhérer par écrit aux présents statuts ;

D. Être agréé par le conseil d'administration délibérant au scrutin secret.

Art. 14. Le conseil d'administration se compose de neuf membres, dont sept au moins doivent être choisis parmi les sociétaires qui ont contracté un emprunt par l'intermédiaire de la société.

CHAPITRE V.

EMPRUNTS HYPOTHÉCAIRES.

Art. 42. — Les bases essentielles de la convention que le conseil d'administration est autorisé à négocier avec le Crédit foncier de Belgique, pour faciliter aux membres du Consortium d'habitations la conclusion d'emprunts destinés à leur procurer les fonds nécessaires à l'acquisition ou à la construction d'habitations, sont les suivantes :

1° Les sommes prêtées doivent être remboursables par annuités ;

2° L'immeuble à acquérir ou à édifier doit pouvoir être grevé d'une inscription à prendre en premier rang jusqu'à concurrence de la totalité de la somme prêtée ;

3° Les emprunteurs doivent conférer, à titre de garantie complémentaire, une délégation régulière sur une partie de leur traitement égale au montant de l'annuité qu'ils ont à payer ;

4° Les emprunteurs doivent se porter garants solidaires les uns pour les autres, dans les proportions qui seront déterminées ci-après, du remboursement de la moitié du capital prêté à chacun d'entre eux.

§ 1er. *Immeuble à hypothéquer.*

Art. 43. — En déposant sa demande d'emprunt, l'associé verse dans les caisses du Consortium d'habitations la somme suffisante pour payer les frais de l'expertise qui devrait être faite de l'immeuble à hypothéquer et dont le montant sera déterminé à l'aide d'un tarif arrêté par le conseil d'administration. Si l'expertise n'est pas nécessaire, la provision est remboursée.

Art. 44. — Il est interdit aux emprunteurs, jusqu'au moment où ils auront remboursé la moitié du capital primitif de leur prêt, de consentir sur le bien acquis par eux au moyen de leur emprunt aucune hypothèque autre que celle qui aura été prise par le Crédit foncier de Belgique.

Toute infraction à cette stipulation oblige le contrevenant à payer au Consortium d'habitations des dommages-intérêts fixés à forfait à 500 francs sans préjudice au droit du Crédit foncier de Belgique d'exiger le remboursement immédiat du solde de son prêt.

Art. 45. — Les emprunteurs s'engagent à laisser visiter l'immeuble hypothéqué par les membres du conseil d'administration du Consortium ou leurs délégués, chaque fois que ce conseil jugera nécessaire de s'assurer de l'état d'entretien dudit immeuble.

§ 2. *Délégation.*

Art. 46. — L'emprunteur doit déléguer au Crédit foncier de Belgique dans l'acte d'emprunt une somme à prendre tous les mois sur son traitement et suffisante pour couvrir :

1° Chaque année, et pendant toute la durée du prêt, l'import des annuités qu'il se sera obligé à servir ;

2° Chaque année, et jusqu'au moment où il aura remboursé la moitié du capital primitif de son prêt, un versement à faire par lui au Crédit foncier de Belgique d'une somme égale à 5 p. c. du montant de chacune des annuités à échoir jusqu'à cette époque. Ce versement est obligatoire afin de permettre la constitution du fonds de garantie dont il sera parlé aux articles 52 et 56 ci-après.

Art. 47. — A l'effet de permettre l'organisation des comptes des annuités et de garantie réglée par l'article 57 ci-dessous, l'acte de délégation contiendra pouvoir conventionnel et irrévocable, en faveur de la Société générale pour favoriser l'industrie nationale, de toucher directement de l'État belge et contre sa seule quittance le montant de toutes les sommes déléguées au fur et à mesure de leurs échéances.

Art. 48. — L'acte de délégation sera notifié, aux frais des emprunteurs, à l'État belge, conformément à la loi.

§ 3. *Solidarité.*

Art. 49. — Au fur et à mesure de l'admission des demandes d'emprunts, il est procédé à la formation de groupes d'emprunteurs par les soins du conseil d'administration, qui s'attache, autant que possible, à réunir dans le même groupe des associés qui désirent contracter des prêts remboursables en un même nombre d'annuités et qui habitent soit la même localité, soit des localités voisines.

Art. 50. — Le nombre ordinaire des membres d'un groupe est de vingt. Dès que ce nombre est atteint, le groupe est présenté au Crédit foncier de Belgique par les soins du comité exécutif.

Lorsque, pour une cause quelconque, la formation d'un groupe de vingt emprunteurs éprouve du retard, le Crédit foncier de Belgique est sollicité d'admettre un groupe moins nombreux.

Art. 51. — Les membres de chaque groupe, en signant leur acte d'emprunt, se portent, par un acte sous seing privé, solidairement caution les uns pour les autres de l'exécution de toutes le obligations contractées par chacun d'eux dans ledit acte d'emprunt, et ce jusqu'au moment où chacun de ses cotraitants a remboursé la moitié du capital primitif de son prêt.

En d'autres termes, les engagements d'un membre d'un groupe ne doivent être garantis solidairement par les autres participants dudit groupe que jusqu'au moment où ce membre a remboursé la moitié du capital du prêt qui lui a été consenti.

§ 4. *Fonds de garantie.*

Art. 52. — Un fonds de garantie est constitué entre tous les membres de la société composant les divers groupes d'emprunteurs.

La constitution de ce fonds a pour but de répartir entre tous les sociétaires emprunteurs les risques pouvant résulter pour chacun d'eux du cautionnement solidaire qu'ils ont conféré envers les membres de leur groupe.

Elle complète à ce point de vue l'organisation de la mutualité immobilière créée par les présents statuts, en instituant entre ceux qui profitent des avantages de cette mutualité une assurance contre les risques auxquels elle peut les exposer.

Art. 53. — Le fonds de garantie est alimenté par le produit des délégations consenties à cet effet en exécution de l'article 46 ci-dessus.

Art. 54. — La société est tenue de payer au Crédit foncier de Belgique, à l'aide du fonds de garantie, les sommes dues par les associés défaillants du chef de leurs emprunts.

Art. 55. — Le montant des sommes payées à la décharge des emprunteurs au moyen du fonds de garantie doit être restitué audit fonds accru des intérêts que fixera le conseil d'administration par ceux au profit desquels les payements ont été faits et dans le délai que le conseil d'administration fixera dans chaque cas particulier.

Art. 56. — Les participants au fonds de garantie ou leurs ayants droit n'ont droit au remboursement des sommes versées par eux à ce fonds qu'au moment où la caution solidaire, visée à l'article 51 ci-dessus, est éteinte. Les remboursements s'effectueront à l'expiration de chaque année sans intérêt et défalcation faite des pertes subies par l'institution.

§ 5. *Comptes.*

Art. 57. — La Société générale pour favoriser l'industrie nationale encaisse mensuellement, à titre de mandataire des intéressés, le montant de toutes les délégations consenties au profit du Crédit foncier de Belgique, sur les traitements ou salaires des membres emprunteurs du Consortium d'habitations, et en porte le produit à deux comptes distincts.

Le premier, intitulé « compte délégations annuités », comprend le mouvement des sommes affectées au payement des annuités.

Au crédit du second, qui prend le titre de « compte délégations garantie », sont versés les fonds destinés à constituer le fonds de garantie.

Ces deux comptes sont productifs au profit du Consortium d'habitations d'intérêts à convenir entre la Société générale et le Consortium d'habitations. Ces intérêts sont portés, au 31 décembre de chaque année, au crédit du compte de garantie, qu'ils servent à augmenter.

Art. 58. — Le 31 décembre de chaque année, il est dressé un état des annuités à servir au Crédit foncier de Belgique pendant l'année suivante par les divers sociétaires emprunteurs.

Art. 59. — Il est ouvert dans les livres du Consortium d'habitations à chaque emprunteur un compte double, comprenant, d'une part, les opérations afférentes au service des annuités dues par le titulaire de ce compte et, de l'autre, les opérations relatives à son intervention dans la constitution du fonds de garantie.

§ 6. *Assistance.*

Art. 60. — Un fonds d'assistance est constitué à l'aide de prélèvements à opérer sur les bénéfices nets de la société.

Ce fonds est mis à la disposition du conseil d'administration pour lui permettre :

1° De prélever en faveur des veuves et des enfants mineurs des associés emprunteurs, dans les cas qu'il jugerait exceptionnels, les sommes nécessaires pour faire face à la contribution due par ceux-ci au fonds de garantie et, en cas de besoin, faire l'avance de la moitié au maximum des annuités dues par eux au Crédit foncier de Belgique;

2° De consentir des avances, aux conditions à préciser dans un règlement qu'il arrêtera, aux sociétaires emprunteurs, que des circonstances exceptionnelles, dont ledit conseil d'administration sera seul juge, empêcheraient momentanément de faire face aux charges assumées par eux en vue d'acquérir une habitation.

Ces faveurs sont révocables à tout moment.

Le remboursement des avances dont il s'agit ci-dessus doit, en tout cas, être garanti par une hypothèque à inscrire en rang immédiat après celle du Crédit foncier de Belgique.

Art. 61. — Le prélèvement à opérer de ce chef sur les bénéfices annuels sera de 50 p. c. desdits bénéfices, mais cessera d'être obligatoire dès que le fonds d'assistance atteindra 10,000 francs.

§ 7. *Procédure à l'égard des défaillants.*

Art. 62. — Dans le cas où un sociétaire emprunteur manque à l'exécution de l'une des obligations qu'il a contractées, le conseil d'administration du Consortium d'habitations propose au Crédit foncier de Belgique les mesures qu'il croit utiles de prendre dans l'intérêt de toutes les parties.

S'il est procédé à la vente de l'immeuble hypothéqué et que le produit de cette vente est insuffisant pour délier l'emprunteur de toutes ses obligations envers le Crédit foncier de Belgique, l'écart est comblé par la société à l'aide du fonds de garantie et est récupéré ensuite par les soins du conseil d'administration dudit Consortium à charge du défaillant par toutes les voies légales.

Si, au contraire, le produit de cette vente laisse un excédent, celui-ci est remboursé à l'ayant droit, sous déduction de la somme que le conseil d'administration jugera nécessaire de retenir pour assurer l'exécution de toutes les obligations de cautionnement solidaire de l'associé défaillant.

§ 8. *Autorisation de contracter un emprunt hypothécaire.*

ART. 63. — Pour qu'un membre du Consortium d'habitations soit admis à contracter un emprunt avec le Crédit foncier de Belgique en jouissant des avantages précisés dans le chapitre précédent, il doit :

1° Réunir au moment de la demande les conditions énumérées à l'article 7 ci-dessus;

2° En faire la demande par écrit dans la forme déterminée par le conseil d'administration.

Si le demandeur est marié, sa femme doit signer la demande en même temps que lui et promettre de s'obliger solidairement dans l'acte d'emprunt au remboursement de la somme prêtée;

3° Verser en déposant sa demande, indépendamment du coût de l'expertise, dont il est parlé à l'article 43 ci-dessus, une somme de 15 francs pour couvrir les frais d'instruction. Cette somme reste acquise à la société, quel que soit le résultat de la décision ;

4° Jouir d'une bonne santé.

Pour constater qu'il satisfait à cette condition, le demandeur doit se soumettre :

A. A la visite, à ses frais, de son médecin, auquel il est remis une formule qui, après avoir été remplie par celui-ci, doit être envoyée directement au comité exécutif par les soins dudit médecin;

B. A la visite, aux frais du Consortium d'habitations, d'un ou de plusieurs médecins à désigner par le conseil d'administration;

5° Offrir toutes les garanties désirables de solvabilité ;

6° Avoir son traitement ou son salaire libre de toute saisie et de toute délégation ;

7° Être autorisé par le conseil d'administration.

ART 64. — Le conseil d'administration procède par scrutins secrets séparés et à l'aide de boules blanches et noires au vote sur chacune des conditions reprises *sub* n° 4°, 5° et 7° de l'article 63 qui précède.

Pour qu'un vote soit valable, il faut que six membres au moins du conseil d'administration y prennent part.

Le résultat d'un scrutin est négatif :

1° Dans le cas où, plus de six membres du conseil prenant part au vote, trois voix se prononcent contre la question à résoudre ;

2° Dans le cas où, six membres du conseil seulement prenant part au vote, deux voix se prononcent contre cette question.

ART. 65. — Le résultat négatif de l'un ou de l'autre des scrutins entraîne le rejet de la demande de conclusion d'un emprunt

II. — Habitations créées par les patrons auprès du centre du travail.

(A) Société anonyme des Usines et Fonderies de zinc de la Vieille-Montagne, à Chênée (province de Liége).

La question du logement des ouvriers a toujours été l'objet de la plus sérieuse attention de la société; et cela, autant en vue d'augmenter le bien-être matériel des ouvriers, que pour fixer autour de ses établissements une population ouvrière sérieuse et dévouée.

L'intervention de la Vieille-Montagne a été subordonnée aux diverses circonstances locales dans lesquelles se trouvent ses établissements : les uns situés à côté de villes et de bourgs plus ou moins importants, les autres créés dans des lieux presque déserts.

Dans le premier cas, la société s'est contentée d'intervenir pour que ses ouvriers ne soient pas logés dans des conditions de loyers trop élevés. Elle a pris une part dans les sociétés civiles créées pour la construction de maisons d'ouvriers, sous le patronage des administrations communales.

Là où cela a été nécessaire, elle a suppléé à l'insuffisance des logements en construisant elle-même des maisons, ou bien en louant ou appropriant des locaux pour les sous-louer à ses ouvriers dans des conditions avantageuses, comme prix, salubrité, etc.

Dans le second cas, aux agences de mines éloignées, telles que à Moresnet, à Welkenraedt, aux mines du Rhin, de Sardaigne et d'Algérie, à Ammeberg (Suède), etc., elle a entièrement construit à ses frais des maisons pour les ménages et des casernes pour les célibataires. Les maisons, construites par groupes de 2 ou de 4, ne servent, en général, qu'à un seul ménage, rarement à deux, l'expérience ayant démontré que l'isolement et l'indépendance des ménages étaient préférables à tous égards et beaucoup plus agréables aux ouvriers. A côté des maisons se trouve généralement un petit jardin, que l'ouvrier cultive à ses heures de loisir.

D'un autre côté, la société a aidé de tout son pouvoir l'ouvrier à devenir propriétaire lui-même. Ainsi, on a morcelé quelques parties de terrains pour les vendre à des prix très modérés; les ouvriers ont construit sur ces terrains des maisons modestes, mais convenables; la société leur a fait des avances de fonds pour qu'ils pussent élever des constructions ou les acquérir; elle leur a cédé, au prix de revient, tous les matériaux nécessaires : briques, pierres, pavés, bois, etc.; elle leur a accordé des facilités, soit pour le payement du prix de ces cessions, soit pour le remboursement des avances. A d'autres ouvriers, elle a vendu des maisons toutes faites, payables en partie au comptant, le restant dû prix se soldant par faibles annuités.

Enfin, dans le but d'accroître encore le nombre des habitations ouvrières, la Vieille-Montagne a su engager plusieurs entrepreneurs à construire à leurs risques et périls un certain nombre de maisons, en leur donnant, par contre, la garantie d'un loyer rémunérateur pendant une série d'années.

En résumé, aujourd'hui les ouvriers de la Vieille-Montagne occupent des logements convenables, bien tenus, d'un loyer modeste; ils jouissent souvent d'un jardin ou d'un morceau de terrain; tous les éléments nécessaires au bien-être matériel semblent donc réunis pour attacher l'ouvrier au sol et le retenir à l'intérieur de son foyer.

La société loue les maisons qu'elle possède, ou qu'elle sous-loue à ses ouvriers, à des prix très modérés.

Ces locations sont réglementées par des baux d'une rédaction uniforme et renfermant les principales stipulations suivantes :

La location est faite par mois, avec faculté réciproque de résiliation en prévenant un mois à l'avance.

Le prix du loyer est retenu sur le montant des salaires, par mois ou par quinzaine, suivant les localités.

Le locataire ne peut loger des personnes étrangères à la société; il ne peut délivrer des *boissons alcooliques* ni transformer sa maison en cabaret.

Il est requis d'entretenir la maison dans un grand état de propreté, à défaut de quoi la société se réserve, soit de donner congé immédiatement au locataire, soit de faire procéder au blanchiment et au nettoyage de la maison aux frais de ce dernier, etc., etc.

Il faut ajouter ici, et à propos de cette dernière clause, que la société se fait un devoir de veiller à ce que partout, dans les habitations que ses ouvriers occupent, les règles de l'hygiène soient constamment observées. Afin que cette surveillance soit incessante, elle est exercée par les sous-comités des caisses d'ouvriers, c'est-à-dire par quelques contremaîtres accompagnés d'ouvriers faisant partie de la commission permanente de l'établissement.

Habitations ouvrières de la Société de la Vieille Montagne (à Chenée, Pce de Liège).

Spécimen édifié à l'Exposition universelle de Paris 1889.
XI' Section du XIe Gr.

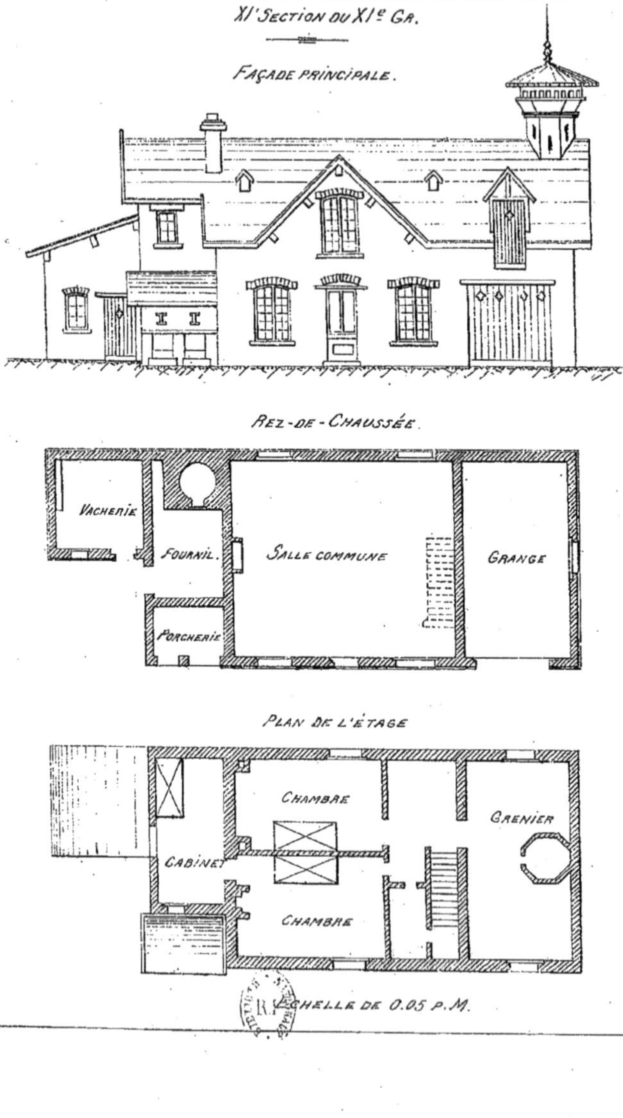

Échelle de 0.05 p.M.

(A) **Société De Naeyer & Cie, à Willebroeck** (province d'Anvers).

Nous ferons connaître les combinaisons adoptées par MM. De Naeyer pour procurer aux ouvriers de bonnes habitations et les en rendre propriétaires, en reproduisant ici la circulaire qu'ils ont adressée, il y a quelques mois, à leurs ouvriers. Ce document acquiert d'autant plus d'intérêt que le projet de société qu'il décrit est en voie d'organisation.

Aux ouvriers de la Société de Naeyer et Cie, à Willebroeck.

Lorsqu'il y a quelques mois, les tristes événements de Charleroi et de Liége ont jeté la désolation parmi tous ceux qui aiment le travailleur et cherchent à améliorer son sort par tous les moyens possibles, j'ai eu l'occasion de m'adresser à vous et dans une circulaire qui vous a été remise je vous disais alors :

« Une de mes préoccupations les plus constantes, c'est d'inculquer à la classe ouvrière l'esprit d'économie et d'épargne. Le jour où l'épargne sera bien comprise et bien organisée, ce jour-là nous aurons obtenu une amélioration considérable à son bien-être, car, qu'on ne l'oublie pas, ce n'est pas le gros salaire seul qui fait le bonheur dans le ménage, mais il faut surtout et avant tout de l'ordre, de l'entente et de l'économie. »

J'ajoutais, « que pour encourager l'épargne notre société continuerait non seulement à vendre, à ceux qui achètent au comptant, la farine et autres articles sensiblement en dessous du prix de revient, mais qu'elle partagerait entre eux tout le bénéfice réalisé sur les ventes à crédit (vous savez que l'écart de prix en faveur des achats avec argent comptant est de 25 p. c. environ) et que de plus pour mettre tout le monde à même de profiter des grands avantages attachés aux achats au comptant elle ferait des avances de fonds aux ménages qui, par des circonstances indépendantes de leur volonté, se trouveraient dans des conditions précaires. »

Depuis lors, nous avons continué nos recherches en vue de stimuler encore davantage chez l'ouvrier le sentiment de l'épargne et d'améliorer sensiblement sa position sans exiger de sa part ni efforts, ni sacrifices, mais de la bonne volonté et de la persévérance.

Nous croyons avoir trouvé une combinaison qui réalise le but entrevu et désiré par nous.

Il s'agirait de rendre l'ouvrier propriétaire d'une maison avec jardin, tout en ne lui faisant payer pendant un certain nombre d'années que le loyer ordinaire.

Voici la formule que nous préconisons pour arriver à ce résultat :

Une société anonyme serait créée au capital de dix millions, par exemple. Ce capital serait plutôt un fonds de garantie qu'un fonds de roulement. C'est pourquoi on pourrait se contenter de n'appeler qu'un versement de 10 p. c.

Cette société construirait ou achèterait elle-même des maisons d'ouvriers d'une valeur de mille à deux mille francs.

Dans des cas exceptionnels, ce chiffre pourrait être dépassé.

Quand la somme de un million versée serait épuisée, la société pourrait avoir recours à la Caisse d'épargne, qui lui prêterait l'argent dont elle aurait besoin et ce au taux très réduit auquel elle prête en ayant toutes les garanties imaginables.

Il ne faut pas que cette société puisse faire des pertes, c'est pourquoi elle ne pourra construire, faire construire ou acheter des maisons qu'à la condition expresse que les personnes qui demandent ces maisons pour leurs ouvriers, leurs domestiques, servantes, etc., donnent une garantie représentant la valeur réelle des bâtiments à faire ou à acquérir.

Ces personnes pourraient soumettre des plans des constructions qu'elles désirent et la société devrait les adopter s'ils répondent à toutes les règles d'hygiène et d'économie.

Puisque ces constructions seraient garanties par ceux qui les ont demandées, il y aurait aussi quelquefois avantage à laisser aux garants le soin de les ériger, d'accord bien entendu avec la société et les ouvriers.

Il va de soi que la société resterait propriétaire des terrains et bâtiments jusqu'à complet amortissement.

Il ne pourra pas être établi de débit de boissons dans ces maisons endéans les quinze années à dater du jour de leur occupation et dans tous les cas pas avant le complet amortissement de la somme due.

L'occupant aurait à payer 7 p. c. au moins du capital dépensé (cela représente généralement moins que ne comporte le loyer).

De ces 7 p. c. ou plus, on défalquerait l'intérêt à desservir à la Caisse d'épargne et le restant constituerait l'amortissement.

Avec cette combinaison, l'occupant serait propriétaire de la maison endéans les dix-huit ans environ, et c'est quand tout serait intégralement payé que l'acte définitif de vente serait passé.

Ici, l'intervention de l'État serait nécessaire, afin que la première mutation de la propriété fût faite gratuitement ou dans tous les cas à un taux très modéré. Il sera aussi nécessaire d'obtenir les mêmes faveurs pour les inscriptions hypothécaires qui éventuellement pourraient être demandées aux garants.

Les sommes perçues tous les mois seraient régulièrement versées à la Caisse d'épargne, sauf la part qui reviendrait à la société en raison du capital versé.

On continuerait ainsi vis-à-vis de la Caisse d'épargne aussi longtemps que celle-ci resterait créancière de la société.

Viennent maintenant les cas exceptionnels ou extra :

1° De décès de l'occupant;

2° Non-entente entre le garant et l'occupant;

3° L'occupant quittant volontairement la maison ou ne payant pas.

1° *Décès de l'occupant :*

Les droits pourraient être transférés à la famille, mais d'accord avec le garant; sinon la famille devrait fournir une autre garantie. Si elle était dans l'impossibilité de le faire, la société pourrait reprendre la position du défunt ou la faire reprendre par le garant, en tenant compte à la famille des sommes payées à la société (intérêt et amortissement), sous déduction d'un loyer à raison de 5 p. c.

Il va de soi que si la société reprenait la position du défunt, la première garantie devrait être levée.

2° *Défaut d'entente entre l'occupant et le garant :*

L'occupant devrait fournir une autre garantie à la satisfaction de la société, sinon celle-ci aurait le droit de reprendre la position de l'occupant ou de la faire reprendre par le garant, et il serait accordé à l'occupant la même faveur qu'en cas de décès, c'est-à-dire qu'il lui serait tenu compte, par la société, des sommes payées (intérêt et amortissement), sous déduction d'un loyer de 5 p. c.

3° *L'ouvrier quittant volontairement la maison ou ne payant pas :*

L'occupant perd par là tous ses droits, sauf sur ce qui aurait été payé au-dessus de 6 p. c.

Dans ce cas, la société devrait lever la garantie, à moins qu'elle ne préfère transférer la position au garant dans les mêmes conditions que celles stipulées au cas de décès et de défaut d'entente.

En toute hypothèse, la personne qui occupe la maison doit la quitter volontairement, sinon elle y serait forcée par la loi, et les frais résultant de ce déguerpissement seraient déduits de ce qui lui reviendrait.

Des hommes considérables de l'industrie et de la finance, pressentis par nous, ont compris toute l'importance et toute l'utilité de cette société, *aujourd'hui en formation*, et sont tout disposés à y entrer comme administrateurs à titre gratuit, ce qui est une garantie à la fois matérielle et morale.

Mais une institution aussi importante que celle-là ne peut pas fonctionner du jour au lendemain, parce que le gouvernement doit intervenir. Il faut de plus remplir des formalités, rédiger des statuts, les soumettre à l'approbation des pouvoirs compétents, par conséquent son organisation définitive sera forcément reculée; aussi, pour ne pas retarder d'un jour la réalisation de notre projet, nous sommes-nous adressés à la direction de la Caisse d'épargne et de retraite, pour lui dire que nous étions prêts, *à titre de démonstration et d'expérimentation pratique*, à construire nous-mêmes cinquante à cent maisons, qui seraient mises à la disposition de nos ouvriers absolument dans les conditions indiquées dans notre projet, en ce sens qu'ils bénéficieraient tout à fait des mêmes avantages ; ils ne payeraient que l'intérêt que nous aurions à payer nous-mêmes à la Caisse d'épargne et le surplus servirait d'amortissement. De cette façon, par un loyer ordinaire régulièrement payé, ils deviendraient propriétaires de leur maison au bout de quelques années.

Par exemple, une maison de 1,600 francs, payant 112 francs de loyer par an, étant donné un intérêt de 3 p. c. à desservir à la Caisse d'épargne, deviendrait la propriété de l'ouvrier au bout de dix-huit ans environ, comme le démontrent les chiffres que voici :

Maison de 1,600 francs, payant 7 p. c. = 112 francs l'an. Intérêt à desservir 3 p. c.

ÉPOQUES	ANNUITÉ	SOMME affectée à desservir l'intérêt	SOMMES affectées à l'amortissement	SOMMES amorties.	SOMMES restant dues.
1re année.	112	48 00	64 00	64 00	1,536 00
2e —	112	46 08	65 92	129 92	1,470 08
3e —	112	44 10	67 90	197 82	1,402 18
4e —	112	42 06	69 94	267 76	1,332 24
5e —	112	39 96	72 04	339 80	1,260 20
6e —	112	37 80	74 20	414 00	1,186 00
7e —	112	35 48	76 52	490 42	1,109 58
8e —	112	33 27	78 13	569 15	1,030 85
9e —	112	30 92	81 08	650 23	949 77
10e —	112	28 49	83 51	733 74	866 26
11e —	112	25 98	86 02	819 76	780 24
12e —	112	23 40	88 60	908 36	691 64
13e —	112	20 74	91 26	999 62	600 38
14e —	112	18 00	94 00	1,093 62	506 38
15e —	112	15 18	96 82	1,190 44	409 56
16e —	112	12 27	99 73	1,290 17	309 83
17e —	112	9 29	102 71	1,392 88	207 12
18e —	112	6 21	105 79	1,498 67	101 33
19e —	104 36	3 03	101 33	1,600 00	—

Nouveaux types de maisons ouvrières de Mrs De Naeyer et Cie de Willebroeck.

FAÇADE PRINCIPALE.

REZ-DE-CHAUSSÉE.

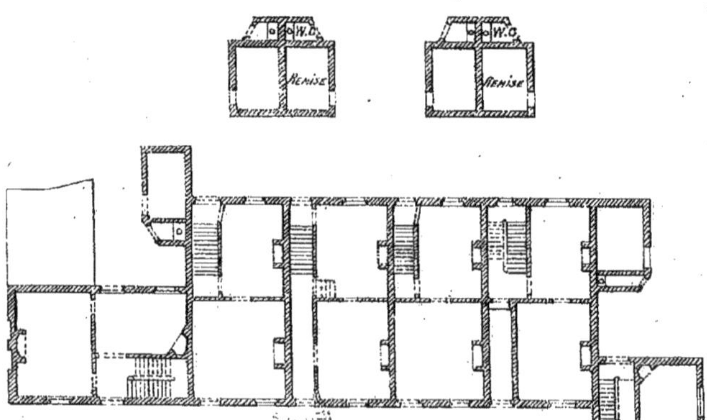

(CONSTRUCTIONS ÉDIFIÉES AU PARC DU CINQUANTENAIRE À BRUXELLES EN 1888.)

6

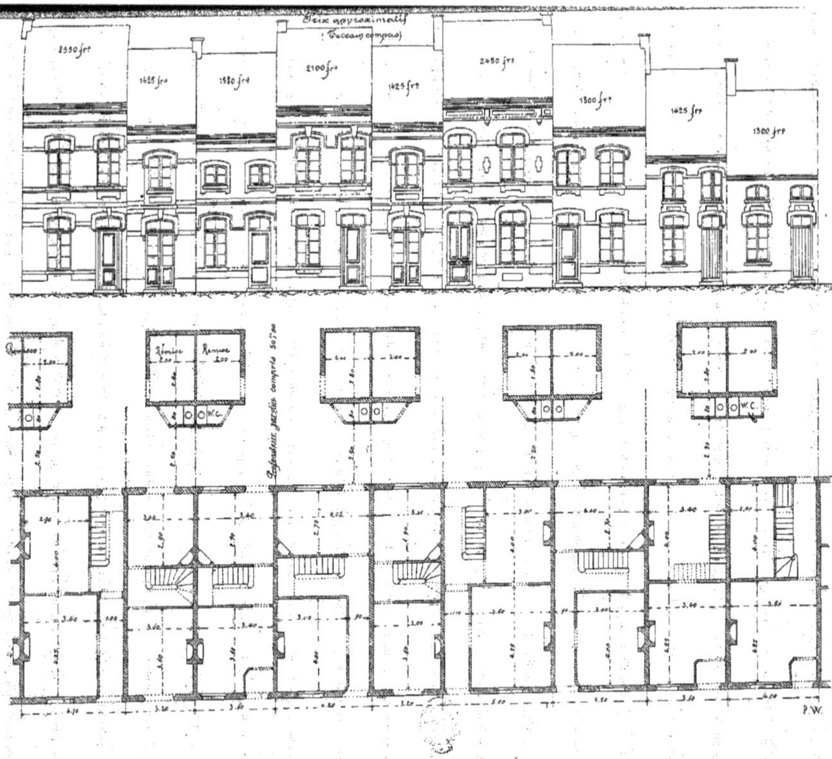

Prix approximatif
(Terrain compris)
2350 frs
1425 frs
1580 frs
2100 frs
1425 frs
2450 frs
1800 frs
1425 frs
1300 frs
W.C.
W.C.
P.W.

MM. les administrateurs de la Caisse d'épargne ont très favorablement accueilli nos ouvertures, ils se montrent on ne peut plus sympathiques à l'œuvre projetée et les négociations entamées nous démontrent que leur concours nous est entièrement acquis. Nous tenons à leur témoigner ici toute notre reconnaissance. Ils ont compris qu'il s'agissait en somme d'utiliser l'argent de l'épargne pour fortifier et propager l'esprit d'économie et d'ordre, tout en rendant cette épargne profitable et très fructueuse pour l'ouvrier, et c'est avec une réelle satisfaction que nous pouvons vous faire part que nous ne devons pas vous demander plus de 3 p. c. d'intérêt pour cette première opération.

Nous vous annonçons donc que nous allons mettre la main à l'œuvre et que ceux qui désirent obtenir une maison dans les conditions exceptionnellement avantageuses mentionnées plus haut et qui étaient inconnues jusqu'à présent, devront s'adresser à la Commission composée de 12 personnes, employés, maîtres-ouvriers et ouvriers de nos usines. Celle-ci prendra note de leur demande et est chargée de l'instruire.

Inutile de dire que ceux qui se sont fait remarquer par leur bonne conduite, leur esprit d'ordre et d'économie, seront les premiers inscrits.

Cette Commission s'entendra avec les ouvriers sur le genre de maisons que ceux-ci veulent se faire construire, la dépense à y affecter, la grandeur du jardin y attenant, en un mot, sur l'importance de la construction.

Aussitôt que celle-ci sera entièrement terminée et le coût établi, l'ouvrier recevra un livret qui contiendra la mention imprimée de toutes les conditions de la conversion ; on y inscrira tous les mois les sommes payées, le montant de l'amortissement et ce qui reste dû, de manière que l'ouvrier puisse se rendre compte de sa position mois par mois.

A côté du bien-être que cette maison ainsi acquise par l'ouvrier lui procurera, ainsi qu'à tous les siens, nous pourrions rappeler tous les avantages que l'ouvrier trouvera dans sa situation de petit propriétaire, avantages politiques et autres. Nous préférons pour le moment ne pas en parler et nous occuper uniquement d'améliorer sa condition matérielle et morale.

L. DE NAEYER.

Nous reproduisons ci-contre les dessins et plans des maisons édifiées par MM. De Naeyer à Willebroeck pour les ouvriers de leurs usines.

(A) Société anonyme de Marcinelle et Couillet, à Couillet.

Cette Société s'est également préoccupée de la question du logement. De même que diverses grandes sociétés métallurgiques, elle a construit des maisons ouvrières et les a mises à prix de revient à la disposition de son personnel.

Le prix de ces maisons, terrain compris, varie de 1,600 à 3,000 francs.

Un cinquième du prix et les frais d'actes du notaire sont payés comptant. Les quatre autres cinquièmes, ainsi que les intérêts des sommes restant dues, sont payés en huit annuités, au moyen d'une retenue faite sur le salaire de l'ouvrier.

L'intérêt des sommes restant à percevoir est calculé à raison de 4 p. c. l'an. L'ouvrier jouit de la faculté de faire des versements anticipés qui portent intérêt en sa faveur, à raison de 4 p. c. l'an.

Les ouvriers acquéreurs restent libres de leur travail, et la Société, de son côté, conserve la faculté de se priver de leur concours. Dans le cas où, pour un motif quelconque, ils cessent d'être au service de la Société, les versements n'en continuent pas moins comme par le passé; seulement, l'intérêt de 4 p. c. est porté, à dater du jour du départ, à 6 p. c. l'an.

Lorsque l'ouvrier justifie qu'il possède un terrain salubre, suffisamment grand, quitte et libre de toute charge, il peut s'adresser à la Société, qui y élève pour son usage une maison, dont le coût ne dépasse pas 2,600 francs.

Cette somme est remboursée à la Société suivant le mode indiqué ci-dessus.

La Société prend hypothèque sur les maisons vendues ou construites dans ces conditions, jusqu'à parfait payement des sommes dues.

En cas de décès de l'ouvrier, les sommes versées pour amortissement sont remboursées à la veuve, si elle le désire, et la maison est reprise par la Société de Couillet.

L'ouvrier ne peut pas revendre la maison avant de l'avoir intégralement payée.

La Société loue les maisons qu'elle possède, aux ouvriers, moyennant 8, 10 et 13 francs par mois, suivant la grandeur des maisons.

La Société a bâti 156 maisons et en a vendu 24.

ANNÉES.	COUT TOTAL, terrain compris, de la bâtisse de chaque groupe.	NOMBRE de personnes logées dans chaque groupe.	SURFACE BATIE.	NOMBRE DE MAISONS VENDUES.
1833	19 habitat. 20,680 00	101	731m²25	Néant.
1836	38 — 101,101 61	170	1,542 60	—
1836	7 — 16,127 62	48	304 20	—
1837	20 — 32,882 55	115	928 62	—
1865	13 — 33,000 00	58	697 12	—
1866	20 maisons. 36,000 00	132	696 83	—
1868	6 — 9,450 00	—	281 19	6 maisons.
1868	6 — 17,529 75	—	304 50	6 —
1871	1 maison. 3,000 00 (terrain non compris).	—	—	1 maison.
1872	1 — 2,942 00	—	—	1 —
1873	2 maisons. 7,455 00	—	—	2 maisons.
1873	25 — 45,838 80	155	1,148m²00	Néant.
1874	3 — 10,900 00	—	—	3 maisons.
1875	2 — 7,926 00	—	—	2 —
1881	1 maison. 3,090 45	—	—	1 maison.
1883	2 maisons. 9,098 15	—	—	2 maisons.

A) **Société des Charbonnages du Bois-du-Luc** (Bassin houiller du Centre), **Hainaut.**

La Société des charbonnages du Bois-du-Luc est la plus ancienne du bassin du Centre. Son contrat d'association date du 14 février 1685 [1].

[1] Extrait de la notice présentée à l'exposition d'économie sociale (Exposition universelle de Paris 1889), par l'administration de ladite Société.

Le 3 avril 1838, l'assemblée générale de la Société décidait de fonder une cité ouvrière dite Bosquet-Ville. Elle est donc une des premières qui se soient occupées du bien-être de la classe ouvrière.

Cette cité fort proprette, située en pleine campagne et dans un site fort salubre, est composée de 4 bataillons carrés formant un ensemble de 166 maisons.

Les rues ont 12 mètres de largeur; la rue axiale a 24 mètres de largeur.

La surface libre en dedans de chacun des carrés est de 6,600 mètres carrés pour deux d'entre eux et de 5,490 mètres carrés pour les deux autres.

Chacune de ces maisons a deux caves, deux pièces aux rez-de-chaussée et deux pièces à l'étage.

Les pièces du rez-de-chaussée ont 2^{m}85 de hauteur; la place ménagère cube 58^{m}935; la chambre à coucher, 30^{m}951.

Les pièces de l'étage ont 3 mètres de longueur; elles se composent d'une chambre à coucher de 55 mètres cubes et d'une mansarde de 26 mètres cubes.

Chaque famille occupe une maison.

Tous les ménages sont séparés.

Chaque famille a un jardin de 2 ares 50 centiares, mais peut louer à la Société, à bas prix, des parcelles de terrain en dehors de la cité.

La Société loue en plus à ses ouvriers, en groupes séparés, 169 habitations, dont 85 forment une ligne droite, scindées de 17 en 17 par des vides de 7 mètres; le restant est éparpillé à des distances de 400, 500 et 1,000 mètres de la cité principale.

Chacune de ces habitations possède un toit à porcs, un four est commun pour 7 maisons.

Les maisons de la cité principale, y compris les annexes, ont coûté 1,700 francs, et le taux de la location est de 8 fr. 50 c. par mois, gaz compris.

Les 85 maisons dont il a été parlé plus haut se louent 9 fr. 50 c. par mois, gaz compris; leur prix de revient a été de 2,200 francs; elles sont plus récentes.

Les maisons des autres groupes se louent de 5 à 8 francs, mais n'ont pas l'éclairage au gaz.

Le gaz est fourni à raison de 1 fr. 50 c. par mois et par habitation.

La famille (logeurs compris) [1] se compose de 5 1/2 personnes en moyenne;

---

[1] Nos ouvriers appellent logeurs ceux qui sont logés.

une famille peut prendre un ou deux logeurs, à la condition qu'ils travaillent pour la Société; sinon, le prix de location augmente de 3 francs par mois et par tête.

Lorsqu'un membre d'une famille quitte la Société pour aller travailler ailleurs, le prix de la location est aussi majoré de 3 francs.

La population ouvrière des 335 maisons est de 1,769 habitants.

Toutes les contributions sont payées par la Société.

La cité principale, dite Bosquet-Ville, est pourvue d'égouts et d'une distribution d'eau extraite spécialement à 105 mètres de profondeur; de plus, l'eau chaude provenant du condenseur d'une machine à épuisement de 300 chevaux de force est mise à leur disposition.

Des agents de la Société sont chargés de la surveillance de la propreté des habitations; celles-ci présentent un aspect de bien-être assez rare chez la classe ouvrière charbonnière.

Les ouvriers préfèrent habiter les bataillons carrés de Bosquet-Ville; c'est ce groupe de maisons qui est toujours le moins atteint en temps d'épidémie.

Les installations ouvrières de la Société sont complétées par une boucherie et une brasserie économiques.

La boucherie fonctionne depuis 1852 et a toujours produit des résultats avantageux.

A ce jour (avril 1889), la viande de toute première qualité y est vendue au prix coûtant de 1 fr. 40 c. le kilogramme.

Quant à la bière, elle est vendue aux ouvriers en dessous du prix de revient, c'est-à-dire à 9 centimes le litre. Ils en font une consommation annuelle de 250,000 litres. De même que la viande, elle se paye comptant.

Les ouvriers restent libres de s'approvisionner où il leur convient.

Ils s'associent pour l'achat en gros de pommes de terre et de farines.

La Société fait instruire gratuitement tous les enfants de ses ouvriers et leur délivre gratuitement les fournitures de classe.

La population des écoles est de 460 enfants. Il y a aussi des cours d'adultes.

Une caisse d'épargne fonctionne sous la responsabilité de la Société; l'intérêt est de 4 p. c.

Certains ouvriers retirent à un moment donné leur épargne pour acheter une parcelle de terrain et bâtir.

Le personnel ouvrier de la Société se compose de 1,550 personnes.

Le service sanitaire est assuré par 7 médecins, 3 chirurgiens et 5 pharmaciens.

La Société est affiliée à la caisse de prévoyance établie en faveur des ouvriers mineurs des houillères du Centre.

Enfin, un hospice, fondé en 1863, grâce à a générosité de feu M. le baron de Plumkett de Rathmore, reçoit les infirmes.

Les familles s'attachent à leurs demeures, et bien des générations se suivent dans ces maisons du Bois-du-Luc; toutes ces institutions philanthropiques, amenant le bien-être moral et matériel, ont fait des ouvriers du Bois-du-Luc une classe d'élite dont la Société a le droit d'être fière.

Société des Ardoisières de Warmifontaine (Luxembourg), A. Tack & Cie.

ANNÉES.	COUT TOTAL, terrain compris, de la bâtisse de chaque groupe.	NOMBRE de personnes logées dans chaque groupe.	SURFACE BATIE	NOMBRE DE MAISONS VENDUES
1870	1 groupe de 4 logements, 18,000 francs.	24	130 mètres carrés.	
1875	1 groupe de 2 maisons, 4,500 francs.	13	40 —	
1871	1 groupe de 12 logements, 22,000 francs.	60	620 —	
1877	3 groupes de 6 logements, 24,000 francs.	12	300 —	
1876	1 groupe de 3 logements, 9,000 francs.	18	180 —	
1888	1 groupe de 2 habitations, 4,000 francs.	9	54 —	
			1,324 mètres carrés.	

La majeure partie des constructions édifiées par MM. Tack et Cie datent de la constitution définitive de leur société, en 1875. Ils logent actuellement quarante ménages. Pour la confection des plans, ils se sont quelque peu inspirés des dessins du magnifique ouvrage de MM. Cacheux et Muller [1].

---

(1) *Les habitations ouvrières en tous pays.*

16 m.

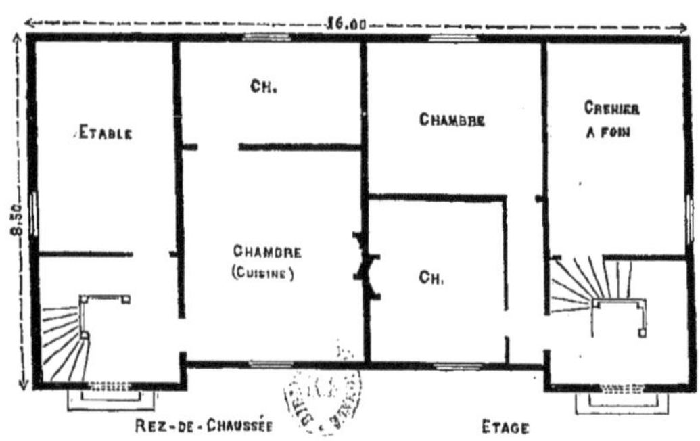
16.00
8.50
Etable
Ch.
Chamdre
(Cuisine)
Chambre
Ch.
Crehier
a foin
Rez-de-Chaussée
Etage

Généralement, leurs maisons sont construites par groupes de deux ou de quatre, séparées par des jardins.

La plupart des locataires jouissent d'un jardin, plus une pièce de terre d'un quart à un cinquième d'hectare pour la culture des pommes de terre.

Bon nombre des ouvriers occupés par la Société sont fils de cultivateurs et tiennent à nourrir vache et porc; on a donc joint des étables à un certain nombre de logements. Voir ci-contre un exemple de ce type.

Un groupe semblable loge généralement quatre locataires; chacun de ceux-ci dispose d'une cave, d'un grenier, de deux chambres et jardin d'un quart d'hectare; les locataires du rez-de-chaussée ont, en outre, une étable avec grenier à foin.

Le loyer est en moyenne de 7 fr. 50 c. par mois et par locataire. Ces logements suffisent aux petits ménages; lorsqu'ils sont composés des parents, de grands jeunes gens et de jeunes filles, ils occupent une maison entière, soit la moitié du groupe en question.

D'autres logements de la Société de Warmifontaine sont composés d'une grande cuisine au rez-de-chaussée, de deux pièces à l'étage, cave, grenier et jardin, et se louent de 9 à 10 francs par mois.

Tous les locataires sont ouvriers ardoisiers; les loyers sont retenus mensuellement sur leur salaire.

M. Rey aîné, à Ruysbroeck (Brabant).

Possède auprès de sa manufacture 100 maisons habitées par ses ouvriers. Les premières datent de 1851. Chacune d'elles est habitée par une seule famille.

Aucune n'est à vendre, mais le loyer ne dépasse pas les deux tiers de la valeur réelle. L'entretien ainsi que les contributions sont aux frais du propriétaire.

Chaque maison est pourvue d'un jardin.

Beaucoup d'ouvriers habitent dans les communes environnantes. Ils ont tous le droit de confier à la caisse leurs économies et de les y accumuler à 5 p. c. l'an. Ces économies leur servent, comme cela se produit fréquemment, à acheter un terrain et à y bâtir à leurs frais. En ce cas, M. Rey leur vient en aide en leur avançant personnellement, s'ils le méritent, le complément en argent dont ils ont besoin, sans exiger d'intérêt.

Le règlement d'ordre en vigueur dans les ateliers de cet établissement exerce une heureuse influence sur la moralité de la population ouvrière qui y est employée.

Les filles enceintes sont renvoyées, à moins qu'elles ne se marient. Si le séducteur est connu, il est soumis à la même condition.

(A) **Firme Antoine Van Genechten** (chef : M. De Somer-Van Genechten), à **Turnhout** (province d'Anvers).

Les maisons que cette firme loue à ses ouvriers industriels ou agricoles sont au nombre de 60.

Les plus anciennes ont été construites en 1839.

Chaque habitation est occupée par un seul ménage; s'ils le désirent, les locataires disposent d'un jardin et louent une partie des champs avoisinants.

Les chambres sont spacieuses et élevées, le loyer excessivement modéré; l'exploitation agricole que M. De Somer-Van Genechten possède à proximité de ses ateliers de fabrication rachète aux ouvriers les porcs qu'ils élèvent pour l'engraissement et leur fournit les pommes de terre nécessaires à leur approvisionnement, au prix coûtant. Ci-contre le dessin en élévation et plan de ces maisons.

Société anonyme des Usines de Wygmael lez-Louvain (Brabant).

(Ancienne firme E. REMY et Cie.)

Cette Société loue ses maisons ouvrières de 5 à 10 francs par mois. Ce prix étant fort modique, elle n'y admet que des ouvriers modèles et des ménages dans lesquels règnent l'ordre et l'économie.

Elle se préoccupe particulièrement de rendre les ouvriers propriétaires, et voici comment elle procède :

Les usines étant situées à la campagne, les ouvriers tâchent de bâtir à proximité des terres qu'ils ont en location; de là des constructions éloignées les unes des autres, ce qui est préférable sous tous les rapports.

Ils commencent par faire partie de la caisse d'épargne créée par la Société; elle leur alloue 5 p. c. d'intérêt.

Au bout de quelques années, ils achètent un terrain et la Société leur avance de l'argent pour la construction de leur maison, qui comprend ordinairement

Type des maisons ouvrières de la firme Antoine Van Genechten
(chef : M. De Somer-Van Genechten), à TURNHOUT (province d'Anvers).

PLAN DU TERRAIN.

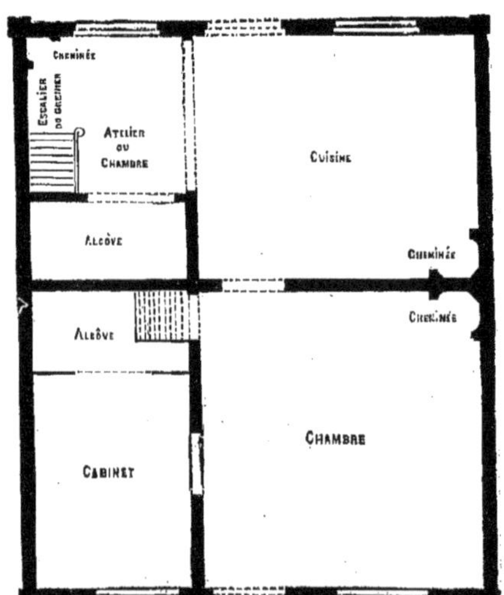

Échelle de 1 centimètre.

étable et grange. Ces sommes prêtées sont amorties au moyen de la caisse d'épargne.

Ce système, suivi depuis bientôt 20 ans, a donné d'excellents résultats, puisque les trois-quarts des 700 ouvriers que la firme emploie sont propriétaires de leur maison ou en voie de le devenir.

A) Société anonyme des Charbonnages de Mariemont. — Société charbonnière de Bascoup.

ANNÉES.		NOMBRE de maisons.	COUT TOTAL de la bâtisse, terrain compris.	SURFACE BATIE.	NOMBRE de personnes logées.	NOMBRE DE MAISONS VENDUES.
MARIEMONT	1840 1874 1888	305	1,000,000	1 h. 50 a.	1,760 environ	En dehors de ces cités, 20 p. c. des ouvriers adultes sont propriétaires de leurs maisons.
BASCOUP.	1840 1878 1888	284	1,000,000	1 h. 35 a.	1,600 environ.	Id.

Les premières maisons ouvrières bâties par ces sociétés datent de 1840; depuis, elles en ont bâti de nouvelles en raison du besoin de la population ouvrière occupée aux charbonnages, et notamment en 1874, 1878 et 1888.

La surface bâtie — non compris les jardins — est de 1 hectare 50 ares pour la Société de Mariemont et de 1 hectare 35 ares pour la Société de Bascoup.

Le coût total des bâtisses s'élève pour la première à 900,000 francs, et le terrain peut être évalué à 100,000 francs; quant à la deuxième, ces dépenses sont évaluées à 800,000 francs pour les constructions et 200,000 pour les terrains.

Les dernières maisons bâties à Mariement ont coûté 3,300 francs l'une, terrain compris; celles de Bascoup, 3,800 francs.

Elles sont toutes occupées par un seul ménage.

Le mode de payement du loyer adopté est la retenue mensuelle sur le salaire.

Tous les locataires sont houilleurs, porions, mécaniciens, chauffeurs et surveillants; ils sont au nombre de 274 pour Mariemont, et leurs familles comptent en moyenne 5 9/10 personnes. Bascoup compte 268 locataires avec un effectif moyen de 5 8/10 personnes par famille.

Le prix de location est d'environ *6 fr. 50 c.* par mois, y compris celui du gaz.

Ces maisons présentent d'excellentes conditions d'hygiène et de confort; elles ne sont pas concentrées ni disposées en bandes, mais éparses aux environs des sièges d'exploitations par groupes de 4 ou 6, quelquefois 12, ou disséminées dans les rues des communes. Elles sont toutes construites d'après le même type uniforme : la porte au milieu, une fenêtre de chaque côté, trois à l'étage; au rez-de-chaussée, une grande chambre commune, une plus petite chambre et une laverie; à l'étage, il y a une chambre devant et une derrière; sous les combles, le grenier. De chaque maison dépendent une cour et de grands jardins où sont aménagées les dépendances. L'eau de puits est distribuée au moyen d'un nombre suffisant de pompes; il y a un four pour 8 ménages.

Les Sociétés de Mariemont et Bascoup cherchent à rendre l'ouvrier propriétaire en lui facilitant, soit l'achat, soit la construction de maisons (en dehors des cités), par des avances qu'il rembourse à l'aide de retenues faites sur son salaire et sans intérêt. 20 p. c. des ouvriers adultes sont devenus de la sorte propriétaires de leur maison.

Quant aux maisons des cités, elles sont accordées sur un rapport favorable du chef de la division dont l'ouvrier fait partie; elles sont fort recherchées et leur obtention constitue une faveur accordée aux plus méritants.

Vu la modicité du loyer, l'ouvrier peut accroître son épargne de la différence de ce dernier, à celui qu'il eût dû payer pour un logement à peu près semblable n'appartenant pas aux charbonnages.

L'établissement du gaz dans les maisons, l'enlèvement des immondices dans les cités, le badigeonnage extérieur et la peinture des maisons ouvrières, sont à charge des administrations des Sociétés.

La tenue des immeubles est soumise à un règlement (annexe VII) dont l'inobservance entraîne l'exclusion du locataire.

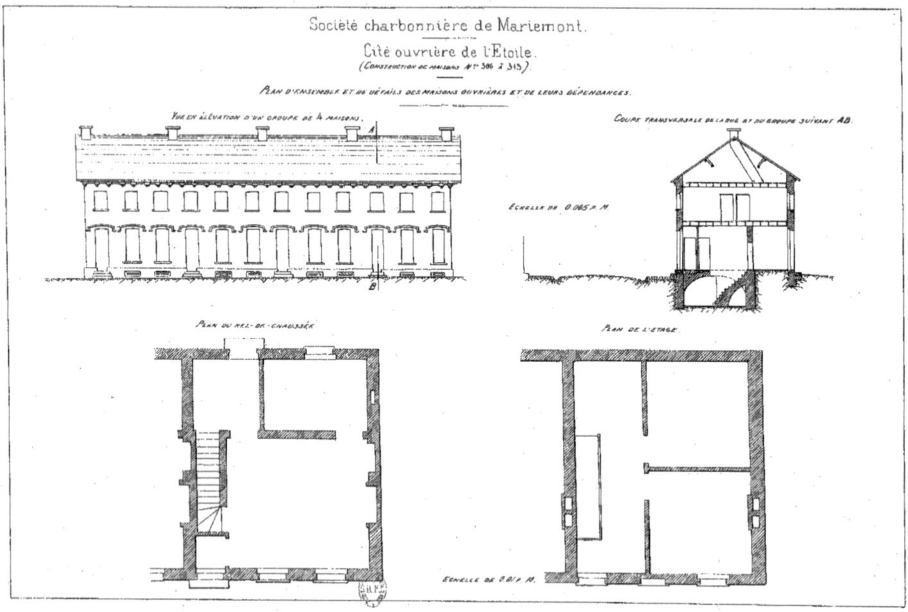

Société charbonnière de Mariemont.
Cité ouvrière de l'Etoile.
(Construction de maisons Nos 306 à 313)
Plan d'ensemble et de détails des maisons ouvrières et de leurs dépendances.
Vue en élévation d'un groupe de 4 maisons.
Coupe transversale de la rue et du groupe suivant AB.
A
B
Echelle de 0.005 p. M.
Plan du rez-de-chaussée
Plan de l'étage
Echelle de 0.01 p. M.

Société anonyme des Charbonnages et Hauts fourneaux d'Ougrée.

La Société possède *une cité ouvrière* comportant 29 maisons, qu'elle a fait construire en 1873, à une distance de 700 ou 800 mètres de l'usine.

Chaque maison dispose d'un jardin dont la superficie varie de 250 à 400 mètres carrés. Elle jouit en outre d'une petite annexe comprenant une porcherie et un cabinet d'aisance.

Pour 8 maisons, il y a un fournil et une bonne fontaine; toutefois, elles ne sont pas groupées uniformément. Il y a des groupes de 2, de 3 et de 4 habitations. Il y a aussi des maisons isolées.

La nécessité de loger de grands et de petits ménages a amené l'adoption de deux types de maisons sous le rapport du nombre de pièces; ces dernières ont en moyenne 16 mètres carrés; elles descendent rarement à 11 et atteignent quelquefois 19 mètres carrés.

L'un des types présente deux pièces au rez-de-chaussée, deux à l'étage, une mansarde et un grenier, ainsi que deux caves. Il peut suffire à une très grande famille et se loue 15 francs par mois.

L'autre type dispose d'une pièce au rez-de-chaussée, d'une pièce à l'étage, d'une mansarde et d'une cave. Il est loué 12 francs par mois.

Parmi les maisons du grand type, un tiers permettent aux locataires de tenir des ouvriers en logement. Elles ont, pour cet usage, une chambre spéciale mesurant $3^{m}55$ sur $5^{m}55$ et divisée en trois chambrettes par des cloisons à hauteur d'homme. Le volume d'air dont cette pièce dispose est de 54 mètres cubes, soit 18 mètres cubes par chambrette.

Indépendamment de cette cité, la Société est propriétaire d'un grand nombre de maisons d'ouvriers et d'employés.

Elle en possède en tout 134.

Un règlement apposé dans chaque habitation fait connaître aux locataires les mesures d'ordre auxquelles ils doivent se conformer.

L'observance de ce règlement est constatée notamment par des recensements effectués régulièrement chaque mois par un employé spécial; les résultats sont inscrits dans un registre dont chaque page correspond à une maison.

Toutes les maisons sont louées au mois.

Le nombre des ouvriers en logement est en rapport avec les dimensions des maisons et peut toujours être fixé par la Société.

Sous ce rapport, les habitations sont réparties en 5 classes :

La classe A comprend les maisons disposant d'une chambre à l'étage. Ces maisons peuvent recevoir 3 personnes ou une famille composée du père, de la mère et de 2 ou 3 enfants.

La classe B comprend les maisons qui disposent de 2 chambres à l'étage, ou de 2 chambres mansardées, ou d'une chambre et une mansarde. Ces habitations sont pour 4 personnes ou pour une famille comprenant père, mère et 3 ou 4 enfants.

La classe C comprend les maisons disposant de 2 chambres à l'étage et d'une mansarde. Ces maisons peuvent recevoir 5 personnes ou une famille composée du père, de la mère et de 5 ou 6 enfants.

La classe D est formée des maisons qui ont 2 chambres et 2 mansardes. Elles peuvent être habitées par 6 personnes ou par une famille comprenant père, mère et 6 ou 7 enfants.

La classe E comprend les maisons qui disposent de 2 chambres, 2 chambrettes et une mansarde ou d'une chambre, 3 chambrettes et une mansarde. Ces maisons sont pour 7 personnes ou pour une famille formée du père, de la mère et de 8 à 10 enfants.

Il est interdit de sous-louer, de tenir cabaret, de badigeonner les façades, de construire des hangars.

Chaque année, au 1er septembre, il est décerné 12 à 15 prix, de 10 à 25 francs chacun, aux locataires des maisons les mieux tenues, eu égard à l'importance de la famille, au nombre d'enfants et à celui des ouvriers en logement.

Le loyer des maisons est retenu sur le salaire, il varie de 6 à 15 francs par mois.

Les maisons de la *cité* ont coûté 4,500 à 5,500 francs, sans y comprendre la valeur du terrain. On ne s'est préoccupé que des conditions d'hygiène, et nullement de la possibilité de les céder aux occupants, les prix en étant trop élevés.

Lorsqu'une maison de la Société est à louer, les amateurs se font inscrire. Au bout de quelques jours, la direction de la Société fait un choix parmi les demandes en tenant compte de l'ancienneté de l'ouvrier à l'usine, de sa conduite et des habitudes d'ordre de la famille. Souvent une vraie émulation s'établit entre les solliciteurs, l'octroi de la maison étant considéré comme une faveur.

La contribution foncière et la contribution personnelle sont payées intégralement par la Société.

Plan de la cité ouvrière du Charbonnage du bois de Micheroux à Soumagne.

CONTENANCE DU TERRAIN OCCUPÉ PAR LA CITÉ OUVRIÈRE 6012 MÈTRES CARRÉS OU 60 ARES 12 CENTIARES.

ECHELLE; 1:2000.

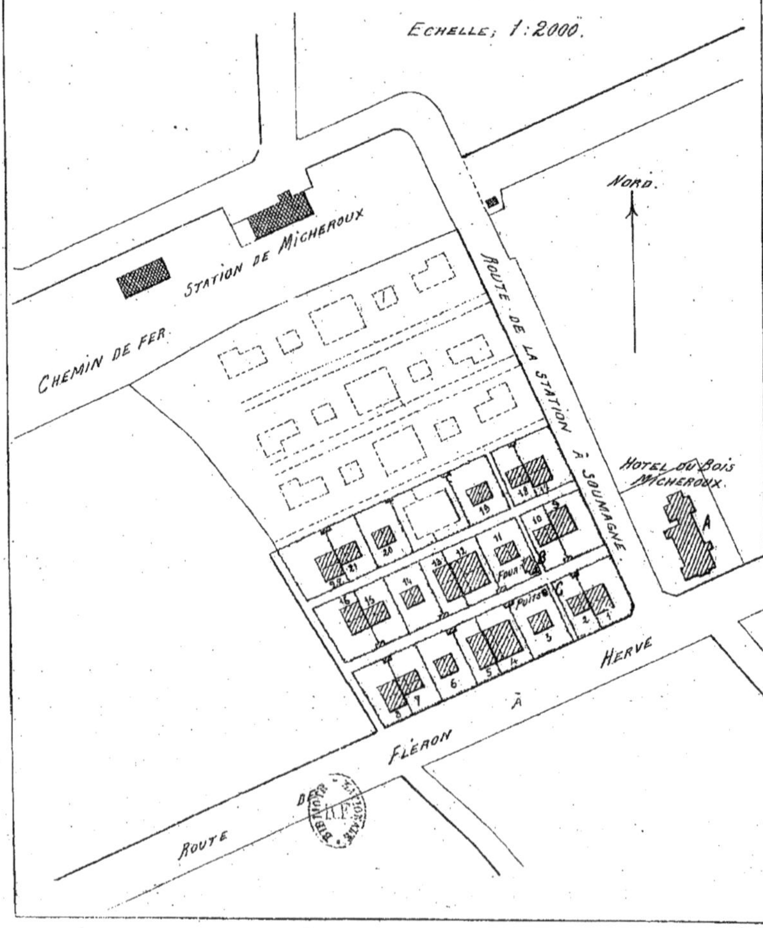

Charbonnage du Bois de Micheroux, à Soumagne (province de Liége).

La cité ouvrière du charbonnage du Bois de Micheroux, à Soumagne, mérite une mention spéciale, tant pour l'architecture originale et le mode de groupement judicieux de ses maisons, que pour les bonnes conditions d'hygiène et de confort qu'on y a réalisées. Le nombre de maisons qu'elle renferme est de 22, chacune occupée par un ménage.

Elles ont été construites par M. le comte d'Oultremont de Warfusée, pendant les années 1869, 1870, 1871 et 1872; depuis sa mort (1876), elles sont, ainsi que le charbonnage, la propriété indivise de ses enfants.

Les habitations isolées ou groupées par deux — ainsi que l'indique le plan — sont entourées de jardins. Elles comprennent deux types différents par leur distribution intérieure : les uns présentent deux pièces au rez-de-chaussée et autant à l'étage; les autres trois, à chaque étage. Les familles trouvent ainsi des logements en rapport avec le nombre d'individus qui les composent; il varie de 4 à 9 personnes.

L'ensemble de la population est de 127 personnes, pour lesquelles on compte annuellement en moyenne un mariage, deux naissances, un décès.

Ces maisons ne peuvent pas être acquises par les ouvriers ; elles leur sont louées à raison de 10 francs par mois, ce qui constitue un prix de faveur, sur lequel le charbonnage doit encore bonifier 1 fr. 75 c. par mois au propriétaire.

Elles sont régulièrement inspectées une fois par mois par un employé du charbonnage.

Les habitants de cette cité se font remarquer par leur moralité et leur assiduité au travail.

Dans le principe, deux de ces maisons formaient un hôtel administré par un mineur qui avait 40 ouvriers sous sa direction, mais cette entreprise n'ayant pas donné de résultats satisfaisants, les constructions furent converties et louées à des ménages.

L'hôtel proprement dit, situé au point *A* du plan, devait servir primitivement de magasin aux denrées; c'est aujourd'hui un café-restaurant fort utile aux ouvriers de ce charbonnage, quelque peu éloigné des agglomérations habitées. Ajoutons qu'au milieu de la cité se trouve un four et un puits communs. La surface occupée est de 6,012 mètres carrés.

Société anonyme des Charbonnages du Hasard, à Trooz (province de Liége).

Les fosses de cette Société sont à de grandes distances des centres populeux du pays de Herve.

On ne rencontre dans le voisinage de Micheroux ni magasins pour alimenter l'ouvrier, ni maisons pour le loger lui et sa famille; les quelques auberges disséminées dans les environs demandent, par suite de l'absence de concurrence, des prix exorbitants pour donner une mauvaise nourriture au mineur célibataire et lui fournir un méchant grabat, grossièrement installé dans une chambre malsaine (1).

Il fallait, sous peine de voir le charbonnage du Hasard arrêté dans son élan, sortir à tout prix de cette situation fâcheuse pour l'ouvrier, fâcheuse pour l'établissement.

La Société a donc construit des maisons sur un espace de 2 hectares environ; au lieu de diviser le terrain régulièrement en y traçant des rues droites et en y formant des carrés, elle l'a découpé en massifs irréguliers que contournent des chemins; au milieu de chaque massif, qu'entoure une haie bien plantée, se trouve un groupe de quatre maisons, avec une sortie distincte et séparée pour chacune d'elles.

Chaque maison possède un jardin de 300 à 400 mètres carrés, que l'ouvrier mineur a l'obligation de cultiver.

Le groupe de quatre maisons coûte environ 10,000 francs, terrain compris, soit 2,500 francs par maison; elles sont louées à la quinzaine, sans bail, à des prix variant de 3 à 5 francs.

La cherté des denrées, résultant de l'absence de commerce, et le manque de mobiliers étaient cause que l'ouvrier ne se hâtait pas d'habiter ces maisons; il fallait donc prendre des mesures spéciales pour amener l'ouvrier aux travaux du Hasard.

C'est ainsi qu'est venue l'idée de construire un hôtel pour ouvriers : l'*hôtel Louise*.

Ce vaste bâtiment a été inauguré en 1872; il a 1,000 mètres de superficie; il peut contenir, outre le personnel attaché à l'établissement, 200 ouvriers mineurs.

Tout y est combiné pour le confort du travailleur; on trouve au rez-de-chaussée le café, le réfectoire pour 100 personnes, la cuisine, la boulangerie, les bains et lavoirs, la lingerie, le magasin de denrées alimentaires et d'habillements, la bibliothèque populaire.

---

(1) Extrait de la *Notice sur le charbonnage du Hasard, à Micheroux*, par M. J. d'Andrimont.

Une machine à vapeur amène l'eau de citerne et l'eau de puits dans deux réservoirs situés sous les combles et la distribue à profusion à tous les étages.

L'hôtel est éclairé au gaz de pétrole.

Les ouvriers sont logés au 1er et au 2e étage, seuls, à deux ou trois par chambrette, mais chacun dans un lit particulier; ces chambrettes, séparées les unes des autres par des cloisons en sapin, sont installées dans de grandes et vastes salles de 5 mètres de hauteur et parfaitement aérées; la cloison, qui n'a que 2m50 de hauteur, ne descend pas jusqu'au sol; on y a laissé un vide de 20 centimètres pour que les poussières ne s'accumulent pas dans les coins et que la brosse, cet agent de propreté, puisse circuler partout.

Le mobilier de chaque chambrette se compose d'un lit en fer, d'une paillasse et d'un matelas en varech, d'une paire de draps de lit, en toile, de deux couvertures de laine en été et de trois en hiver, d'une chaise et d'une armoire. Le mobilier de chaque chambrette revient à 100 francs.

L'ouvrier qui désire prendre sa pension à l'hôtel s'adresse au directeur des travaux du charbonnage, qui lui délivre un livret sur lequel sont inscrits son nom, sa qualité et son salaire moyen; il se présente ensuite à l'hôtel Louise muni de ce livret, sur lequel on notera, non seulement sa dépense journalière, mais encore la liste et le prix des objets dont il s'approvisionnera au magasin, et dont on percevra le montant sur le produit de sa prochaine quinzaine.

Le prix de la pension est de 1 fr. 20 c. par jour, pour son logement, sa nourriture et le lavage de son costume de travail.

Voici quelle est la vie de l'ouvrier dans l'hôtel :

A 5 heures du matin, on sonne la cloche : l'ouvrier se lève; il déjeune d'une énorme jatte de café et de 300 grammes de pain beurré; il prend, pour consommer dans le fond de la mine, une seconde tartine de 300 grammes et il remplit son bidon de café. Il se rend ensuite à la fosse, qui n'est éloignée que de 200 mètres.

A 2 heures, il remonte au jour, noir et couvert de poussière; il se rend directement aux lavoirs, réclame au guichet de la lingerie les vêtements propres portant son numéro, ainsi qu'un essuie-mains, et il se retire dans une cabine de 2 mètres de long sur 2 mètres de large; il y trouve ce qu'on appelle en wallon une *tinne* remplie d'eau chaude et dans laquelle il se lave des pieds à la tête; puis il fait avec ses vêtements salis un paquet qu'il enveloppe de l'essuie-mains et qu'il jette dans une trappe communiquant avec la buanderie.

Là, les vêtements sont introduits dans une laveuse rotative cubique, remplie d'une solution de soude et de savon, mue par la vapeur; on retire les vêtements de la laveuse au bout de 20 minutes pour les plonger dans le bac de rinçage; ensuite ils passent à l'essoreuse, et de là au séchoir à air chaud; quelques heures après, les vêtements qui ont subi toutes ces opérations se trouvent élevés, au moyen d'un monte-charge, à la lingerie, dans un état complet de propreté et parfaitement classés.

Dès que l'ouvrier a fait sa toilette, il se rend frais et dispos au réfectoire pour y dîner. Les deux repas du matin lui ont coûté chacun 20 centimes, celui-ci lui en coûte 45; notons en passant qu'il ne paye que les repas qu'il consomme. Le menu du dîner se compose de : 1/2 litre de bouillon, 125 grammes de viande, 800 grammes de pommes de terre et de légume, 100 grammes de pain et un 1/2 litre de bière de saison. Le dîner varie chaque jour.

Après le dîner, l'ouvrier emploie son temps comme il l'entend. Pour se distraire, il dispose du café, des dominos et des cartes; de la bibliothèque populaire, des journaux belges et étrangers, mis gratuitement à sa disposition.

A 8 heures, l'ouvrier soupe (coût 20 centimes) d'une bonne portion de pommes de terre et de légumes, ou d'une tasse de café et d'une tartine de 300 grammes. La salle de café est fermée à 9 heures en hiver, à 10 heures en été.

Une école du soir pour adultes est annexée à l'établissement.

La Société a également établi un *Casino* où les ouvriers se réunissent le soir pour se distraire; les *Fanfares des Charbonnages du Hasard*, composées de 50 exécutants, s'y font entendre plusieurs fois par semaine.

L'esprit qui anime les pensionnaires de l'hôtel Louise est excellent; quand l'un d'entre eux cause de la perturbation, ils le signalent à l'économe, qui de suite lui donne congé.

Voici quels sont les divers groupes de maisons isolées édifiées par la Société des charbonnages du Hasard :

Cité de Micheroux	36	maisons.
Cité des Trois-Chênes	22	—
Au Hasard	2	—
A Solwaster	6	—
Au Laid Broly	3	—
Aux Trois-Chênes	2	—
A Melen	4	—
Au Bay-Bonnet	4	—
A Prayon.	2	—
Le deuxième hôtel transformé en 1884 . .	12	—
Total. . . .	93	maisons.

Chaque semaine, un employé du charbonnage inspecte les habitations et fait rapport sur l'état d'entretien de chacune d'elles. En cas d'inobservance du règlement, il peut infliger des amendes variant de 2 à 10 francs.

ANNÉES.	CONSTRUCTIONS ÉDIFIÉES.	COUT TOTAL de la bâtisse, terrain compris.	NOMBBE de personnes logées.	SURFACE BATIE.	MAISONS VENDUES.
1870 1875	Un hôtel et 93 maisons.	422,500 francs. *N. B.* — Non compris l'école, le Casino, etc.	Environ 500	2 hectares.	0

Usines et Mines de houille du Grand-Hornu, près Mons.

L'établissement du Grand-Hornu (l'un des plus anciens et des plus remarquables du royaume), avec toutes les dépendances qu'il comprend, a été fondé en 1810 par M. De Gorge-Legrand. Il est aujourd'hui administré par M. Firmin Rainbeaux.

L'exploitation de la houille était le principal but du fondateur; il a adjoint à ses mines un atelier de construction de machines à vapeur englobé dans l'établissement.

Une cité ouvrière de 550 *maisons* entoure les chantiers. Elles ont au minimum 51 mètres carrés de superficie, quelques-unes 62.

Elles ont coûté environ 3,000 francs l'une.

L'ouvrier y trouve un logement sain et peu coûteux.

Un hôpital et des maisons d'éducation pour les filles et pour les garçons sont annexés à l'établissement. Enfin, un médecin et un pharmacien, dont le domicile se trouve au milieu de l'agglomération, donnent leurs soins gratuitement à tous ceux qui habitent la cité.

Les maisons sont juxtaposées et forment rue; elles sont toutes à étages et pourvues de jardins; environ 3,000 personnes y sont logées, un ménage par maison.

Le loyer moyen est de 2 fr. 40 c. par semaine, déductibles du salaire de l'occupant.

Pendant les bonnes années, l'administration a cédé aux ouvriers économes des terrains sur lesquels ils ont construit.

Grâce à l'établissement de cette cité, *le Grand-Hornu* a toujours été à l'abri des grèves ou mouvements d'ouvriers.

La moralité y est meilleure qu'ailleurs et les ménages irréguliers y sont une rare exception.

En 1888, les naissances y ont été de 101, les décès de 51 et il y a eu 30 mariages.

Société du Grand-Buisson, à Hornu, près Mons (Mines de houille).

Les premières maisons construites par cette Société datent de 1876. Elle en possède aujourd'hui 83.

Toutes sont faites pour un seul ménage.

Chacune de ces habitations vaut plus de 4,000 francs, sans le terrain.

Le loyer hebdomadaire est de 2 fr. 30 c., représentant 3 p. c. de la valeur du capital employé à la construction.

La Société ne s'est pas préoccupée de l'acquisition éventuelle de ces maisons par les ouvriers, à cause de leur prix élevé et des avantages qu'elle leur fait. Ces maisons sont salubres; la plupart des ouvriers les entretiennent proprement; les maladies infectieuses ou épidémiques ne s'y propagent pas.

Les familles locataires sont recrutées parmi celles d'ouvriers moraux et tempérants, sous le contrôle de la direction.

Ces familles s'attachent généralement à leur demeure; la facilité du recrutement des locataires paraît résulter, nous dit-on, de la dissémination des habitations par petits groupes de six maisons au plus.

Toutes les maisons sont régulièrement inspectées chaque semaine par les gardes particuliers du charbonnage; de plus, l'agent chargé du service de la surface y fait plusieurs visites par an.

Chaque ménage dispose d'un jardin.

Une institutrice gardienne tient la classe pour les enfants de moins de six ans des locataires; elle est rétribuée par la Société.

Les chauffours (charbons sales) sont uniquement délivrés aux ouvriers du charbonnage habitant les maisons, à un prix souvent inférieur au prix de revient.

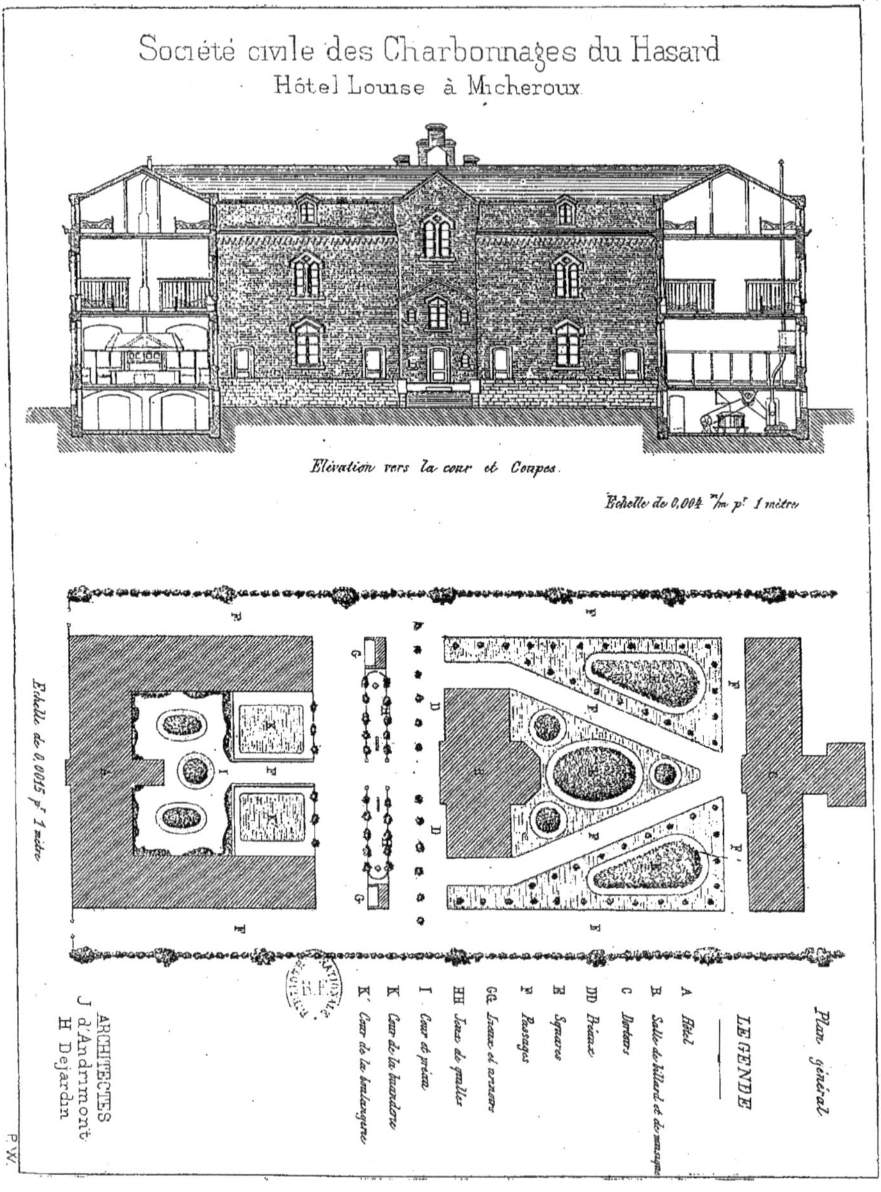
Société civile des Charbonnages du Hasard
Hôtel Louise à Micheroux
Élévation vers la cour et Coupes.
Echelle de 0,004 m/m pr 1 mètre
Echelle de 0,0015 pr 1 mètre
Plan général
LEGENDE
A Hôtel
B Salle de billard et de
C Dortoirs
DD Préaux
E Squares
F Passages
GG et urinoirs
HH Jeux de
I Cour et préau
K Cour de la buanderie
K' Cour de la boulangerie
ARCHITECTES
J d'Andrimont
H Dejardin
P.W.

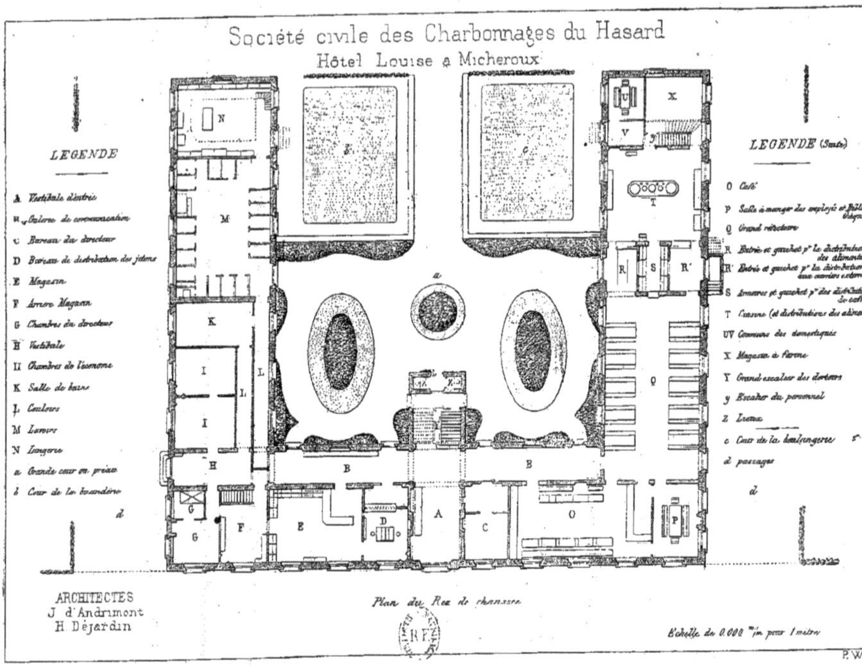
Société civile des Charbonnages du Hasard
Hôtel Louise à Micheroux
LEGENDE
A Vestibule d'entrée
B Galerie de communication
C Bureau du directeur
D Bureau de distribution des jetons
E Magasin
F Arrière Magasin
G Chambres du directeur
H Vestibule
II Chambres de l'économe
K Salle de bains
L Couloirs
M Lavoirs
N Lingerie
a Grande cour ou préau
b Cour de la buanderie
LEGENDE (Suite)
O Café
P Salle à manger des employés et Bibliothèque
Q Grand réfectoire
R Entrée et guichet pr la distribution des aliments
R' Entrée et guichet pr la distribution aux ouvriers externes
S Armoires et guichet pr des distribution de café
T Cuisine (et distributions des aliments
UV Communs des domestiques
X Magasin à farine
Y Grand escalier des dortoirs
y Escalier du personnel
Z Lieux
c Cour de la boulangerie
d passages
ARCHITECTES
J. d'Andrimont
H. Déjardin
Plan du Rez de chaussée
P. W.

Syndicat des Tanneurs de Stavelot.

Il y a une dizaine d'années, par suite de démolitions et de reconstructions de luxe, les logements d'ouvriers étaient devenus rares à Stavelot. Pourtant, la tannerie des cuirs forts, qui est l'industrie de cette ville, nécessite peu d'ouvriers. Cinq propriétaires s'entendirent pour édifier, à frais communs, des habitations ouvrières. Deux groupes, l'un de douze, l'autre de huit maisons, furent construits sur un terrain communal obtenu à bon marché. Chaque maison a son jardin.

Le premier groupe, trop luxueux, convient plutôt à des rentiers; le second est plus modeste.

Chaque unité contient une cave, trois chambres au rez-de-chaussée, et un grenier plafonné et divisé en chambres. Le prix locatif est de 5 à 6 francs par mois, suivant qu'il est payé par un ouvrier du propriétaire ou par une autre personne.

Ces maisons ne sont pas à vendre. A proximité de celles-ci, sur le même terrain communal, quatre ménages d'ouvriers se sont construit des maisons.

(A) Société Cockerill, à Seraing.

Cette Société a résumé les renseignements relatifs à ses installations ouvrières dans une brochure spéciale.

ANNÉES.	COUT TOTAL, terrain compris, de la bâtisse de chaque groupe.	NOMBRE de personnes logées dans chaque groupe.	SURFACE BATIE	NOMBRE DE MAISONS VENDUES
18.	25,000	43	860 mètres carrés.	
1872-73	222,650	280	8,386 —	
18..				
18 .				
18..				
18..				

Société anonyme du Charbonnage de Hornu et Wasmes, près Mons.

Cette Société possède 78 maisons ouvrières, qu'elle a bâties en 1858. Elles sont toutes pour un ménage; elles forment deux séries de trois rangées parallèles, contenant chacune 13 maisons; les deux séries sont placées en regard de côté et d'autre de la même route.

Le payement du loyer est hebdomadaire : le prix est de 2 fr. 10 c.

Les maisons sont inspectées régulièrement toutes les semaines par les soins de la Société. Chaque ménage dispose d'un jardin de plus d'un are.

Une distribution spéciale alimente chaque ménage de l'eau nécessaire à tous les besoins domestiques.

Dans l'immeuble est réservée, pour l'un des docteurs chargés du service de santé de la Société, une salle dans laquelle est donnée, tous les jours, la consultation gratuite.

Société anonyme des Charbonnages-Unis de l'Ouest de Mons, à Boussu.

Cette Société dispose de 336 maisons, toutes pour un ménage. Leur prix de location est de 4 à 10 francs, suivant l'importance des installations.

Les locataires jouissent d'un don de charbon de quatre hectolitres par mois, ce qui représente pour la Société une valeur annuelle de 4,225 francs.

Un subside de 3,000 francs est alloué chaque année pour l'instruction des enfants d'ouvriers.

ANNÉES.	COUT TOTAL, TERRAIN COMPRIS, des bâtisses.	NOMBRE de personnes logées.	SURFACE BATIE	NOMBRE DE MAISONS VENDUES
1884	330 maisons, 686,400 fr.	1,630	2 hectares 74 ares.	
1885	330 — 686,400 —	1,620	2 — 74 —	
1886	331 — 688,480 —	1,650	2 — 75 —	
1887	334 — 694,720 —	1,706	2 — 78 —	
1888	336 — 698,880 —	1,695	2 — 80 —	
1889	336 — 698,880 —	1,716	2 — 80 —	

Habitations ouvrières appartenant à la Société des Produits, à Flénu.

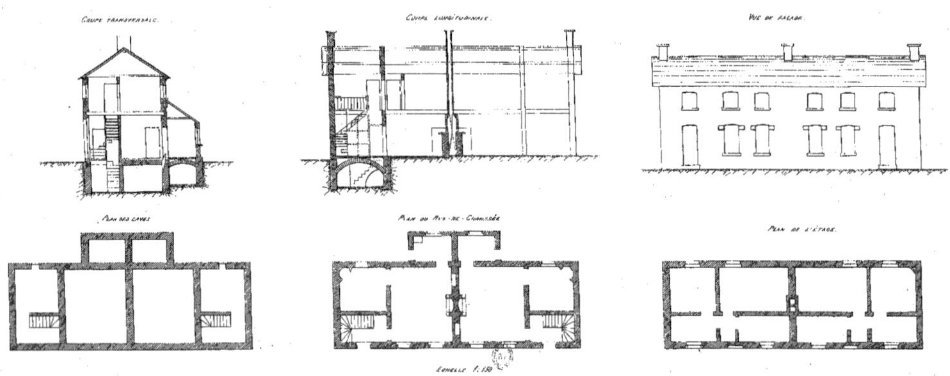

Société anonyme du Charbonnage des Produits, à Flénu (Hainaut).

Cette Société possède 40 maisons ouvrières pour un ménage; elles ont été construites en 1876; elles sont toutes à étage, et les chambres en sont spacieuses.

Le loyer de 2 francs par semaine est payable mensuellement.

Toutes ces maisons sont inspectées régulièrement tous les trimestres par un délégué de la Société.

Chaque ménage dispose d'un jardin d'environ 2 1/2 ares.

La location de ces maisons est très difficile; les ouvriers ne les occupent pas; l'administration de la Société attribue cette répugnance à ce que l'ouvrier n'aime pas à se soumettre à l'obligation du payement régulier et mensuel de son loyer.

La reproduction du plan détaillé de ces maisons ouvrières nous dispense de leur description.

Société anonyme des Cristalleries du Val Saint-Lambert.

Cette Société possède 186 logements d'ouvriers, dont 111 sont situés dans l'enceinte même de l'établissement du Val.

Tous sont pourvus de jardins.

En 1874, elle a fait construire dans la campagne d'Yvoz, à une distance de 20 minutes de l'établissement, 16 maisons groupées par 2; quatre groupes sont à un étage, quatre à deux; toutes ont un jardin de 436 mètres carrés et une cour. L'architecture variée de ces constructions est fort agréable.

Les maisons à un étage comprennent quatre grandes pièces et coûtent 18 francs par mois; les maisons à deux étages en contiennent six et coûtent 25 francs par mois. Elles répondent à toutes les exigences de salubrité, de confort et de moralité.

Société anonyme de la Providence (Laminoirs, Hauts fourneaux, Forges, Fonderies et Usines), **Marchienne-au-Pont** (Hainaut).

Les maisons ouvrières de la Société de la Providence ont été construites dans le but de loger les ouvriers habitant les localités éloignées des chemins de fer, qui ne peuvent retourner chez eux que le dimanche.

Ces ouvriers arrivent aux usines le lundi matin et retournent le samedi soir dans leurs familles.

Les maisons leur sont louées meublées.

Le type de construction est celui de quatre habitations réunies sous un même toit. Chaque habitation se compose de deux places, l'une au rez-de-chaussée, l'autre à l'étage, prenant jour sur deux façades parallèles du bâtiment.

Chacune de ces maisons a en outre une petite cave et possède son entrée indépendante.

La pièce du rez-de-chaussée est pourvue d'une armoire dans le mur et d'une cheminée placée dans l'encoignure formée par les deux cloisons.

Le mobilier d'une maison se compose de : une table en bois blanc, deux bancs en bois à deux personnes, un bac à charbon en tôle et une cuisinière en tôle avec four. Dans la place de l'étage : deux lits en fer à deux personnes et une planche étagère avec crochets pour vêtements. Enfin, une lampe au pétrole et deux seaux de lavage.

Le coût d'un groupe de quatre maisons est de.	fr.	2,400
Le mobilier de chaque maison revient à 100 francs, soit. . . .		400
Total.	. fr.	2,800

Chaque maison est habitée par quatre hommes qui sont généralement parents ou habitants d'un même village. Chacun d'eux paye un droit de location de 1 fr. 50 c. par mois; soit par an, pour quatre maisons une somme de 288 francs à répartir entre seize hommes.

Les ouvriers peuvent ainsi venir de loin sans être tenus à se mettre en logement chez les aubergistes; ils achètent à la Société le pain, la bière et autres objets au prix coûtant.

Société anonyme des Charbonnages de La Haye, à Liége.

Cette société possède 17 maisons, comprenant : deux places au rez-de-chaussée et deux à l'étage, un fournil commun, un petit jardin, des latrines à l'extérieur. Elles peuvent servir au logement d'une famille de cinq ou six personnes.

Elles sont louées à raison de 12 francs par mois.

Les familles peu nombreuses prennent des ouvriers en logement.

Société de la Providence, Marchienne-au-Pont. (Belgique).

Logement pour 16 ouvriers

ARRIVANT AUX USINES LE LUNDI MATIN ET RETOURNANT LE SAMEDI SOIR DANS LEURS FAMILLES.

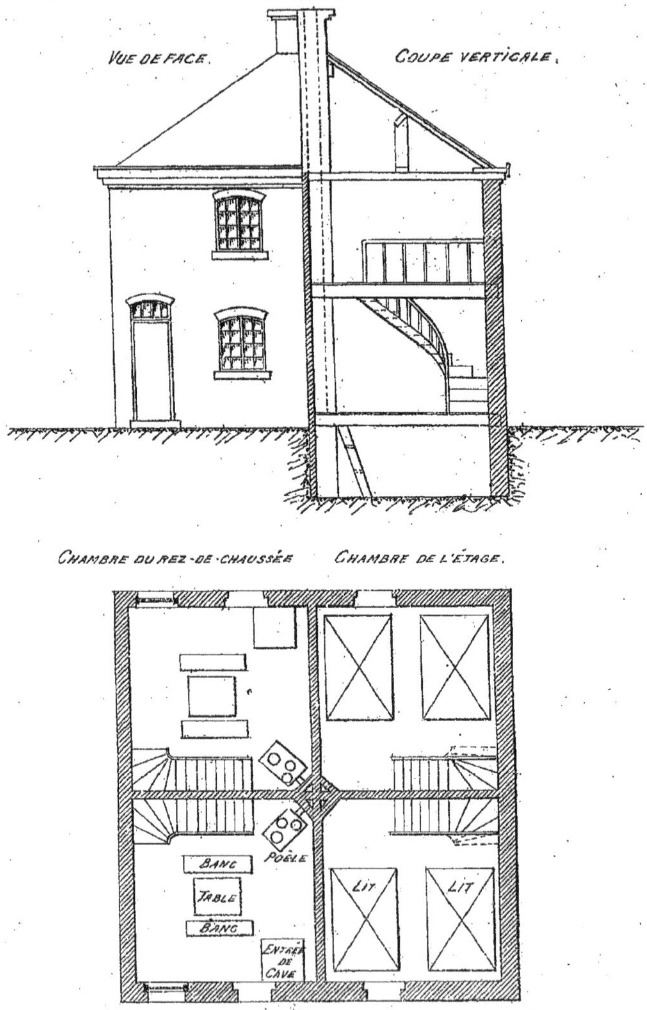

ECHELLE 1: 80.

Société anonyme des Charbonnages de Marihaye, à Flémalle.

La Société possède 126 maisons d'ouvriers.

Elles se louent de 10 à 25 francs par mois.

Les ouvriers peuvent devenir propriétaires de la maison qu'ils occupent en payant pendant dix ans une indemnité variant de 200 à 400 francs.

En outre, la Société fait des avances d'argent aux ouvriers qui désirent acheter des terrains ou des maisons.

Par ces moyens, *66 ouvriers* sont devenus *propriétaires* depuis 1872.

Elle loge les célibataires dans des chambres, à raison de 2 fr. 50 c. par homme et par quinzaine, y compris le lavage et le linge. Ceux qui ne vont pas à la *salle de bains* ne payent que 1 fr. 75 c. pour le logement.

L'hôtel d'Yvoz peut recevoir 80 pensionnaires, et les logements à la Vieille-Marihaye, 90 pensionnaires, qui sont logés dans 15 maisons.

Société des Charbonnages des Artistes, Xhorré et Baldaz-Lalore, à Flémalle-Grande.

Elle possède 40 maisons d'ouvriers. Le prix de location est de 3 à 5 francs par mois.

On n'accorde qu'aux ouvriers du charbonnage la faveur d'habiter ces maisons. Ils ne peuvent les acquérir.

Charbonnages, Hauts fourneaux et Usines de Strépy-Bracquegnies.

350 ménages occupent les maisons ouvrières de cette Société. Chaque famille — composée en moyenne de 5 ou 6 personnes — habite une maison entière.

Ces habitations sont spacieuses et salubres.

Elles ont pour annexes un lieu d'aisance et une petite remise ou étable, et souvent un four à cuire le pain.

Le loyer est de 6 francs par mois, tandis qu'au dehors il est de 12 francs et même plus. Il comprend un jardin de 2 ares.

La Société loue aussi à bas prix des parcelles de terre.

Ces maisons de la cité ne sont pas à vendre, mais en dehors de là, une *centaine* d'ouvriers ont bâti ou acheté leur maison.

La Société de Strépy-Bracquegnies a fondé un *hôtel* confortable; mais les ouvriers préfèrent loger chez les cabaretiers ou chez d'autres ouvriers tenant pensionnaires.

Aciérie et fabrique de fer de Thy-le-Château.

Possède environ 100 maisons ouvrières, qu'elle loue à des prix modérés à ses ouvriers.

Le loyer est de 8 à 10 francs par mois, pour une maison à cinq pièces, avec cave, citerne, jardin.

Elles ne sont pas à vendre. L'ouvrier qui quitte l'usine doit quitter la maison qui lui est louée.

Charbonnage de Marchienne, à Marchienne-au-Pont.

Les premières constructions ouvrières édifiées par cette Société datent de 1840. Elle a aussi acheté des maisons ouvrières.

Elle possède ainsi 100 maisons bâties par groupes et formant 7 cités.

Ces maisons se divisent en deux catégories, savoir :

1° Maisons doubles, comprenant quatre pièces, caves et grenier;

2° Maisons simples, composées de deux pièces, cave et grenier.

Chacune de ces habitations est pourvue d'un jardin d'une contenance de 4 ares environ.

Chaque maison est réservée à une seule famille. Comme dans la majeure partie des installations ouvrières que nous décrivons, la séparation des ménages est complète et la chambre commune ne sert jamais de chambre à coucher. Quant à la séparation des adultes et des enfants pendant le repos, ou à la séparation des enfants des deux sexes, elle est un peu subordonnée à l'importance des familles et aux ressources dont elles disposent. La moyenne du nombre des habitants par maison est de 5.

ANNÉES.	NOMBRE de maisons bâties.	COUT TOTAL des bâtisses et du terrain.	SURFACE BATIE	NOMBRE de personnes logées	NOMBRE DE MAISONS VENDUES
1840	37		20 ares 35 cent.		
1847	18		8 — 60 —		
1854	20		9 — 50 —		
1856	12		8 — 70 —		
1860	10 achetées.		6 — 40 —		
1884	3 louées.		1 — 98 —	120	0

Le prix des loyers est, suivant l'importance des habitations, de 8 francs, 12 francs et 16 francs par mois. Ces loyers sont retenus chaque mois sur le salaire de l'ouvrier.

A l'époque où la Société de Marchienne a construit ces maisons, elle ne s'est pas préoccupée d'en rendre ses ouvriers propriétaires, mais bien de leur procurer des logements convenables, à des prix très modérés. Actuellement, elle estime qu'il est également bon et profitable pour les établissements industriels et pour les ouvriers, de rendre ces derniers propriétaires de leurs demeures; et « le moyen le plus pratique d'arriver à un bon résultat, c'est, nous dit son directeur, de donner *gratuitement* une certaine partie de terrain à l'ouvrier, de lui avancer les fonds nécessaires pour construire économiquement sa maison, suivant ses goûts, et de déterminer un certain nombre d'annuités pour le remboursement de la somme mise à sa disposition ».

La location de ces maisons, avantageuse pour les ouvriers, constitue une opération onéreuse pour la Société; mais elles plaisent aux ouvriers, et généralement ceux qui sont à la tête d'un ménage en demandent une à leur entrée au charbonnage.

Il résulte de là, que la Société retient à proximité de ses établissements une population dans laquelle elle recrute une grande partie de son personnel ouvrier.

L'influence exercée par la location de ces maisons sur le prix des logements environnants est presque nulle, parce que le nombre des maisons que possède la Société est relativement insignifiant eu égard à l'importance de la commune.

La Société accorde divers avantages à ses ouvriers; ceux-ci se nourrissent convenablement, vivent au jour le jour, comme la plupart des gens exerçant leur métier, et font par conséquent peu d'économies.

Leur ménage est proprement tenu. Ils cultivent volontiers leurs jardins.

Société « le Bleiberg ».

Les maisons de cette Société, avec jardins et annexes, sont indépendantes les unes des autres; elles se louent de 6 à 8 francs par mois.

La Société se prête, sans prélever d'intérêt, à aider des ouvriers à devenir propriétaires.

Il est strictement défendu de tenir cabaret dans les maisons d'ouvriers appartenant à la Société.

On constate au Bleyberg une situation morale fort satisfaisante : depuis un grand nombre d'années, il y a absence complète d'unions illégitimes et d'enfants naturels, absence de peines correctionnelles.

Les institutions créées en faveur des ouvriers comprennent des écoles de garçons et de filles, fréquentées par 300 enfants.

En hiver, les petits enfants sont en partie nourris à l'école; un hôpital, une bibliothèque; une caisse de secours pourvoit aux besoins médicaux.

Une succursale de la Caisse d'épargne de l'État est installée dans les bureaux de l'administration.

Un magasin de denrées et d'objets de première nécessité vend au prix de revient.

On a construit une église et un presbytère; les frais et traitements qui en résultent sont à la charge de la Société.

Le travail du dimanche est interdit en règle générale.

Société des Carrières de Quenast.

Cette Société possède à ce jour 400 maisons d'ouvriers, toutes pour un ménage.

Elles varient de dimensions et de prix : les plus belles sont à deux étages et se louent 8 francs par mois; les plus petites, 3 francs.

Toutes sont pourvues de jardins et entretenues avec soin par la Société.

Les maisons sont dispersées par groupes de deux ; entre deux groupes, il y a toujours un espace d'au moins 8 mètres.

Vingt nouvelles maisons sont en construction en ce moment.

Les locataires, tous ouvriers occupés par la Société, jouissent des avantages de l'instruction gratuite donnée dès le jeune âge à leurs enfants, des écoles ménagères, de la caisse de secours, de l'économat, etc.

Il leur est défendu de tenir cabaret.

Une étude fort complète a été publiée il y a peu de mois, sur les installations de cette Société, par M. l'ingénieur Legrand.

III. — Sociétés se proposant pour but la création de logements salubres et économiques. — *Situation générale de ces Sociétés en 1889.*

I. — Situation immobilière et financière.

Sièges des sociétés	Dénomination des sociétés	Années	Étendue des terrains: bâtis et non bâtis (m²)	Étendue des terrains: bâtis (m²)	Constructions — Nombre de maisons: construites	vendues	louées	inoccupées	en construction	Leur importance en mètres cubes (m³)	Nombre total d'appartements	Nombre total de [illegible]	Capital [illegible]	Dividende (p. c.)	Obligations ou emprunts	Dépenses de premier établissement: Terrains	Constructions	Dépenses annuelles: Frais d'administration	Frais d'entretien	Autres dépenses	Total	Recettes sur capitaux de premier établissement — Immeubles vendus	Recettes annuelles: Produit des locations	Autres recettes	Total
Anvers.	Société anversoise pour la construction et l'amélioration des maisons ouvrières	1875	...	...	147	—	147	...	...	...	..	[illegible]	[illegible]	3	—	...	...	...	...	...	...	...	...	...	...
		1884	...	...	186	—	170	...	10	...	...	64[illegible]	[illegible]	3	93,500	911,904		1,093	3,328	10,149	20,609	—	53,514	—	53,514
		1886	...	...	186	—	170	...	...	...	...	...	[illegible]	4	120,500	1,001,122		...	...	...	...	...	...	...	...
Bruxelles.	Société anonyme des habitations ouvrières dans l'agglomération bruxelloise	1875	...	...	201	—	206	...	22	...	...	...	[illegible]	4	—	...	...	...	...	...	...	...	...	...	...
		1884	56,062	9,500	231	—	240	...	—	94,027	670	1,4[illegible]	[illegible]	2 1/2	—	488,230	1,851,781	6,803	11,458	12,225	30,513	—	86,072	—	86,072
		1886	56,107	9,505	271	—	247	...	2	94,027	300	1,1[illegible]	[illegible]	2	—	489,230	1,897,911	6,945	14,481	12,335	33,761	—	89,351	—	89,351
	Société anonyme l'Immobilière bruxelloise	1875	...	...	45	—	45	...	—	...	...	...	[illegible]	4 1/2	—	...	...	...	...	...	...	...	...	...	...
		1884	5,504	4,000	45	—	45	...	—	...	381	[illegible]	[illegible]	4	—	285,705	1,127,438	—	9,478	48,224	57,702	—	98,377	—	98,377
		1886	...	...	...	...	...	...	...	...	...	...	(2)	...	...	...	...	...	...	...	...	...	...	...	...
Charleroi.	Soc. anon. des maisons ouvrières de l'arrondissement de Charleroi	1886	2,507	...	11	1	9	1	—	...	...	47	[illegible]	—	—	34,000	21,022	300	150	170	620	...	931	788	1,856
Liége.	Soc. anon., anc. soc. liégeoise pour l'achat et la construction de maisons d'ouvriers	1875	...	...	34	28	6	...	10	...	...	...	[illegible]	5	—	...	...	...	...	...	...	...	...	...	...
		1884	10,416	...	74	12	61	..	—	..	...	9[illegible]	[illegible]	4	—	306,893		911	2,778		3,089	...	9,403	—	9,403
		1886	10,416	...	74	12	62	—	—	..	...	9[illegible]	[illegible]	4	—	306,893		895	2,539		3,434	...	...	...	14,523
	Société liégeoise des maisons ouvrières	1875	...	...	166	143	6	...	85	...	...	...	[illegible]	4 1/2	—	...	...	...	...	...	...	...	...	...	...
		1884	113,020	17,417	425	234	175	...	3	137,062	...	2,1[illegible]	[illegible]	3	580,200	603,841	2,143,995	9,161	10,203	51,100	70,653	370,216	55,570	77,560	133,130
		1886	113,020	17,705	466	234	195	7	8	140,849	...	2,1[illegible]	[illegible]	2 3/4	567,700	674,371	2,251,222	9,210	12,123	49,972	71,305	391,075	59,919	78,899	138,818
Tournai.	Société anonyme pour la construction d'habitations d'ouvriers	1875	...	...	21	—	21	...	—	...	...	...	[illegible]	5	—	...	...	...	...	...	...	...	...	...	...
		1884	10,527	...	33	—	28	...	2	11,380	...	...	[illegible]	5	40,000	30,820	117,276	461	216	1,808	2,275	—	8,473	300	8,773
		1886	10,107	1,760	35	...	27	8	...	10,186	...	...	[illegible]	5	40,000	30,810	135,103	400	164	2,001	2,565	—	7,020	554	5,874
Verviers.	Société verviétoise pour la construction de maisons d'ouvriers. (1)	1875	...	...	37	6	31	...	—	...	...	...	[illegible]	2	—	...	...	...	...	...	...	...	...	...	...
		1884	14,017	...	35	20	15	...	—	...	...	...	[illegible]	4	—	17,083	64,805	1,031	586	—	2,490	—	...	...	9,300
		1886	14,017	...	35	20	15	...	—	...	...	...	[illegible]	4	—	17,083	64,805	1,842	741	—	2,583	—	...	...	11,728

II. — Habitants.

Sièges des sociétés	Désignation des sociétés	Années	Nombre d'habitants: Hommes	Femmes	Enfants	Totaux	Nombre de ménages: avec enfants	sans enfant	de célibataires	Répartition — Hommes: [illegible]	Employés	Journaliers	Ouvriers agricoles	Ouvriers industriels	Autres professions	Sans profession	Femmes: Commerçantes	Journalières	Ouvrières ind. et ateliers	Autres professions	Sans profession	Nombre de décès pendant l'année: Hommes	Femmes	Enfants	Total
Anvers.	Société anversoise pour la construction et l'amélioration des maisons ouvrières	1884	106	107	680	1,013	106	4	—	[illegible]	11	113	13	79	—	4	2	60	102	—	8	3	2	4	9
		1886	104	145	597	846	163	6	[illegible]	...	...	...	...	...	...	...	...	...	...	...	...	...	...	...	...
Bruxelles.	Société anonyme des habitations ouvrières dans l'agglomération bruxelloise	1884	349	307	1,373	2,030	301	23	[illegible]	[illegible]	14	272	—	23	8	2	...	...	...	...	...	10	—	15	25
	Société anonyme l'Immobilière bruxelloise (3)	1884	366	338	1,035	1,740	317	35	[illegible]	[illegible]	30	26	—	328	—	6	11	80	35	—	242	6	10	20	35
		1886	...	...	...	...	...	...	...	...	...	...	...	...	...	...	...	...	...	...	...	...	...	...	...
Charleroi.	Société anonyme des maisons ouvrières de l'arrondissement de Charleroi	1886	10	10	31	51	9	1	[illegible]	[illegible]	1	—	—	7	1	—	—	2	1	—	7	—	—	1	1
Liége.	Société anonyme, ancienne société liégeoise pour l'achat et la construction de maisons d'ouvriers	1884	112	110	350	572	110	1	[illegible]	[illegible]	1	—	...	109	..	...	...	...	...	...	...	...	...	—	—
		1886	108	100	340	548	100	5	[illegible]	[illegible]	1	—	—	107	—	...	1	—	—	...	96	...	...	...	...
	Société liégeoise des maisons ouvrières	1884	713	751	1,364	2,828	470	94	16[illegible]	[illegible]	58	43	2	202	135	37	54	35	14	140	507	9	11	23	43
		1886	727	769	1,404	2,900	495	98	16[illegible]	[illegible]	62	47	—	301	253	38	58	46	14	139	518	7	10	24	30
Tournai.	Société anonyme pour la construction d'habitations d'ouvriers	1884	29	29	90	148	29	—	—	[illegible]	14	10	1	4	—	—	—	2	1	—	25	...	...	...	...
		1886	30	27	86	143	27	—	—	[illegible]	15	7	1	...	3	...	—	2	1	—	27	...	...	...	...
Verviers.	Société verviétoise pour la construction de maisons d'ouvriers	1884	36	42	90	168	34	4	[illegible]	1	1	—	—	32	—	1	3	21	15	—	3	—	4	4	8

(1) Il faut ajouter encore à ces chiffres 11 maisons bâties par la Société verviétoise en 1888. Voir plus loin.
(2) Il restait 2,414 actions de 500 francs à émettre en 1884 et 2,861 en 1886.
(3) Les versements effectués sur ce capital de 5 millions s'élèvent à 832,500 francs.
(4) Le capital nominal est de 1 million de francs.
(5) Dans la répartition au point de vue des professions, 95 enfants adultes ont été compris.
N. B. — Les points (...) indiquent le défaut de renseignements.

Société liégeoise de maisons ouvrières.

Cette Société a été autorisée par arrêté royal du 27 septembre 1867.

Le capital social est de 1,502,500 francs, entièrement versés. La Société a contracté des emprunts dont le solde, au 31 décembre 1885, était de 610,850 fr. 37 c.

D'après le rapport du conseil de surveillance, présenté à l'assemblée générale du 7 août 1888, le bénéfice brut, pour le dernier exercice, s'est élevé à 105,405 fr. 33 c. et le bénéfice net à 43,164 fr. 73 c., déduction faite des intérêts dus aux banquiers et de ceux pour capitaux empruntés, etc., etc. Le dernier dividende distribué est de 12 fr. 50 c. par action, soit 2 1/2 p. c. du bénéfice net.

La Société avait construit à cette époque 431 maisons. Elle en termine encore 5 rue Lacroix.

Depuis la constitution de la Société en 1867 jusqu'au 30 juin dernier, les dépenses pour achat de terrains et pour constructions ont été de 2,988,225 fr. 64 c.

Le montant des ventes, déduction faite de celles dont les contrats ont été résiliés, s'élève à 1,439,948 fr. 19 c., dont il a été remboursé jusqu'au 30 juin dernier 828,820 fr. 81 c., y compris la somme de 26,107 fr. 45 c., pendant l'exercice écoulé.

SITUATION DES IMMEUBLES.	MAISONS CONSTRUITES.					MAISONS EN CONSTRUCTION.	TOTAUX.
	MAISONS VENDUES.			MAISONS LOUÉES.	MAISONS INOCCUPÉES.		
	Par acte authentique.	Par acte sous seing privé.	Totaux des maisons vendues.				
Rue Kinet (Grivegnée). . .	17	15	32	5	—	—	37
Rue de Meuse (Nord) . . .	5	17	22	6	—	—	28
Haut-Pré (Ouest).	10	24	34	4	—	—	38
Rue de Mulhouse (Est). . .	16	11	27	—	—	—	27
Cité du Bas-Laveu (Sud) . .	10	20	39	82	2	—	123
Cité de Cornillon (Est) . . .	12	22	34	86	2	—	122
Cité de Bas-Rhieux (Ouest) .	4	24	28	21	2	5	56
Totaux. . .	74	142	216	201	6	5	431

Toutes les maisons à étage sont entourées de jardinets. Leurs loyers varient de 2 à 30 francs par mois, suivant leur importance. Les maisons pour employés se uent 50 francs par mois.

ANNÉES.	COUT TOTAL, TERRAIN COMPRIS, DE LA BATISSE DE CHAQUE GROUPE.	NOMBRE DE PERSONNES LOGÉES DANS CHAQUE GROUPE.	SURFACE BATIE.	NOMBRE DE MAISONS VENDUES.	NOMBRE DE MAISONS LOUÉES.
1883	2,652,240.74	2,609	14,137^{m}50	216	161 = 377
1884	2,749,718.84	2,795	15,000 00	220	180 = 400
1885	2,804,4 9.91	2,828	15,262 50	214	193 = 407
1886	2,817,016.36	2,900	15,675 00	217	201 = 418
1887	2,946,840.98	2,976	15,975 00	214	212 = 426
1888	2,983,225.64	3,017	16,162 50	216	215 = 431

Le but principal de la Société étant de vendre ses maisons aux travailleurs, elle adopte le système d'amortissement par payements mensuels, développé ci-après :

ART. 1er. — Le prix de vente est fixé à la somme de fr. . . . . sur laquelle somme la Société reconnait avoir reçu un acompte de fr. . . . .
. . . .

ART. 2. — L'acheteur s'engage à verser tous les mois et à l'avance une somme de fr. . . .
. . . .
jusqu'à ce que le prix de la maison et les intérêts soient entièrement soldés.

L'acheteur peut augmenter les versements mensuels pour devenir plus tôt propriétaire.

Dans le cas où il aurait ainsi une avance sur les payements à faire chaque mois et où, par des circonstances indépendantes de sa volonté, il serait momentanément hors d'état d'effectuer un ou plusieurs versements, l'avance lui sera comptée comme versement mensuel.

Il pourra même recevoir le remboursement d'une partie des sommes versées par lui en avance jusqu'à ce que ces circonstances aient pris fin.

Cependant ce remboursement ne pourra dépasser 60 francs par mois, et la Société devra conserver en tout cas la somme nécessaire pour garantir les versements mensuels pendant trois mois.

ART. 3. — La Société ouvrira à l'acheteur un compte où seront portés à son débit le prix de la maison et l'intérêt ainsi que la contribution foncière, l'accense d'égout et l'eau alimentaire, s'il y a lieu, de même que l'assurance de la maison.

Par contre, elle portera à son crédit :

Les versements qu'il aura effectués et leurs intérêts.

L'intérêt, à 5 p. c. l'an, sera réciproque ; le compte sera arrêté le 30 juin de chaque année.

Observations. — Dans le cas où l'acheteur aurait versé une certaine somme en entrant dans la maison, les versements mensuels seront diminués en proportion de la somme versée.

Les payements à faire chaque mois varient suivant le prix de la maison. Ils sont généralement calculés de manière à rembourser le prix de la maison et les intérêts en 15 à 18 ans. (Voir le tableau d'amortissement à la fin des conditions de vente.)

L'acheteur devant payer l'intérêt à 5 p. c. sur le prix de la maison et la Société lui comptant le même intérêt sur les sommes qu'il lui verse, l'acheteur a tout avantage à déposer son argent à la Société. (Voir art. 3.).

Mais il peut arriver qu'un acheteur qui a usé de cette faculté se trouve momentanément dans l'impossibilité d'opérer les versements mensuels, et cela non par inconduite ou paresse, mais par des causes indépendantes de sa volonté : crise industrielle, maladie, soit de lui-même, soit de sa femme ou de ses enfants. Pendant la durée de ces moments difficiles, l'avance que l'acheteur sera parvenu à se créer lui servira d'une caisse d'épargne où il ira puiser en cas de besoin. Tous les avantages sont donc réunis pour que l'acheteur verse à la Société l'argent qu'il possède :

1° Remboursement plus rapide du prix d'achat de la maison et par suite diminution proportionnelle du montant des intérêts ;

2° Sécurité du placement de l'argent ;

3° Assurance qu'en cas de crise ses fonds lui viendront en aide, sans qu'il ait besoin d'emprunter ou de prendre à crédit les objets nécessaires pour vivre.

Cet article fait connaître comment le compte de l'acheteur est établi.

Pour que l'acheteur puisse toujours savoir ce qu'il redoit à la Société, il lui est remis un registre qui renferme deux colonnes. Dans l'une, on inscrit tout ce qu'il doit; dans l'autre, tout ce qu'il verse. Un employé se rend au domicile des acheteurs et donne reçu des versements en les inscrivant sur le registre ; l'acheteur n'est donc jamais obligé de venir au bureau de la Société pour faire ses versements.

Art. 4. — L'acte de vente par-devant notaire pourra être passé aussitôt que le prix de la maison et les intérêts seront payés par moitié à la Société, ainsi que les autres sommes inscrites à l'article 3.

Jusqu'à ce moment, la vente est conditionnelle, et l'acheteur n'est considéré que comme locataire.

L'acte sera passé aux frais de l'acheteur par un notaire de son choix. Il payera aussi les droits de transcription et d'enregistrement.

Art. 5. — Toutes les réparations d'entretien ou autres sont à charge de l'acheteur, qui s'oblige à entretenir en bon état les constructions, jardins, clôtures et toutes dépendances, à ne pas mettre sécher de linge ou d'autres objets sur les haies de clôture et à ne pas faire, dans les maisons, jardins ou cours, des dépôts insalubres ou incommodes pour le voisinage.

Art. 6. — L'acheteur ne pourra même, après le payement du prix de sa maison, exercer dans l'immeuble une industrie rentrant dans la première classe des établissements dangereux, insalubres ou incommodes.

Art. 7. — Tant que la maison ne sera pas complètement payée, l'acheteur ne pourra tenir cabaret, revendre sa maison ni la sous-louer, ni faire aucun changement aux constructions, jardins, clôtures et dépendances, sans l'autorisation écrite de la Société.

Il est expressément interdit à l'acheteur de louer des quartiers ou chambres à des personnes vant en concubinage ou ayant subi des condamnations judiciaires pour faits graves.

L'autorisation de tenir cabaret ou de sous-louer pourra toujours être retirée lorsque la Société gera la chose nécessaire au bon ordre ou à la salubrité, etc.

Observations. — En vertu de la loi du 13 avril 1863, l'ouvrier qui achète une maison à la ociété a dix ans pour payer les droits, par dixième chaque année et sans aucun intérêt.

C'est là une condition très avantageuse.

L'article 5 et l'article 6 se comprennent d'eux-mêmes.

Les réserves et interdictions qui y sont stipulées sont faites entièrement dans l'intérêt des acheeurs, qui sont assurés de ne pas voir leurs maisons dépréciées par le fait de leurs voisins.

Cet article prévoit les cas soumis à l'autorisation de la Société :

1° *Tenir cabaret :* La Société doit nécessairement se réserver le droit d'autoriser pour subordonner l'autorisation à des mesures destinées à maintenir l'ordre et la tranquillité ;

2° *Revente et sous-location de la maison* : La Société ne s'y opposera pas du moment que 'acheteur présentera pour le remplacer ou pour louer une personne solvable, de conduite et de noralité convenables;

3° *Louer des quartiers et chambres :* La Société veut se réserver ainsi l'assurance que les maions ne seront pas occupées par un nombre de personnes hors de proportion avec leurs dimensions.

La sous-location facilitant à l'acheteur le payement de sa maison, la Société ne refuserait l'autoisation que dans le cas où l'acheteur en ferait abus et rendrait ainsi la maison insalubre par le trop grand nombre de personnes qui l'occuperaient ;

4° *Faire aucun changement aux constructions, etc. :* La Société doit se réserver d'autoriser ou le refuser les changements afin de voir d'abord si ces changements, ne nuisent pas à la valeur, à l'aspect et à la salubrité des maisons.

Art. 8. — Aussi longtemps que la maison ne sera pas complètement payée, la Société se réserve le droit de la faire visiter par ses délégués, pour s'assurer que l'acheteur remplit les conditions stipulées dans les articles qui précèdent.

Cet article n'a pas besoin d'explication. On comprend que la Société ne peut s'assurer sérieusement de l'exécution du contrat à l'égard des maisons qu'en se réservant le droit de les faire visiter.

Art. 9. — La Société a le droit d'exiger que les conditions citées plus haut soient exécutées Si la Société le préfère, le contrat de vente sera résilié de plein droit après une sommation d'un mois, sans autre formalité ni délai, spécialement en cas de non-payement des sommes à payer chaque mois et de dégradation de l'immeuble.

La Société se réserve en outre tout spécialement le droit de résilier les contrats, pour inconduite notoire des acheteurs ou de membres de leurs familles, et dans le cas où ils occasionneraient des troubles et des disputes entre voisins et où ils subiraient des condamnations à des peines graves.

En cas de résiliation, le loyer sera alors calculé à raison de 6 1/2 p. c. l'an sur le prix de la maison.

Le montant de ce loyer sera déduit des sommes versées et le surplus remboursé à l'acheteur contre remise de l'immeuble.

En cas de dégradations de celui-ci par l'acheteur, il lui sera retenu la somme nécessaire pour les réparer.

Observations. — Les maisons de la Société peuvent recevoir, suivant leurs dimensions, de 6 à 12 personnes au plus.

Lorsque l'acheteur a payé sa maison et que l'acte est passé devant notaire, il est toujours libre de la revendre ou de la louer à qui il voudra.

ART. 10. — Si, par suite de décès ou d'autres circonstances graves, indépendantes de la volonté de l'acheteur, celui-ci ne pouvait continuer son contrat, la Société pourra admettre la résiliation de ce dernier à des conditions à convenir.

Observations. — Il est important que les personnes qui achètent des maisons se rendent bien compte de cet article, qui est tout en leur faveur et qui fait de la Société une véritable caisse d'épargne pour eux.

Plusieurs cas peuvent se présenter, ainsi :

1° Un ouvrier meurt après quelques années, ayant bien exécuté ses obligations, et laissant une femme et des enfants hors d'état de continuer le contrat;

2° Ou la femme meurt et laisse son mari avec des petits enfants, aussi hors d'état de continuer;

3° Ou bien le mari ou la femme devient impotent par maladie ou accident, et le contrat devient encore une charge trop lourde;

4° Ou encore les enfants deviennent orphelins. Dans ces divers cas, la Société sera prête à admettre la résiliation. Elle calculera comme si l'acheteur n'avait été que locataire, et elle remettra à lui, à sa femme, ou à ses enfants, tout l'argent qu'il aura versé en plus que la location et les quelques frais de réparations s'il y en avait à faire.

L'article ne fixe pas le taux auquel sera calculée la location, parce que la Société a voulu se réserver de pouvoir le fixer équitablement en tenant compte de la position de l'acheteur ou de sa famille. Ce taux ne dépassera jamais d'ailleurs celui de 6 1/2 p. c., fixé à l'article 9 pour le cas de la résiliation d'office.

ART. 11. — La Société se réserve le droit d'organiser, dans la maison vendue, la distribution de l'eau alimentaire de la ville, avec obligation pour l'acheteur de rembourser la dépense d'organisation et de payer à la ville la redevance annuelle pour l'usage de l'eau.

La dépense relativement petite qui résultera de l'exécution de cet article est plus que compensée pour l'acheteur par l'avantage d'avoir de la bonne eau alimentaire dans la maison.

Lorsque la ménagère doit aller prendre de l'eau à une pompe publique, quelquefois assez éloignée, elle perd du temps et laisse ses enfants seuls au logis, ce qui amène souvent des accidents.

S'il fait chaud ou s'il fait froid, s'il pleut ou s'il neige, elle y va alors le moins possible, au détriment de l'hygiène et de la propreté.

ART. 12. — L'acheteur ne pourra, sous aucun prétexte, même après le payement complet du prix, construire des bâtiments, hangars, ateliers, chantiers de quelque nature que ce soit, dans la partie du jardin comprise entre la rue et une ligne droite tirée le long de la façade de sa maison.

Cet article a pour but de maintenir toujours un bel aspect aux maisons, et ne pas restreindre la circulation de l'air, qui est une des grandes causes de salubrité.

Cette interdiction constitue une servitude absolue au profit des maisons situées rue . . . . et portant les n^{os} . . . .

Art. 13. — Il est formellement interdit à l'acheteur, même après le payement complet du prix, d'élever dans la cour de la maison qui fait l'objet de la présente convention aucune espèce de construction ayant plus de 3^{m}50 (trois mètres cinquante centimètres) de hauteur, y compris la toiture, sans l'autorisation écrite de la Société.

Tableau d'amortissement d'un capital variant de 3,500 à 9,500 francs.

CAPITAL DE FRANCS.	TAUX DE L'INTÉRÊT.	SOMMES A PAYER TOUS LES MOIS.	DURÉE DES PAYEMENTS.	CAPITAL DE FRANCS.	TAUX DE L'INTÉRÊT.	SOMMES A PAYER TOUS LES MOIS.	DURÉE DES PAYEMENTS.
3,500	5 p. c.	25	17 ans 3 mois	6,000	5 p. c.	40	19 ans 3 mois
3,500	—	30	13 — 2 —	6,100	—	45	16 — 5 —
3,600	—	25	18 — » —	6,200	—	50	14 — 5 —
3,600	—	30	13 — » —	6,300	—	50	14 — 8 —
3,700	—	25	18 — 10 —	6,400	—	50	15 — 1 —
3,700	—	30	14 — 3 —	6,500	—	50	15 — 5 —
3,800	—	25	19 — 8 —	6,600	—	50	15 — 9 —
3,800	—	30	14 — 10 —	6,700	—	55	14 — 2 —
3,900	—	25	20 — 7 —	6,800	—	55	14 — 4 —
3,900	—	30	15 — 5 —	6,900	—	55	14 — 7 —
4,000	—	25	21 — 6 —	7,000	—	55	14 — 11 —
4,000	—	30	16 — 1 —	7,100	—	55	15 — 3 —
4,100	—	25	22 — 6 —	7,200	—	60	13 — 8 —
4,100	—	30	16 — 7 —	7,300	—	60	14 — 1 —
4,200	—	25	23 — 7 —	7,400	—	60	14 — 4 —
4,200	—	30	17 — 3 —	7,500	—	60	14 — 6 —
4,300	—	25	24 — 7 —	7,600	—	60	14 — 9 —
4,300	—	30	17 — 11 —	7,700	—	60	15 — 1 —
4,400	—	25	25 — 9 —	7,800	—	65	13 — 10 —
4,400	—	30	18 — 7 —	7,900	—	65	14 — » —
4,500	—	25	26 — 11 —	8,000	—	65	14 — 3 —
4,500	—	30	19 — 3 —	8,100	—	65	14 — 5 —
4,600	—	30	20 — » —	8,200	—	65	14 — 9 —
4,700	—	30	20 — 9 —	8,300	—	65	15 — » —
4,800	—	30	21 — 6 —	8,400	—	65	15 — 3 —
4,900	—	30	22 — 4 —	8,500	—	70	13 — 11 —
5,000	—	35	17 — 10 —	8,600	—	70	14 — 2 —
5,100	—	35	18 — 4 —	8,700	—	70	14 — 5 —
5,200	—	35	19 — » —	8,800	—	70	14 — 7 —
5,300	—	35	19 — 7 —	8,900	—	70	14 — 10 —
5,400	—	35	20 — 2 —	9,000	—	70	15 — 2 —
5,500	—	40	17 — » —	9,100	—	70	15 — 5 —
5,600	—	40	17 — 3 —	9,200	—	70	15 — 10 —
5,700	—	40	17 — 9 —	9,300	—	75	14 — 4 —
5,800	—	40	18 — 7 —	9,400	—	75	14 — 7 —
5,900	—	40	18 — 9 —	9,500	—	75	14 — 10 —

Société anonyme : Ancienne Société liégeoise de maisons ouvrières.

Cette Société a été fondée la première à Liége, le 6 juin 1865. N'ayant rencontré ni aide ni encouragement, ses ressources ont été limitées au montant des souscriptions qu'elle a obtenues, soit 226,000 francs. Avec ce capital, elle a construit 75 maisons, formant quatre groupes épars dans les divers quartiers de la ville.

Le but de la Société est de procurer à la classe ouvrière des logements convenables et salubres et à loyers peu élevés.

Chaque habitation est composée de plusieurs chambres.

L'un des groupes, situé dans l'un des quartiers les plus élevés de la ville, se compose de 40 habitations séparées, ayant chacun un petit jardin.

Les loyers varient selon l'importance de l'immeuble et sa situation ; ils sont de 13 à 40 francs par mois ; ces derniers s'appliquent à des maisons à deux étages construites en ville même.

Le dividende distribué aux actionnaires est d'environ 4 p. c.

L'occupant peut devenir propriétaire au moyen d'une location augmentée d'un amortissement basé sur le nombre d'annuités consenties et variant de 10 à 20 ans.

Société verviétoise pour la construction de maisons ouvrières.

Cette Société anonyme a été autorisée par arrêté royal du 18 mars 1861. Son capital est de 1 million de francs représenté par mille actions de 1,000 francs chacune.

Elle a pour objet :

1° De construire des maisons et autres bâtiments destinés au logement des classes ouvrières et des autres classes qui peuvent leur être assimilées; d'acquérir des habitations anciennes pour les améliorer, les assainir et les approprier à la même destination ;

2° De vendre au moyen d'annuités ou autrement, ou de louer les bâtiments construits ou acquis par la Société.

Elle a construit à son début deux groupes distincts d'habitations, le premier situé sur la commune d'Ensival, qui joint Verviers, composé de 16 maisons entièrement vendues aujourd'hui, au prix de 4,500 francs l'une, payables par versements

100 francs par trimestre au maximum; l'intérêt du solde débiteur à 6 p. c. se ye à la fin de chaque année. L'assurance et la contribution foncière restent à arge de la Société, jusqu'à payement complet.

Le second groupe comprend 12 maisons à un étage comme les précédentes, une grande cité de 7 habitations à plusieurs étages, situées à Verviers, au hemin de Limbourg.

Dans le courant de 1888, la Société a construit un nouveau groupe de 11 maisons, chaussée de Heusy à Verviers, qu'elle vend au prix de 8,000 francs à des uvriers aisés, contremaîtres et autres.

Ces maisons, de 5m65 de façade sur 8m25 de profondeur, plus une cuisine errière, se composent : de caves au sous-sol, d'un rez-de-chaussée, d'un étage et e mansardes. La profondeur du terrain, maison comprise, est de 35 mètres.

Les immeubles de la Société sont reliés à la distribution d'eau de la Gileppe.

L'expérience faite n'est pas en faveur des cités à plusieurs étages, où la cohabiation est trop grande et où l'ouvrier ne se sent pas assez chez lui; la Société lonne la préférence aux petites maisons à un étage, d'une superficie de 50 mètres arrés avec jardinet de même contenance.

Sauf pendant deux ans, où ils n'ont rien reçu, les actionnaires ont touché 4 p. c. le leur argent.

Le prix de location des petites maisons est de 240 francs l'an, soit 20 francs par mois.

Société anversoise pour la construction et l'amélioration des maisons ouvrières.

Cette Société a été fondée le 11 décembre 1867 (1). Son but est de multiplier à Anvers, et même dans les communes voisines, les habitations d'ouvriers bonnes et salubres. Elle pourra, à cet effet, acquérir, construire ou améliorer des immeubles, les louer et les vendre.

Le capital social est de 2 millions de francs, dont 819,500 francs versés.

La Société commença ses opérations en 1868.

Elle construisit d'abord dans la huitième section d'Anvers, rue Lozane, un quadrilatère comprenant 60 maisons ouvrières et 6 maisons bourgeoises.

Dès que ces habitations furent occupées, elle acheta un vaste terrain dans l'avenue Isabelle, 6e section, sur lequel elle créa deux nouvelles rues : rue du Tra-

(1) *Acte* du 12 novembre 1867, par-devant Me Deckers, notaire à Anvers.

vail et rue du Métier, où l'on édifia successivement 120 maisons, toutes disposées de manière à ne servir qu'à un seul ménage.

Cette agglomération fut complétée, en 1886, par l'adjonction de 8 maisons bourgeoises contre l'avenue Isabelle, les terrains de cette avenue ayant trop de valeur pour être utilisés à la construction de maisons d'ouvriers.

En 1873, elle construisit une maison dans la rue du Sureau, destinée à plusieurs ménages.

Puis elle éleva, dans la rue Kronenburg, une maison uniquement destinée aux ouvriers célibataires ; mais jusqu'à ce jour cette propriété n'a pas donné les résultats qu'on en avait espéré.

Les terrains étant devenus trop chers à Anvers, la Société acquit environ un hectare et demi de terrain à Merxem lez-Anvers.

Dans cette commune, centre de plusieurs industries importantes, elle construisit successivement cent maisons ouvrières, toutes destinées à un seul ménage.

De sorte que, sans compter ses propriétés de la rue du Sureau et de la rue Kronenburg, qui sont louées par quartiers, la Société compte aujourd'hui 294 maisons.

Malheureusement, l'importance des contributions, qui absorbent environ 15 p. c. du revenu brut des propriétés, a empêché la Société d'étendre ses opérations.

Cet état de choses, dont les effets désastreux nous ont été signalés en divers endroits, a fait l'objet de plusieurs pétitions aux Chambres ; il est à espérer qu'elle profitera de l'élaboration d'une législation nouvelle pour y porter remède.

Le bilan de l'année 1888 établit que les actions émises au 31 décembre 1888 se montent à 819,500 francs soit 1,639 actions ; la valeur des propriétés y est portée pour 1,078,554 fr. 84 c. ayant donné un revenu brut de 58,206 fr. 38 c., déduction faite.

Des frais d'entretien . . . . fr.	3,790.23
Des frais de perception des loyers	1,069.12
Des primes d'assurance	386.67
Des contributions foncières et personnelles .	8,471.38
Des taxes communales	1,129.56
Et, enfin, des contributions pour vidange . .	659.72
Total. . fr.	15,506.68

Le revenu net n'est plus que de 42,699 fr. 70 c.

Ce qui permet de distribuer aux actionnaires un intérêt de 4 p. c.

Le même intérêt a été touché par eux depuis la fondation de la Société. Les administrateurs n'ont droit à aucun traitement.

Les maisons du square Lozano et de l'avenue Isabelle produisent un loyer de 5 francs la semaine; les mêmes maisons situées à Merxem sont louées 3 fr. 50 c. ou 3 fr. 75 c. la semaine.

Jusqu'ici, il n'y a eu aucune demande d'achat formulée par les locataires. Les clients de la Société sont des ouvriers qui varient leur travail suivant les nécessités du moment ou qui changent facilement de patron. Ils n'ont donc pas intérêt à garder leur demeure.

D'ailleurs, l'honorable M. A.-J. Van Dael, président de la Société, constate que les ouvriers n'ont jamais manifesté des intentions de l'espèce et qu'il serait d'autant plus difficile de les faire épargner régulièrement, pour devenir propriétaires de leurs maisons, que leurs salaires sont modiques.

Société anonyme des habitations ouvrières dans l'agglomération bruxelloise.

Cette Société a été fondée le 7 mars 1868, sous le patronage de la *Compagnie immobilière de Belgique* et avec le concours de la *Société générale*, de la *Banque de Belgique* te de la Société *la Mutualité industrielle*.

S. M. Léopold II et S. A. R. le comte de Flandre voulurent bien se faire inscrire les premiers sur la liste des actionnaires. On remarquait également la souscription de S. A. S. E. A. A. duc d'Arenberg.

La Société a pour objet :

1° La construction, la location et la vente, dans l'agglomération bruxelloise, d'habitations à bon marché, destinées à la classe ouvrière et aux autres classes qui peuvent lui être assimilées;

2° L'acquisition et l'appropriation de terrains nécessaires à l'édification de ces constructions et de leurs dépendances; la revente ou la location desdits terrains;

3° Les prêts sur hypothèques destinés à faciliter la construction et l'acquisition d'habitations ouvrières;

4° Enfin, généralement toutes entreprises ou opérations qui se rattachent directement au but de la Société (article 2 des statuts).

Le capital social est fixé à 5 millions de francs, se divisant en 10,000 actions de 500 francs.

Les administrateurs n'ont droit à aucun traitement.

Les maisons construites par la Société anonyme des habitations ouvrières se divisent en deux catégories :

1° Celles accolées quatre à quatre, entourées de jardins et destinées au logement d'un seul ménage ou bien de deux ménages au plus;

2° Celles composées d'appartements abritant un certain nombre de ménages sous le même toit, avec entrée commune.

Les premières n'ont qu'un étage et sont de deux types : l'un de 22 mètres carrés de surface couverte ayant une petite cave aux souterrains, une cuisine au rez-de-chaussée, deux chambres à coucher à l'étage et un grenier sous les combles; l'autre de 28 mètres carrés de surface couverte ayant une petite cave aux souterrains, une cuisine et une chambre au rez-de-chaussée, deux chambres à coucher à l'étage, une mansarde et un grenier sous les combles.

Chacune de ces maisons possède un jardin d'environ 100 mètres carrés de superficie.

Les maisons du type de 22 mètres carrés ne sont occupées que par un seul ménage; celles du type de 28 mètres carrés peuvent l'être par deux ménages.

Les appartements faisant partie de la seconde catégorie de maisons se composent d'une cuisine et d'une ou deux chambres à coucher. Des mansardes peuvent être annexées aux appartements au gré des locataires.

La Société anonyme des habitations ouvrières possède, en outre, quelques maisons de types divers qui se trouvaient construites sur un bloc de terrain dont elle a fait l'acquisition pour y établir ses premières habitations.

La Société a construit depuis sa fondation six cités, savoir :

1° La cité d'Anderlecht, placée au centre du village d'Anderlecht, comprenant 52 maisons du type de 28 mètres carrés, occupées chacune par un ménage seulement;

2° La cité de Molenbeek-Saint-Jean, sise chaussée de Ninove, à la limite séparative des communes de Molenbeek et d'Anderlecht, comprenant 60 maisons du type de 22 mètres carrés, 4 maisons du type de 28 mètres carrés et 22 maisons de types divers.

Elle est occupée par 110 ménages;

3° La cité de Forest, sise avenue Besme, à proximité du parc de Saint-Gilles, comprenant 12 maisons du type de 28 mètres carrés et 56 maisons du type de 22 mètres carrés, occupées par un seul ménage chacune;

4° La cité de Schaerbeek, sise dans la partie rurale de cette commune près de l'ancien champ des manœuvres, comprenant 28 maisons du type de

22 mètres carrés et de 12 maisons du type de 28 mètres carrés, occupées par 40 ménages;

5° La cité de la chaussée de Louvain, sise sur le territoire de la ville de Bruxelles, à la limite qui sépare la ville de la commune de Saint-Josse-ten-Noode, comprenant 24 maisons à appartements et formant ensemble 226 appartements, chacun à l'usage d'un seul ménage;

6° La cité de la rue du Nord, sise dans le quartier Notre-Dame-aux-Neiges, comprenant 30 appartements pour autant de ménages.

Le coût de construction d'une maison de 22 mètres carrés de surface (aux prix actuels des matériaux et de la main-d'œuvre), non compris la valeur du terrain, est de. . . . . fr. 2,300 00
à laquelle somme il y a lieu d'ajouter pour les diverses installations communes à différentes maisons, par maison . . . . fr. 600 00

Soit un coût total de fr. 2,900 00

Le coût de construction d'une maison de 28 mètres carrés (aux prix actuels des matériaux et de la main-d'œuvre), non compris la valeur du terrain, est de . . . . fr. 2,750 00
à laquelle somme il y a lieu d'ajouter pour les diverses installations communes à différentes maisons, telles que puits à eau, citerne, pompes, égouts, chemins, pavages, clôtures, trottoirs, etc., par maison. fr. 600 00

Soit un coût total de fr. 3,350 00

En y comprenant la valeur du terrain, le prix de revient moyen des maisons de la première catégorie, c'est-à-dire celles accolées quatre à quatre et entourées de jardins, est de 4,830 francs; le prix moyen d'un appartement faisant partie des maisons de la seconde catégorie, c'est-à-dire celles composées de plusieurs appartements avec entrée commune, est de 4,950 francs.

Les prix de la location des maisons de la première catégorie varient de 55 à 73 centimes par jour et le prix de la location des appartements de la seconde catégorie est de 56 et 86 centimes par jour.

Le prix de location moyen des habitations des deux catégories est de 60 centimes par jour.

La moyenne des contributions, par maison ou par appartement, payées à l'État, à la province et à la ville par la Société est de 25 fr. 33 c. par an, se répartissant comme suit :

Au profit de l'État	fr.	12 73
Au profit de la province . . .		2 07
Au profit de la commune . . .		10 53
Ensemble. . .	fr.	25 33

Le montant du loyer d'une maison étant de 60 centimes par jour, soit de 219 francs par an, les contributions constituent une charge de 11.56 p. c. du montant des loyers, en supposant toutes les maisons constamment louées.

Cette charge est en réalité beaucoup plus élevée, par suite des non-valeurs dans les locations. Ainsi, en 1885, la Société a payé 12,719 francs de contributions pour un montant de loyer perçus de 88,147 francs, soit donc 14.43 p. c. du montant des loyers. Elle grève fortement les revenus de la Société, qui ne sont que de 2 p. c. du capital engagé. Une aussi faible rémunération du capital explique pour quels motifs la Société n'a pu étendre ses opérations autant qu'elle eût désiré pouvoir le faire.

La Société n'a vendu aucune maison. Elle a fait des tentatives de ventes par payements annuels espacés sur une période de 25 années, mais ces tentatives n'ont pas abouti.

IV. — Entreprises particulières.

Maisons ouvrières de M. F. Sévrin, à Isle-le-Pré, près Bastogne (Luxembourg belge).

Les maisons dont il s'agit sont groupées par deux ou quatre demeures sous la même toiture, sont bien faites, sans luxe cependant, indépendantes l'une de l'autre, et construites dans les meilleures conditions d'hygiène; elles ont un petit cachet d'élégance qui leur donne un caractère de propreté qui les rend plus attrayantes, sont construites en briques et couvertes en ardoises, ont caves voûtées sur poutrelles de fer, deux places en bas et deux places en haut, avec grenier, et sont disposées de manière à être converties à volonté en quatre demeures séparées; mais dans ce dernier cas, elles n'ont qu'une place bas et une place haut, avec cave et grenier; l'ouvrier peut ainsi, suivant ses ressources ou ses besoins, louer une maison plus ou moins importante.

Ces demeures à deux habitations coûtent 4,400 francs et reposent sur un jardin de cinq à six ares; converties en quatre demeures, elles coûtent ensemble 500 à 600 francs de plus. La surface bâtie est de 85 centiares.

Le groupe de deux demeures, construit à titre d'essai et de spécimen, est déjà vendu à deux ouvriers, payable en vingt annuités, plus l'intérêt du capital engagé à raison de 4 p. c. l'an, ce qui donne, avec la prime d'assurance, une redevance mensuelle de 17 francs environ pour chaque demeure, ou 10 francs dans le cas où le groupe est divisé en quatre demeures.

La cession se fait par une promesse de vente qui se réalise d'une manière authentique après le payement des dix premières annuités; les dix annuités encore à payer restent affectées sur l'immeuble comme inscription d'office.

Indépendamment des conditions principales, il y a d'autres restrictions imposées à l'occupation de ces demeures, telles que défense de tenir un cabaret ou de livrer l'habitation à un usage compromettant ou qui pourrait compromettre la morale.

Comme on le voit par cette combinaison, ces maisons ne coûtent guère que le prix d'une location ordinaire, même plus avantageux si l'on tient compte de la jouissance du jardin légumier; cette combinaison constitue aussi une caisse d'épargne que l'ouvrier gère à sa guise et dont il jouit immédiatement des bienfaits, tant moraux que matériels.

Partout où on le peut, ces maisons ouvrières doivent avoir un jardin, lequel, bien compris, répond à deux nécessités impérieuses d'économie et de morale; d'abord, il procure à la ménagère des aliments de première nécessité, de bonnes qualités et à bon marché; ensuite, il procure à l'ouvrier pendant ses loisirs un sujet de récréation, à la fois utile et agréable, qui le retient au foyer et lui fait acquérir ce goût de la propriété et de l'économie sans lequel l'ouvrier, moins que tout autre, ne peut jamais améliorer sa condition matérielle. M. F. Sévrin vulgarise ce goût de petite culture, et partant de bien-être, par des conférences et des démonstrations sur les faits mêmes; il préconise aussi l'organisation de concours annuels entre gens de même catégorie : ce sont de puissants moyens de propagande et d'émulation.

« Comme on le voit, nous écrit M. F. Sévrin, on peut, par une combinaison financière de premier ordre, concourir dans une large mesure à l'amélioration du sort de l'ouvrier qui s'impose, l'habitation étant presque aussi nécessaire à l'ouvrier que le pain qui doit le faire vivre; ensuite, l'ouvrier propriétaire se fixe au sol et à son pays, comprend mieux le respect qu'il doit à la propriété, qu'il défendra plus sûrement et plus efficacement, par cela qu'il en possède une partie.

« Ces maisons peuvent se construire partout aux mêmes conditions, surtout en ce moment où tout est à bon marché, main-d'œuvre, matériaux, emplacements, etc.

« La spéculation privée, à défaut de l'intervention gouvernementale ou des établissements de bienfaisance, trouverait matière à une spéculation de premier ordre, car un intérêt de 4 p. c. n'est pas à dédaigner par ce temps d'abondance de capitaux, quand surtout le placement repose, comme dans ce cas, sur une valeur hypothécaire de tout repos, et la construction de maisons ouvrières à bon marché est par le temps qui court une des meilleures spéculations que l'on puisse faire; surtout mise à la portée de l'ouvrier et bâties pour lui, sans luxe, avec économie, sans nuire à la solidité ni à l'hygiène. De cette mesure peut aussi découler un grand bien, tant au point de vue matériel qu'au point de vue moral, voire au point de vue social; ce serait peut-être une première digue aux flots sans cesse montants du socialisme! »

Cité Hoyaux, à Cuesmes lez-Mons.

Propriétaire : M. ÉMILE HOYAUX, ingénieur, à Mons.

L'édification de la cité ouvrière de Cuesmes lez-Mons est une entreprise privée. Elle est l'œuvre de M. E. Hoyaux, qui y a consacré sept années de sa vie et la plus grande partie de son avoir.

Commencée le 15 juillet 1881, elle comprend aujourd'hui 86 maisons, pour lesquelles ont été utilisés 1 hectare 2 ares 60 centiares, des 4 hectares 73 ares 70 centiares que comporte la propriété.

Lorsque la cité sera terminée, elle comprendra 300 maisons.

Les 86 maisons mentionnées se subdivisent en 12 maisons principales et grands magasins, dont la construction a coûté 150,000 francs, et 74 habitations ouvrières qui ont coûté 2,500 francs l'une, soit au total 185,000 francs.

Chaque maison ouvrière est destinée à un seul ménage. Elle est composée de : deux caves, deux pièces au rez-de-chaussée, deux chambres à l'étage, un grenier, lieu d'aisance, citerne à eau de pluie, jardin.

Un puits artésien tubulé en fer, à la profondeur de 130 mètres, fournissant

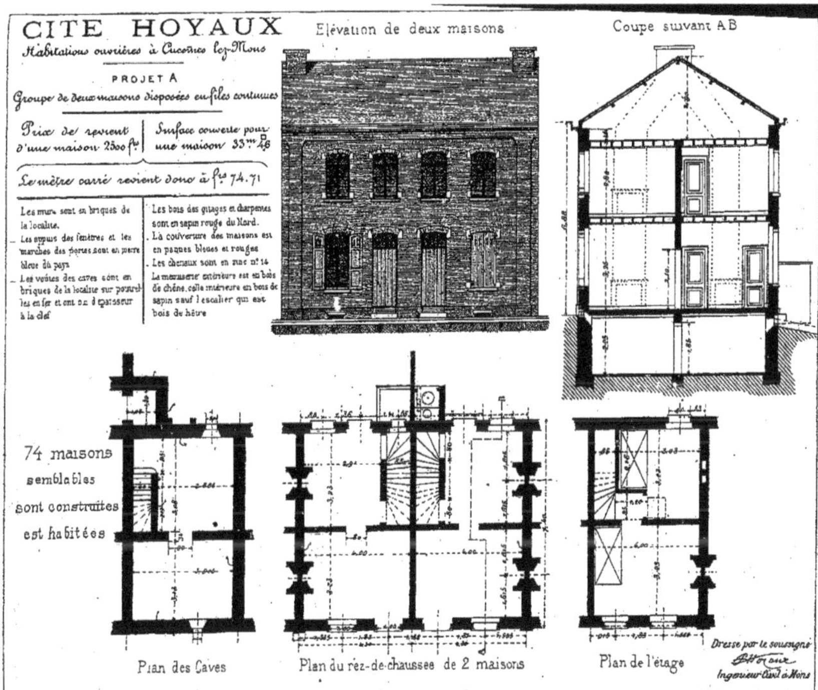
CITE HOYAUX
Habitations ouvrières à Cuesmes lez-Mons
PROJET A
Groupe de deux maisons disposées en files continues
Prix de revient d'une maison 2500 frs
Surface couverte pour une maison 33m 46
Le mètre carré revient donc à frs 74.71
Les murs sont en briques de la localité.
Les appuis des fenêtres et les marches des portes sont en pierre bleue du pays
Les voûtes des caves sont en briques de la localité sur poutrelles en fer et ont 0m d'épaisseur à la clef
Les bois des gitages et charpentes sont en sapin rouge du Nord.
La couverture des maisons est en pannes bleues et rouges
Les chéneaux sont en zinc nº 14
La menuiserie extérieure est en bois de chêne, celle intérieure en bois de sapin sauf l'escalier qui est bois de hêtre
Elévation de deux maisons
Coupe suivant AB
74 maisons semblables sont construites est habitées
Plan des Caves
Plan du rez-de-chaussée de 2 maisons
Plan de l'étage
Dressé par le soussigné
Ingénieur Civil à Mons

CITÉ HOYAUX A CUESMES LEZ-MONS

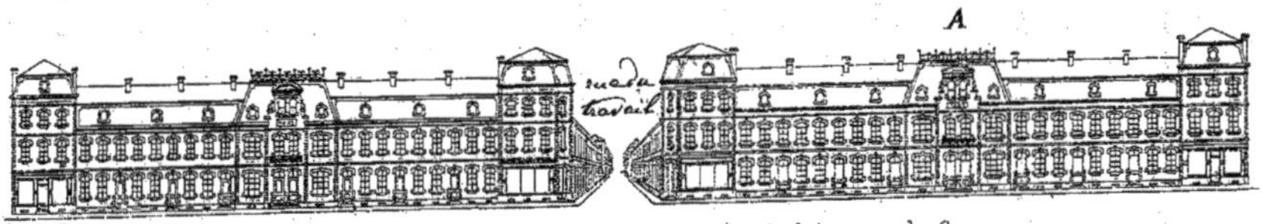

Elévation des Maisons et Magasins à front de l'Avenue de Cuesmes

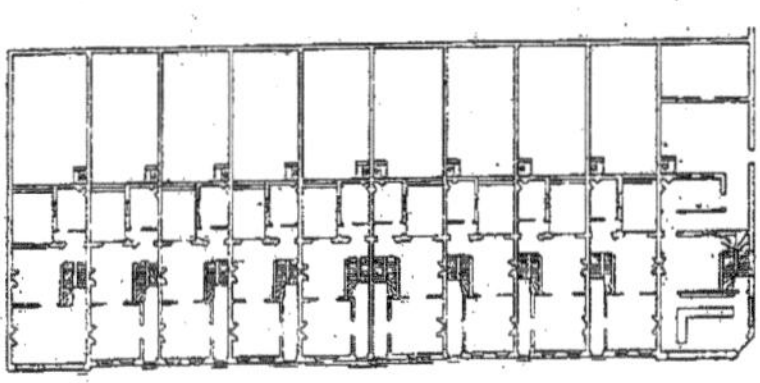

Plan du Rez-de Chaussee

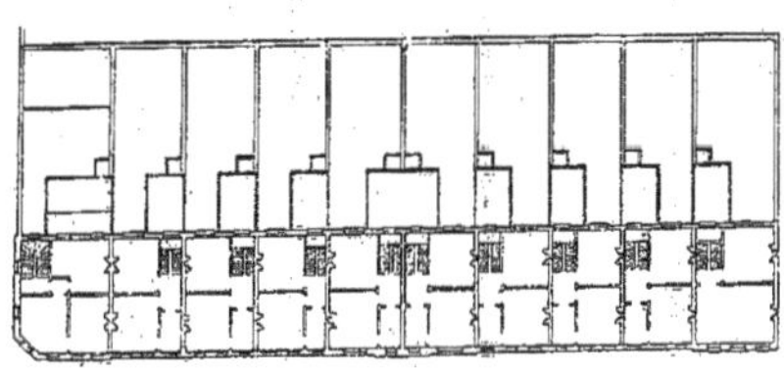

Plan de l Etage

A Ce groupe de maisons principales est entierement terminé.

Dressé par le soussigné

Ingenieur Civil à Mons

125 mètres cubes d'eau par vingt-quatre heures, est à la disposition des habitants de la cité Hoyaux, auxquels l'eau est fournie gratuitement.

Prix de location : 34 maisons ouvrières sont louées 18 francs par mois, 40 sont également louées au mois à raison de 15 francs.

L'édification de la cité Hoyaux a causé une baisse sensible dans le prix des loyers.

La majeure partie des locataires sont douaniers, gardes, employés des chemins de fer de l'État belge, ouvriers et employés du grand arsenal de Mons, mécaniciens, chauffeurs, etc.

Leur instabilité, les changements de résidence que nécessite leur avancement n'ont pas permis de se préoccuper de les rendre propriétaires de leurs demeures.

Les locataires sont rangés, attachés à leur demeure ; le petit jardin qu'ils cultivent aux heures de loisir, et le dimanche surtout, les retient à la maison ; une certaine émulation existe entre eux pour la tenue de l'immeuble, qui est généralement irréprochable.

ANNÉES.	COUT TOTAL DE LA BATISSE, TERRAIN COMPRIS.	NOMBRE DE MAISONS BATIES.	SURFACE BATIE.	MAISONS VENDUES.	MAISONS LOUÉES.	NOMBRE DE PERSONNES LOGÉES.	PRODUIT ANNUEL.
1881	135,000	50	1 h. 2 a. 60 c.	0	86	403	23,944
1886	100,000	24 } 36 12 }					
1887							
1888	(La dépense s'élève à ce jour de 524,343 francs, y compris le remblai des rues, puits artésien, aqueducs, trottoirs, candélabres et ensemble du terrain.)						

V. — Administrations publiques, bureaux de bienfaisance et administrations des hospices.

Administration du Bureau de bienfaisance de Nivelles.

Dans sa séance du 24 avril 1859, le Bureau de bienfaisance de Nivelles décida de faire construire sur la prairie dite *de Gotissart*, au faubourg de Namur, à Nivelles, un groupe de douze maisons saines et modestes, conformément aux règles adoptées par le congrès général d'hygiène en 1852. M. l'architecte Carlier fut chargé de l'élaboration des plans. Les travaux de construction furent terminés à la fin de 1860.

L'emplacement choisi a permis de réaliser les conditions essentielles exigées par l'hygiène et l'économie : situation élevée aux abords de la ville; terrain sec, à l'abri des émanations, pourvu d'eaux saines et abondantes, etc.

La construction forme un groupe de douze maisons adossées et juxtaposées. On a cru pouvoir adopter cette disposition à raison de l'économie qui en résulte et de la possibilité de parer à l'inconvénient grave qu'on lui attribue d'empêcher la ventilation. L'habitation de ces maisons est, du reste, très agréable. Elles présentent l'avantage d'être plus chaudes en hiver et de ne jamais exposer ses habitants aux courants d'air continus et pernicieux qui existent dans les maisons à deux faces.

Chaque maison est appropriée pour le logement d'une famille.

Chaque maison, à l'exception de celles de tête, comprend :

Au rez-de-chaussée, une cuisine ou chambre de réunion de 15 mètres carrés de superficie, un cabinet et, au delà de celui-ci, un espace clôturé qui comprend l'entrée de la cave et l'escalier conduisant à l'étage;

A l'étage, 2 chambres de grandeur différente, l'une mesurant 32 mètres cubes, l'autre 25, pourvue toutes deux d'un système de ventilation qui en double la capacité. Chaque chambre a son entrée particulière;

Au sous-sol, une cave; on y descend par un escalier à marches rayonnantes en grès d'Écaussines;

Un grenier, dont une partie est susceptible d'être convertie en mansarde;

Un cabinet spécial avec fosse d'aisance, situé en dehors de l'habitation;

Enfin, un jardin de 120 mètres carrés.

Les maisons de tête diffèrent des habitations intermédiaires en ce qu'elles n'ont pas de cabinet au rez-de-chaussée et qu'à l'étage elles n'ont qu'une seule chambre de 48 mètres cubes.

La hauteur du rez-de-chaussée, mesurée entre le plafond et le sol, est de 3m15; celle de l'étage n'est que de 3 mètres.

La façade de chaque maison est percée de trois fenêtres s'ouvrant à 75 centimètres au-dessus du sol intérieur.

La toiture, en pannes, fait une saillie de 40 centimètres afin de garantir les murs de l'action des pluies.

Elle est garnie de chenaux en zinc qui déversent les eaux dans des gouttières de même métal.

La cheminée, disposée de manière à garantir contre tout danger d'incendie, est adossée à un canal de ventilation établi au point de jonction de quatre murs mitoyens et au dépend du sommet de leur angle de refend. Sa capacité intérieure est de 47 centimètres sur 22.

Pour faciliter la ventilation intérieure des habitations, chaque pièce offre un système d'aérage spécial. Il consiste dans des ouvertures de 6 centimètres de diamètre, recouvertes de toiles métalliques, les unes pratiquées dans les murs de la façade pour l'arrivée de l'air pur à 1m50 du sol intérieur, les autres placées dans le voisinage du plafond et destinées à l'évacuation de l'air vicié. Celles-ci communiquent au moyen de drainage avec le canal d'aérage décrit plus haut, dont l'action est constamment activée par la chaleur qui lui est communiquée par les quatre cheminées adossées à ses flancs. Ces canaux sont au nombre de quatre pour tout le groupe, savoir : deux pour les maisons de tête et deux pour les maisons intermédiaires. Ils partent du rez-de-chaussée et débouchent à 1m50 au-dessus du faîte. Leur section intérieure est de 47 centimètres sur 47 (1).

Le prix de chaque maison revient à 1,621 fr. 47 c.

Comme le Bureau de bienfaisance s'est imposé l'obligation de ne prélever que 4 p. c. d'intérêt sur la mise de fonds et de renoncer à tout bénéfice, chaque maison lui procure un revenu annuel de 64 fr. 86 c.

---

(1) *Des habitations ouvrières à Nivelles*, par le Dr F. Le Bon.

Pour fixer le prix du loyer annuel, nous devons ajouter à cette somme de . . . . fr. 64.86

1° Le prix de location d'un are cinquante centiares de terrain . .	2.25
2° L'assurance contre l'incendie	0.48
3° L'entretien des bâtiments	7.50
Total. . .	75.09

Le loyer mensuel revient donc à 6 fr. 25 c.

Mais à cette somme, le Bureau de bienfaisance exige que chaque locataire ajoute 4 francs d'épargne. Ces 4 francs sont mis à la caisse d'épargne pour l'ouvrier, afin de lui permettre de devenir un jour propriétaire de son habitation, dès que ses épargnes, accumulées avec les intérêts, auront produit une somme égale au prix de la maison, y compris celui d'un are cinquante centiares de terrain, c'est-à-dire 1,771 fr. 47 c.

En fixant à 4 francs seulement l'épargne mensuelle et en n'exigeant aucune mise de fonds préalable, le Bureau de bienfaisance a voulu rendre la propriété accessible aux ouvriers les plus pauvres.

Depuis le 1er mars 1861, toutes les maisons sont occupées et tous les jardins mis en culture.

Leurs habitants ne s'enivrent jamais; leur sobriété n'a d'égale que leur activité. Ils travaillent régulièrement six jours par semaine, observant la loi du dimanche, si religieusement démocratique.

La plupart des ménagères, tout en employant la meilleure partie de leur temps aux soins domestiques, parviennent à tirer quelques bénéfices d'une industrie quelconque.

Ce produit, ajouté à la masse, accroît le bien-être commun.

L'habitude de faire le lundi est inconnue dans ce quartier. L'esprit de prévoyance s'est développé insensiblement chez ses habitants, et tous ont ajouté à leur propriété de petites annexes destinées à recevoir une chèvre, un porc ou des lapins, voire une vache.

Le 26 octobre 1884, une cérémonie des plus intéressantes réunissait, dans la salle d'honneur de l'hôtel de ville de Nivelles, le collège des bourgmestre et échevins, les membres du conseil communal, les administrateurs de l'assistance publique, l'élite de la population et les douze chefs de famille du quartier Saint-François.

Le premier magistrat de la cité remit lui-même à chacun de ceux-ci les titres

Bureau de Bienfaisance de Nivelles.

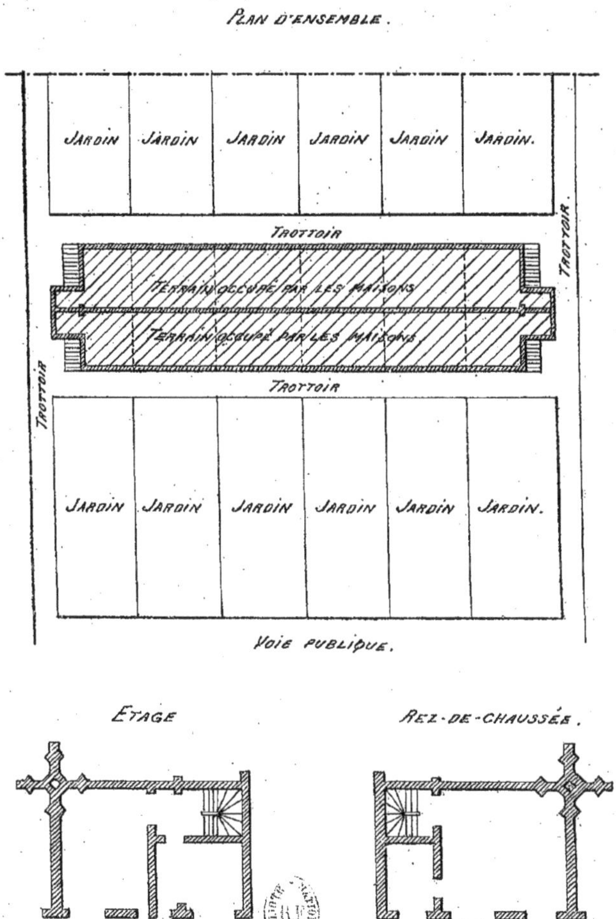

de propriété de leurs maisons, dont ils étaient devenus propriétaires par le travail et l'économie.

(A) **Administration du Bureau de bienfaisance de Wavre (Brabant).**

ANNÉES.	NOMBRE de maisons bâties.	COUT TOTAL, terrain compris, de la bâtisse de chaque groupe.	NOMBRE de personnes logées.	SURFACE BATIE.	NOMBRE DE MAISONS VENDUES.
1869	12	18,870			
1871	6	10,560			
1881	12	21,300			Jusqu'en 1889
1882	20	40,000			
Totaux.	50	90,730	300	1,800	11

Le Bureau de bienfaisance de Wavre a fait construire à ce jour 50 maisons ouvrières, simplement juxtaposées, ayant leurs deux faces principales libres.

Toutes sont construites sur le même modèle : une cave, deux pièces au rez-de-chaussée, deux chambres, grenier et une écurie avec lieu d'aisance.

La surface bâtie est de 36 mètres pour chacune.

Le total des sommes consacrées à cette entreprise, y compris la valeur du terrain calculée à 10,000 francs l'hectare, est de 90,730 francs.

Ce capital a été entièrement fourni par le bureau de Bienfaisance.

Mode de payement du loyer : Par annuités, comprenant prix d'acquisition. Ces annuités sont fixées comme suit pour les différents groupes, en raison du coût des constructions :

1er groupe,	20 annuités de	. . . fr.	122 00	chacune.
2e —	20 —	. . . . .	137 25	—
3e —	20 —	. . . . .	140 00	—
4e —	29 —	. . . . .	120 00	—

Recette. — Par année, ces annuités constituaient une recette totale de :

1er groupe, 12 maisons	. . . . fr.	1,464 00
2e — 6 —	. . . .	823 50
3e — 12 —	. . . .	1,680 00
4e — 20 —	. . . .	2,400 00
	Annuellement. . fr.	6,367 50

Chacune de ces maisons est occupée en moyenne par une seule famille se composant de 6 personnes environ. Ces locataires appartiennent à des professions diverses; ils sont généralement attachés à des ateliers en ville.

La séparation des ménages est aussi complète qu'on peut le désirer; dans aucune de ces maisons la chambre à coucher ne sert de chambre de travail, et dans toutes il y a pour la nuit séparation des adultes et des enfants.

Le Bureau de bienfaisance de Wavre cherche à rendre l'ouvrier propriétaire de sa maison.

Voici la combinaison qu'il a adoptée :

On a pris comme chiffre d'annuité le montant du loyer que l'ouvrier paye pour une maison ordinaire. Le prix de celui-ci est, à Wavre, de 10 à 12 francs par mois au maximum.

L'annuité des 12 premières maisons est de 122 francs; sur cette annuité, le Bureau prélève 4 p. c. du capital de 1,600 francs employé à la construction, soit 64 francs. Restent 58 francs, laquelle somme de 58 francs capitalisée à 5 p. c. reconstitue, en vingt ans, un capital de 1,604 francs.

Un second groupe de 6 maisons a été construit en 1871. Le prix de cession a été fixé, terrain compris, à 1,800 francs, remboursables en 20 annuités de 137 fr. 25 c. chacune.

Un troisième groupe de 12 maisons a été construit en 1881; coût de chacune, 1,854 francs, remboursables en 20 annuités de 140 francs chacune.

Un quatrième groupe de 20 maisons a été construit en 1882; coût, 2,000 francs chacune, remboursables en 29 annuités de 120 francs chacune.

Les ménages ouvriers ont, après dix ans d'occupation, le droit d'acheter la maison qu'ils occupent, en escomptant à 4 p. c. le restant des annuités non payées.

A ce jour, onze de ces maisons ont été achetées par les ouvriers qui les occupaient, au moyen d'économies réalisées sur leur salaire.

Si, par suite de maladie ou manque de travail, les payements des annuités restent en souffrance, des délais sont accordés par le Bureau qui prélève, sur ses ressources générales, les petites différences nécessaires à la reconstitution régulière de son capital.

Seulement, si l'ouvrier reste deux ou trois ans de plus pour acquitter ses annuités, il payera sur chacune un intérêt de retard de 3 p. c. ou 3 1/2 p. c. selon le cours de l'argent.

Voici, d'après M. Ch. Mac Dougall, le dévoué secrétaire-receveur du Bureau de bienfaisance de Wavre, les *résultats matériels et moraux* obtenus par cette administration charitable :

1° Une vie intérieure plus digne et plus morale;

2° Une plus grande propreté, une nourriture plus régulière, plus d'économie;

3° Surveillance des enfants, moins de dissipation.

La construction de nos maisons a certainement empêché l'augmentation des loyers, en général, dans les quartiers où elles sont situées.

Cette entreprise réussit, parce que le montant de l'annuité ne dépasse pas le chiffre du loyer ordinaire d'une maison d'ouvrier; parce que l'ouvrier achète sa maison pour le même prix qu'il payerait ailleurs du chef d'une simple location. De plus, nous cédons à chaque occupant, pour un prix minime de location, une portion de terrain qu'il cultive après sa journée finie et sur lequel il récolte des pommes de terre hâtives, qu'il vend avec un bénéfice de 40 à 50 francs annuellement, c'est-à-dire la moitié du prix d'acquisition de la maison.

L'ouvrier est fier de sa maison; il est surtout fier qu'elle lui appartienne. Il se sent plus libre, plus heureux, plus désireux d'élever ses enfants au rang des bourgeois. Il sent donc mieux la nécessité de les faire instruire.

La femme s'attache à une maison facile, presque élégante, qu'elle se plaît à embellir et où elle voit ses enfants croître chaque jour en joie et en santé.

Nécessairement la bonne humeur et l'ordre règnent dans le ménage, et bien mieux qu'au cabaret le mari s'y repose des fatigues de son travail, car ce sont les plaintes et la gêne qui souvent poussent l'ouvrier hors de chez lui.

BUREAU DE BIENFAISANCE DE WAVRE (Brabant, Belgique).

Devis estimatif de l'une des maisons d'ouvriers construites en 1869.

QUANTITÉS.	DÉSIGNATION DES TRAVAUX.	PRIX.	PRODUIT.
		Fr. C.	Fr. C.
58m³000	Maçonnerie, y compris fouilles, pavement des caves et refuge	9 50	551 95
0 051	Pierres bleues ou blanches	130 00	66 30
0 015	Chêne-pour guillepcs, filières, etc., clous compris .	120 00	18 00
2 090	Sapin du Nord rouge pour gîtages, et du pays pour charpente	56 00	162 40
55m²90	Couvertures en pannes rouges	1 60	89 44
28 kilog.	Fer laminé pour ancrages	0 35	9 80
30m²05	Pavement pour rez-de-chaussée et lieux en carreaux de 0m15	1 90	57 09
173 00	Plâtrage sur murs.	0 35	60 55
60 20	Plafonds.	0 75	45 15
7 10	Plâtrage au ciment pour fosse et égouts	1 30	9 23
1 90	Zinc n° 11 pour chéneaux et descentes	6 00	11 40
14 30	Menuiserie en chêne et sapin du Nord de 0.035 pour portes extérieures et châssis	7 00	100 00
	Escalier-échelle, en hêtre, 30 marches à	1 50	45 00
	» en chêne, pour caves	—	10 00
3	Portes intérieures en sapin et peuplier de 0.025 .	14 00	42 00
1	Portail en peuplier	—	20 00
58m²10	Planchers en peuplier pour l'étage et le grenier. .	2 00	116 20
2	Paires de volets en sapin du Nord jusqu'à l'imposte.	5 00	10 00
	A reporter. . .	»	1,424 51

Bureau de bienfaisance de la Ville de Wavre.

Maisons ouvrières.

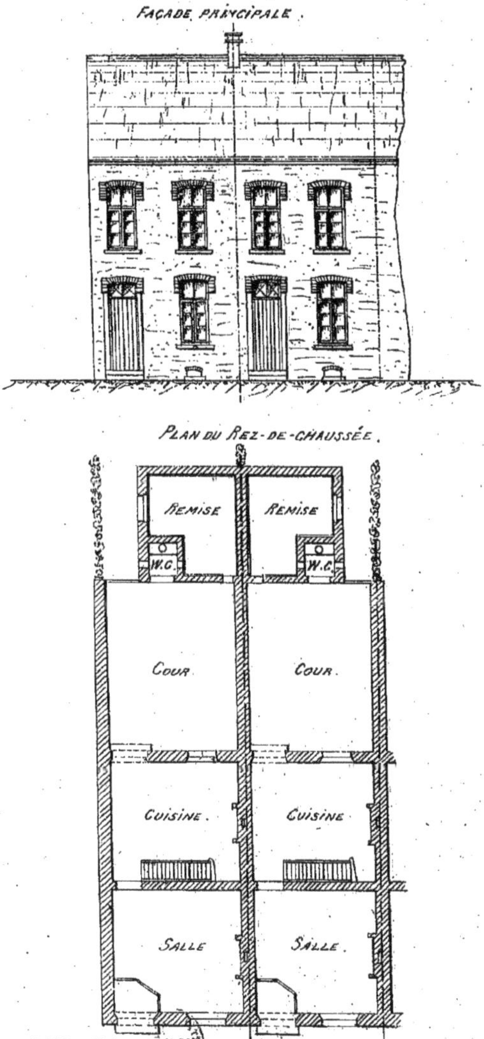

QUANTITÉS.	DÉSIGNATION DES TRAVAUX.	PRIX.	PRODUIT.
		Fr. C.	Fr. C.
	Report. . .	»	1,424 51
	Serrurerie complète	—	45 00
	Peinturage à 3 couches de la menuiserie et serrurerie, non compris planchers et escaliers . . .	—	26 00
6m23	Vitrage, y compris 4 pannes en verre	3 00	18 90
	Pour siège, cuvette, etc., d'une latrine	—	12 00
	Imprévu	—	15 49
	Indemnité à l'architecte de l'arrondissement (art. 5 du règlement)	—	48 00
	Total. . .	—	1,590 00

Total : mille cinq cent quatre-vingt-dix francs.

Nota. — Ce chiffre est prévu dans l'hypothèse de la confection des briques sur le même terrain et que l'on fasse au moins un ensemble de 12 maisons.

Nivelles, le 6 juillet 1868.

L'architecte de l'arrondissement,
(Signé) E. Coulon.

Coût d'exécution.

Un premier groupe de 12 maisons a été mis en adjudication publique le 27 avril 1869 et adjugé . . . . fr.	15,828 00
Un agrandissement de gouttières, non prévu au devis, a coûté	140 00
La transformation des petits refuges en écuries assez grandes pour tenir une vache, a coûté	570 00
Des travaux supplémentaires (séparation des cours par un petit mur) ont coûté . .	398 00
Les frais d'écritures, plans, enregistrement, etc., ont coûté . . . . fr.	314 00
Total pour les 12 maisons. . .	17,250 00
Soit, pour chaque maison, un coût — auquel il faut ajouter le coût du terrain occupé par les bâtiments et petits jardins — de	1,440 00
Ensemble 1 are 35 centiares, à 10,000 francs l'hectare	135 00
De sorte que chaque maison a coûté . . . . fr.	1,575 00

(A) Administration du Bureau de bienfaisance de Mons.

ANNÉES.	COUT TOTAL, terrain compris, de la bâtisse.	NOMBRE de maisons bâties.	NOMBRE de personnes logées.	SURFACE BATIE.	NOMBRE DE MAISONS VENDUES.
1886	138,098 19	50	250	62 a. 17 c. 79 m.	0

Le Bureau de bienfaisance de la ville de Mons a fait construire, en 1886, 50 maisons ouvrières, ne servant chacune qu'à un seul ménage d'environ cinq personnes.

Ces immeubles procurent une recette annuelle de 7,654 francs. Ils sont occupés par des ouvriers exerçant les professions suivantes : tailleurs, cordonniers, mécaniciens, ajusteurs, ouvriers du chemin de fer, menuisiers, ébénistes, maçons, plafonneurs, relieurs, etc., etc.

Ces maisons fort salubres sont habitées suivant les préceptes de l'hygiène et de la morale.

Administration du Bureau de bienfaisance de Gand.

ANNÉES.	COUT TOTAL, terrain compris, de la bâtisse.	NOMBRE de maisons bâties.	NOMBRE de personnes logées.	SURFACE BATIE.	NOMBRE DE MAISONS VENDUES.
1886	81,000	24	120	18 ares.	8

Le Bureau de bienfaisance de Gand a fait construire, en 1886, 24 maisons ouvrières, dont la distribution fort bien conçue a été représentée dans l'excellent ouvrage que M. L. Van den Bos, secrétaire de cette administration, a publié en 1887 sur le logement de l'ouvrier.

C'est un premier essai et l'on se propose d'en ériger encore, aussitôt qu'on aura pu acquérir des terrains avantageusement situés pour y élever des constructions de cette nature.

Les maisons édifiées par le Bureau de bienfaisance de Gand ne servent qu'à un seul ménage, composé en moyenne de cinq personnes.

Les locataires sont des artisans ou des ouvriers de fabrique; ils payent leur loyer de 3 fr. 50 c. à 2 fr. 50 c. par semaine, suivant que les maisons sont doubles ou simples et d'après la dimension des jardinets.

L'administration a étudié la question de favoriser l'acquisition de ces immeubles par le payement d'annuités, mais des difficultés administratives ont empêché la réalisation de cette combinaison.

(A) **Administration du Bureau de bienfaisance d'Anvers.**

ANNÉES	NOMBRE DE MAISONS.	COUT TOTAL, terrain compris, de la bâtisse de chaque groupe.	SURFACE BATIE.	NOMBRE DE MAISONS VENDUES.
1864	4			
1869	117 — 4 50 bourgeoises. 1 école.	590,048 03	20,486m²00	
1881	34	243,859 35	2,880 00	
1882	379	1,499,900 00	11,942 00	

Le Bureau de bienfaisance d'Anvers contruisit en 1864, à titre d'essai, au Stuivenberg, quartier excentrique, alors peu habité, 4 maisons d'ouvriers. Cet essai ayant réussi, il étendit ses entreprises.

A la fin de 1869, il possédait 17 maisons d'ouvriers pour un ménage, 50 maisons bourgeoises, dont une partie destinée au petit commerce, et 1 école gardienne. La surface occupée par ces constructions était de 20,486 mètres carrés et la dépense s'est élevée (y compris les améliorations et changements faits de 1872 à 1882) à 590,048 fr. 03 c.

Au début, le prix de location était de 3 francs à 3 fr. 50 c. par semaine pour les maisons d'ouvriers; de 16 à 40 francs par mois pour les maisons bourgeoises.

En 1874, le loyer des maisons d'ouvriers fut porté à 4 francs en moyenne par semaine et au 1er janvier 1885 il atteignait 5 francs.

Pendant cette période, le loyer des maisons bourgeoises s'éleva de 4 à 8 francs par mois.

En 1881, l'administration construisit 5 maisons pour boutiques, 5 maisons d'ouvriers pour un ménage et 24 pour deux ménages. Les frais occasionnés par cette nouvelle entreprise s'élevèrent à 243,859 fr. 35 c.

Les maisons d'ouvriers pour un ménage sont louées de 22 à 25 francs par mois, et les maisons à deux ménages à 8 fr. 75 c. par semaine. Les maisons boutiques, de 45 à 60 francs par mois.

Le produit de la 1re série était, en 1883, de . . . . . fr.	33,693 65
Celui de la 2e série	12,053 23

Le produit net, tous frais déduits, est donc de 5.48 p. c. du capital.

A la demande de la ville, qui avait à pourvoir au logement d'une nombreuse population expropriée et qui offrait l'avance d'un capital de 1,500,000 francs remboursable par annuités, l'administration du Bureau de bienfaisance construisit, en 1882, 379 maisons et acquit à cet effet 11,942 mètres carrés de terrains sur l'emplacement de l'ancienne citadelle du Sud. La construction coûta, tous frais compris, 1,499,900 francs.

Le produit de ces habitations est de. . . . . fr.	101,650 00
Les frais (entretien, eaux, administration, etc.)	17,630 73
Le produit net est donc de fr.	84,019 27

Soit 5.60 p. c. du capital engagé.

Administration des Hospices civils de Huy.

Les maisons que l'administration des hospices de la ville de Huy a fait construire en 1867, 1869 et 1870, sont au nombre de 39.

Elles sont situées rue de la Reine, rue Léopold II et rue Mothet.

Les frais occasionnés par ces constructions s'élèvent à 127,416 francs, et en comprenant le prix du terrain, à la somme totale de 148,947 francs.

A l'exception de deux maisons de coin qui sont plus grandes, chaque habitation se compose d'une cave, de deux places au rez-de-chaussée, de deux chambres à l'étage, d'un grenier et d'une cour pavée avec latrines. Presque toutes ont derrière un petit jardin.

La location de ces maisons a eu lieu pour le terme de 3, 6 ou 9 années consécutives, moyennant un loyer variant de 150 à 200 francs, payable trimestriellement et par anticipation.

Le revenu annuel de ces locations s'élevait à 7,050 francs.

La vente des habitations (sauf deux dont la commission administrative a ajourné l'aliénation) a été proposée aux locataires aux conditions suivantes : payement par l'acquéreur le jour de la vente, d'une somme de 1,000 francs, à valoir sur le prix fixé; intérêts à 4 1/2 p. c., à payer sur le surplus, exigible seulement dix années après l'acquisition, avec faculté pour l'acquéreur de se libérer, même par fraction de 200 francs au minimum, cas dans lequel l'intérêt diminuerait en proportion des payements partiels.

Les 37 maisons ont été vendues, savoir : 2 en 1873, 1 en 1874, 28 en 1875, 4 en 1876, 1 en 1877 et 1 en 1879.

Le total des prix de vente s'élève à la somme de 150,300 francs, acompte de laquelle il a été payé, inclus 1888, celle de 114,450 francs.

ANNÉES	NOMBRE de maisons bâties.	COUT TOTAL, terrain compris.	SURFACE BATIE.	NOMBRE DE MAISONS VENDUES.
1867 1869 1870	39	148,947	environ 20 ares.	37

Administration du Bureau de bienfaisance de Jodoigne (Brabant).

ANNÉES.	NOMBRE de maisons.	COUT TOTAL, terrain compris, de la bâtisse.	SURFACE BATIE.	NOMBRE de personnes logées.	NOMBRE DE MAISONS VENDUES.
1888	11	20,900 (9,000 l'une, terrain compris.)	22		0

Le Bureau de bienfaisance de Jodoigne a fait édifier en 1888, 11 maisons d'ouvriers, d'une valeur de 1,900 francs chacune, terrain compris.

Ces maisons ont été mises en location depuis le 1er avril de cette année et à ce jour, 4 sont déjà occupées.

Le prix de location est fixé à 10 fr. 50 c. par mois ou 126 francs par an et par maison, non compris les contributions et la prime d'assurance, qui seront réparties proportionnellement entre tous les locataires. Après le payement de la 21e annuité, le locataire devient propriétaire de la maison.

En cas de décès de l'occupant, le Bureau aura le droit de laisser continuer le bail par les membres de la famille survivants, qui profiteront ainsi de la position acquise par le défunt. En cas de non-continuation du bail, les héritiers du défunt pourront céder leurs droits à un tiers, agréé par le Bureau, moyennant remboursement du capital amorti.

Si l'occupant ne paye pas régulièrement son annuité, ou s'il vient à abandonner volontairement sa maison, le bail cesse de plein droit et sans aucune indemnité de la part du Bureau, qui bénéficiera des sommes amorties, comme frais d'expulsion, de réparations et de relocation.

Pour le cas où le locataire n'entretiendrait pas convenablement sa maison ou si d'autres difficultés venaient à surgir entre lui et le Bureau, celui-ci aura toujours le droit de rentrer en possession de la maison, sauf à rembourser à l'occupant la somme amortie, déduction faite de ce qui sera nécessaire pour remettre la maison en parfait état.

Au bout de la 21e année, ou immédiatement après payement complet de la somme de 1,900 francs, le Bureau s'engage à passer acte authentique de vente, mais les frais à provenir de cet acte seront à charge de l'occupant.

Le Bureau se réserve le droit de visiter ou de faire visiter, au moins une fois par an, toutes les maisons pour s'assurer de leur parfait état d'entretien.

Il sera facultatif aux preneurs de payer simultanément plusieurs annuités, à l'effet de diminuer le temps fixé pour devenir propriétaire de l'immeuble.

Il est expressément défendu de tenir cabaret, de débiter des boissons et surtout des liqueurs spiritueuses.

TABLEAU D'AMORTISSEMENT

ÉPOQUES.	ANNUITÉS.	INTÉRÊTS.	AMORTISSEMENT.	SOMMES AMORTIES.	SOMMES RESTANT DUES.
1re année.	126 00	57 00	69 00	69 00	1831 00
2e —	126 00	54 93	71 07	140 07	1759 93
3e —	126 00	52 79	73 21	213 28	1686 72
4e —	126 00	50 60	75 40	288 68	1611 32
5e —	126 00	48 33	77 67	366 35	1533 65
6e —	126 00	46 00	80 00	446 35	1453 65
7e —	126 00	43 60	82 40	528 75	1371 25
8e —	126 00	41 13	84 87	613 62	1286 38
9e —	126 00	38 59	87 41	701 03	1198 97
10e —	126 00	35 96	90 04	791 07	1108 93
11e —	126 00	33 26	92 74	833 81	1016 19
12e —	126 00	30 48	95 52	979 33	920 67
13e —	126 00	27 62	98 38	1077 71	822 29
14e —	126 00	24 66	101 34	1179 05	720 95
15e —	126 00	21 62	104 38	1283 43	616 57
16e —	126 00	18 49	107 51	1390 94	509 06
17e —	126 00	15 27	110 73	1501 67	398 33
18e —	126 00	11 94	114 06	1615 73	284 27
19e —	126 00	8 52	117 48	1733 21	166 79
20e —	126 00	5 00	121 00	1854 21	45 79
21e —	45 79	1 37	44 42	1900 00	00 00

Administration du Bureau de bienfaisance de Morlanwelz.

ANNÉES.	NOMBRE de maisons.	COUT de la bâtisse.	SURFACE BATIE.	NOMBRE de personnes logées.	NOMBRE DE MAISONS VENDUES.
1873	8	29,310 12	620m²00	35	0

L'administration du Bureau de bienfaisance de Morlanwelz (Hainaut) a fait construire, en 1873, sur une surface de 6 ares 20 centiares, 8 maisons destinées à loger des indigents secourus par elle.

Le prix de cette construction est de 29,320 fr. 12 c., terrain non compris, celui-ci appartenant au Bureau de bienfaisance. Le nombre des personnes logées dans ces maisons varie entre 30 et 40.

Administration du Bureau de bienfaisance de Wetteren[1].

ANNÉES.	COUT de la bâtisse, terrain compris	NOMBRE de maisons.	SURFACE BATIE.	NOMBRE de personnes logées.	NOMBRE DE MAISONS VENDUES.
1857		14	4 ares 90 cent.	41	0

Le diagramme ci-contre permet de juger de l'importance toujours croissante de l'intervention des administrations charitables dans la réforme du logement.

Capital consacré.

En 1860 . . . . fr. 21,257.66
En 1889 . . . . 2,864,660.25

Surface bâtie.

En 1860 . . . . mètres carrés. 1,800.00
En 1889 . . . . 51,685.19

(1) Ces renseignements nous sont parvenus trop tardivement pour que nous ayons pu en tenir compte dans la construction du diagramme.

Logements ouvriers.

Importance de l'intervention directe des Administrations charitables des principales villes de Belgique.

1860-1888

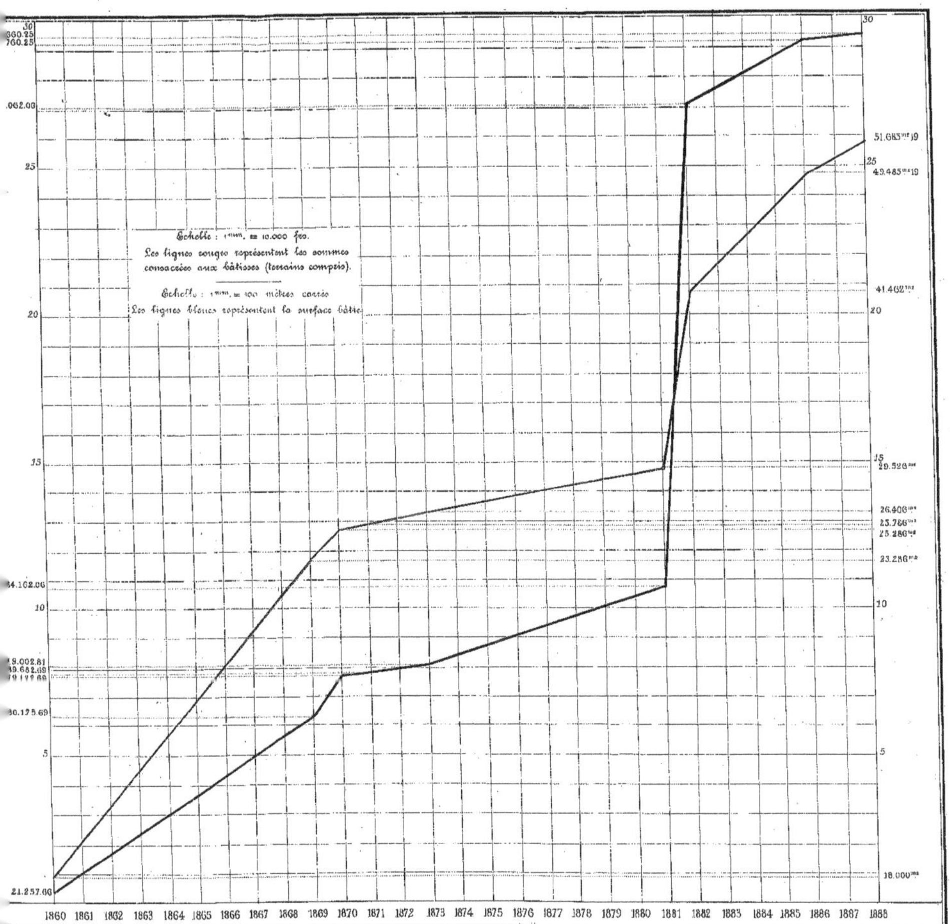

Logements ouvriers.

Importance de l'intervention directe des Administrations charitables des principales villes de Belgique.

1860-1888

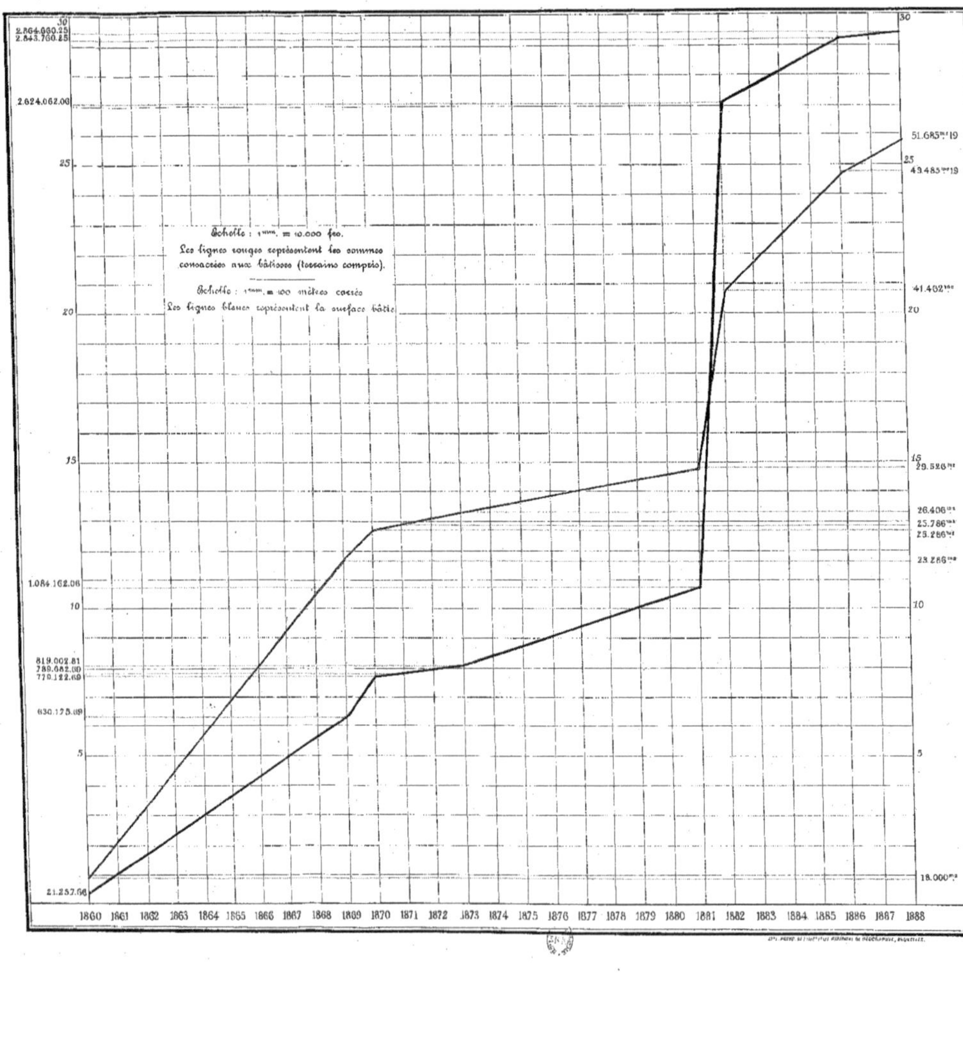

VI. — Publications et projets divers.

(A) **Théophile Fumière**, architecte : 1° *Du moyen d'améliorer le sort de l'ouvrier, en lui donnant les facilités de devenir immédiatement propriétaire d'une jolie maison avec jardin, sans mise première de fonds.* Verviers, 1859.

VILLE DE VERVIERS
—
Administration communale
—
1er BUREAU
—
SECRÉTARIAT
—
N° 1599

Copie de l'attestation délivrée à M. T. Fumière.

« Le bourgmestre de la ville de Verviers déclare que M. Théophile Fumière a publié, à Verviers, en 1859, alors qu'il était directeur du bureau des travaux publics de la ville, un opuscule ayant pour titre :

Du moyen d'améliorer le sort de l'ouvrier, en lui donnant les facilités de devenir immédiatement propriétaire d'une jolie maison avec jardin, sans mise première de fonds.

Ce petit travail, commenté et discuté dans la presse et dans les assemblées publiques, a été suivi de la construction d'un groupe de maisons par la « Société anonyme pour la construction de maisons ouvrières. »

Verviers, le 19 avril 1889. Signé : S. Lobet.

2° *Société tournaisienne pour la construction de maisons à bon marché. — Projet de statuts par Théophile Fumière, architecte de la ville.*

Ces brochures ont obtenu :

I. Une médaille d'argent à l'Exposition d'hygiène de Londres, en 1884.

II. Une médaille d'or à l'Exposition du travail de Paris, en 1885.

III. Une médaille en vermeil (la plus haute récompense) à l'Exposition internationale agricole et ouvrière de La Louvière, en 1886.

(A) **Edouard Vander Linden**, avocat à la cour d'appel de Bruxelles : *Étude sur l'amélioration des habitations ouvrières et sur l'organisation du domicile de secours en Belgique.* Bruxelles, 1875.

(A) **Louis Bertrand**, rédacteur au *Peuple : Le logement de l'ouvrier et du pauvre en Belgique, avec une préface sur l'hygiène des habitations par le* Dr **C. De Paepe**. Bruxelles, 1888.

(A) **Dr François Le Bon**, chevalier de l'Ordre de Léopold, président du bureau de bienfaisance, membre de la commission administrative des Hospices, etc. : *Des habitations ouvrières à Nivelles. — Moyen pratique de faciliter aux classes laborieuses l'accès du capital et de la propriété.*

(A) **Léon Van den Bos**, secrétaire du bureau de bienfaisance de la ville de Gand : *Du logement de l'ouvrier*. — Ouvrage couronné le 28 novembre 1886, au concours organisé par le Cercle commercial et industriel de Gand ; médaille d'argent à l'Exposition internationale d'hygiène d'Ostende, 1888.

PLANS ET PROJETS.

(A) **Closson**, architecte à Verviers : Plans d'habitations.

(A) **Meunier**, à Verviers : Plans.

(A) **Anciens élèves de l'école industrielle de Huy** : Dessins et statuts.

(A) **H. Windels** : Nouveau système de constructions économiques rapides, par moules à combinaisons continues et servant indéfiniment.

Note de l'inventeur :

Habitations ouvrières.

I. — La Commission belge d'enquête sur le travail a constaté, avec regret, que les sociétés de constructions ouvrières n'ont pas bien réussi jusqu'à ce jour et que nous sommes loin d'être en progrès en cette matière.

L'inexorable logique des faits tend, du reste, à ce que plus une crise est intense, plus particuliers et administrations publiques se montrent prudents et même parcimonieux de leurs deniers, et c'est alors que le principe du *self help* doit être, plus que jamais, le mot d'ordre du moment.

Mon système met, en la matière, ce principe en action :

Des non-valeurs, telles que les déchets des carrières, des charbonnages, des verreries, des briqueteries, des usines et des fabriques en général remplacent la brique, *et chacun peut construire soi-même.*

On évalue le mètre cube de maçonnerie à 12 fr. 50 c. *au minimum*, savoir : 6 fr. 50 c. briques ; 3 fr. 50 c. main-d'œuvre ; 1 fr. 50 c. mortier ; 1 franc bénéfice du maître-maçon.

Il entre de 600 à 700 briques et davantage dans un mètre cube de maçonnerie, et les briques, à très bas prix aujourd'hui, valent *au minimum* 10 francs le mille, donc 1 centime par brique. Ci . . . . fr. 6 50

La main-d'œuvre (maçon et manœuvre) coûte, par mètre cube, 3 fr. 50 c. Estimons largement le coulage à 1 franc. Donc, économie 2 50

9 00

On estime, par mètre cube, la valeur du mortier de maçonnerie à 1 fr. 50 c. J'augmente, dans mon système, ce chiffre d'un tiers, soit de 50 centimes. A déduire . . 0 50

Économie totale. . . 8 50

Soit 68 *p. c. d'économie* sur la maçonnerie.

J'ai dit 68 p. c. d'économie : en effet, tous les déchets employés se donnent, on est content de s'en débarrasser, ils ne coûtent que le transport et le chargement, de sorte que les ayant presque partout sous la main, à côté de sa porte, ils ne coûtent plus rien.

On emploie le bon mortier ordinaire — sauf quelquefois un petit mélange —, mais du mortier en plus grande quantité.

Procédé. — Les premières opérations, mélange de la chaux et du sable, se font comme d'ordinaire. L'agent chimique est mélangé à l'eau lors de la mise en œuvre du mortier.

Effets. — L'agent chimique convertit le mortier ordinaire en hydraulique. Par une température de 5 à 10 degrés de chaleur, une épaisseur de mortier de la valeur d'une brique sera, au bout d'une quinzaine de jours et même moins, cela dépend de la ventilation, assez sèche et assez hydraulique pour devenir insoluble à l'immersion complète et permanente.

But. — Il me fallait, pour l'agrégation des débris durs — dans l'hypothèse de coulage de maisons ouvrières, — un mortier solide et peu coûteux, afin que dans l'espèce, l'économie réalisée par la suppression des briques et des neuf dixièmes de la main-d'œuvre ne fût pas absorbée par les frais de mortier qu'il y aurait lieu de prodiguer.

Ce problème est donc résolu, et mon procédé agrège solidement des corps à formes irrégulières, tels que débris de carrières, etc.

Les essais ont été faits avec du mortier composé d'un tiers chaux de Tournai ou de Soignies, deux tiers sable.

II. — Mais comment rendre l'invention pratique, pourrait-on se demander, l'ouvrier, les administrations, etc., ne pouvant songer à se fabriquer des moules pour leur propre usage et souvent pour une seule construction?

A cela je réponds : 1° que le moule ne coûtera pas beaucoup et que l'économie réalisée sur la construction d'une seule maison le payerait ou à peu près; 2° qu'il est préconisé de constituer une *société anonyme* ayant pour but :

A. La cession de droits d'emploi du système à ceux qui en font la demande, avec location des moules sur dessins produits, aucune partie de moule n'étant jamais perdue, le système étant aussi rationnel qu'est rationnelle l'organisation d'une imprimerie : *Les lettres se placent et se déplacent, ainsi des parties de moule.*

B. L'envoi d'instructeurs sur les travaux, et l'entreprise des constructions, les matériaux étant fournis et se trouvant à pied d'œuvre.

C. La vente de portes et fenêtres-types pour lesdites constructions.

III. — Des choses splendides ont été écrites au point de vue de l'épargne, des sociétés de secours mutuels et des assurances ouvrières, mais ne serait-il pas bien plus utile d'augmenter l'*importance de l'épargne, des secours mutuels et des assurances* par le progrès de l'*économie domestique*, qui ainsi les servirait tous?

Il est certain que, dans n'importe quelle ville et dans n'importe quel pays du monde, l'ouvrier est, proportions gardées, logé le plus cher de tous.

Pourquoi? Parce que les locataires principaux sous-louant à des familles ouvrières exploitent celles-ci, à cause de la difficulté qu'elles ont à se procurer un abri.

Pour ne citer qu'un exemple entre mille, je peux dire que je connais personnellement telle famille ouvrière logée au second d'une maison sise aux limites extrêmes d'un faubourg de Bruxelles; elle a une seule chambre pour père, mère et deux filles adultes de 17 à 20 ans, et elle paye 9 francs de loyer par mois, soit 108 francs par an.

Or, il est certain que cela représente plus du triple de la valeur locative de l'immeuble, en tenant compte du nombre des chambres dans la même maison.

Si l'on arrivait donc à faire épargner aux familles ouvrières ce qu'elles payent de trop, ce serait un grand bienfait pour elles en même temps qu'un grand progrès social, parce que ce serait un grand acte de justice.

Eh bien, dans mon système, en évaluant à huit cents francs —et même beaucoup moins —une maisonnette avec lopin de terre, par dix annuités de la valeur de son loyer actuel, la famille dont il est question amortirait capital et intérêts de l'immeuble, et elle en serait propriétaire. (Voir tables de P. A. Violeine, Paris.)

Et non seulement elle serait propriétaire de l'immeuble, cette famille-là, mais elle aurait beaucoup gagné au point de vue de l'hygiène et de la moralité; elle serait, de plus, une nouvelle recrue au service de l'ordre et du progrès social sainement entendu.

Économie rurale.

IV. — Je n'insisterai pas sur l'influence que mes constructions économiques rapides peuvent exercer sur l'économie rurale... Quelques questions seulement :

Pourquoi ne clôture-t-on pas ou presque pas les fermes?... Parce que cela coûte trop cher.

Pourquoi nos basses-cours, nos vergers et nos jardins ne produisent-ils pas assez?... Parce que la sécurité y manque... Cependant, celui qui construit un mur de clôture non seulement gagne en sécurité, mais il étend sa propriété dans le sens de la hauteur. Que d'arbres fruitiers à coller contre un mur!

Pourquoi, enfin, ne pourrait-on drainer l'excès de chaleur animale des écuries et des étables dans des serres construites à bon marché et pousser ainsi à la culture des primeurs presque sans dépense de combustible?

Dans mon opinion, il y a là de nouveaux déchets à mettre en valeur, et j'y appelle l'attention toute spéciale des agronomes.

H. WINDELS

ANNEXES.

ANNEXE I.

ENQUÊTE DU CONSEIL SUPÉRIEUR D'HYGIÈNE PUBLIQUE.

Programme pour la construction des habitations destinées à la classe ouvrière,

élaboré par une commission composée de MM. Berden, président; Beyaert, Crocq, Dusart, Guchez, Janssens, Leclerc et Vleminckx.

I. — Emplacement.

L'emplacement doit être salubre, à l'abri d'émanations nuisibles, et permettre la libre circulation de l'air ainsi que l'accès des rayons solaires.

Le terrain doit être perméable ou convenablement drainé et à l'abri des inondations. S'il est constitué par des matières rapportées, ces matières doivent être exemptes de toute substance putrescible.

Il présentera la pente nécessaire pour assurer l'écoulement facile des eaux pluviales et ménagères.

Il aura une étendue suffisante pour qu'on puisse conserver auprès de l'habitation un espace libre destiné à servir de cour ou de jardin.

Dans les localités dépourvues de distribution d'eau, il importe de choisir un emplacement capable de fournir une eau saine et suffisamment abondante.

Lorsque, faute d'espace, les maisons ouvrières doivent être agglomérées, on évitera de créer des impasses et des bataillons carrés, qui seraient de nature à entraver la libre circulation de l'air.

II. — Orientation.

La meilleure orientation est celle qui soumet le plus complètement les habitations à l'action des rayons solaires, en ne laissant exposées que les plus petites surfaces à la pluie et aux vents humides.

III. — Dispositions générales.

Il est désirable que chaque famille ait une habitation distincte, et que celle-ci soit disposée de manière à assurer une complète séparation entre les parents et les enfants ayant atteint un certain âge, et, pour ceux-ci, entre les filles et les garçons.

Les habitations destinées à une seule famille auront un rez-de-chaussée et un étage.

Dans les maisons destinées à recevoir deux familles, il convient de laisser à chacune de celles-ci une portion du rez-de-chaussée et de l'étage, en maintenant complètement séparés leurs logements respectifs, sauf le vestibule et l'escalier communs.

Dans les villes et dans les centres industriels, on peut admettre des maisons pour un plus grand nombre de ménages, mais il ne faut pas que ceux-ci soient au nombre de plus de huit.

La hauteur de la façade des maisons à plusieurs étages ne dépassera pas, en règle générale, la largeur des voies de communication le long desquelles elles seront établies.

IV. — Distribution intérieure.

Les maisons seront établies sur caves.

Le rez-de-chaussée comprendra au moins deux chambres, l'une servant de cuisine et de salle de réunion, et l'autre pouvant être utilisée comme chambre à coucher.

Dans les maisons dont les dimensions exiguës ne comportent pas de vestibule, l'escalier de l'étage sera contenu dans une cage fermée.

La hauteur des pièces ne sera pas inférieure à 3 mètres pour le rez-de-chaussée, ni à 2m80 pour les étages.

La capacité de la chambre servant de séjour habituel à la famille sera calculée au minimum à raison de 16 mètres cubes, et celle des chambres à coucher à raison de 20 mètres cubes par personne adulte, sans préjudice des dispositifs de ventilation à établir. On peut admettre un cubage proportionnellement moindre pour des enfants.

V. — Mode de construction.

Murs principaux, murs de refend, plafonds. — Les murs extérieurs peuvent, selon les localités, être faits en pierre ou en briques. Ils auront au minimum une épaisseur de 0m28.

Si les matériaux qui y entrent n'étaient pas de nature à garantir parfaitement l'intérieur des habitations contre l'humidité, les murs habituellement exposés à la pluie devraient être revêtus extérieurement d'un crépissage en bon mortier hydraulique.

Si l'on était dans l'absolue nécessité de bâtir sur un sol humide que les circonstances locales ne permettraient pas d'assécher convenablement par le drainage, il faudrait intercaler une couche de ciment, et mieux d'asphalte, au niveau du terrain dans les murs qui prennent appui sur le sol, afin d'empêcher l'ascension de l'humidité.

Tous les murs seront soigneusement crépis vers l'intérieur et garnis à leur pied d'une plinthe de 0m12 de hauteur au moins; à défaut de celle-ci, on peindra le bas des murs sur 0m50 à 0m75 de hauteur.

Les plafonds seront également crépis; ils présenteront une surface lisse, sans autre saillie, le cas échéant, que celle des poutres.

Aires du rez-de-chaussée et des étages. — Toutes les aires, tant du rez-de-chaussée que des étages, pourront être en carreaux imperméables. Lorsqu'on y établira des planchers, ceux-ci seront faits au moyen de pièces de petite largeur.

Gîtages. — Si l'on n'est pas arrêté par une rigoureuse économie, il sera préférable de construire les gîtages en poutrelles de fer, entre lesquelles on établira des voussettes en briques ou des remplissages en béton.

Escaliers. — Les escaliers doivent être solides et commodes, bien éclairés et aérés. Leur largeur sera de 0^m60 au moins. Il est désirable que les marches aient au moins 0^m25 de giron et 0^m18 de hauteur.

Les escaliers seront munis d'une rampe solidement fixée.

Les escaliers raides, dits échelles de meunier, et les escaliers tournants sont à proscrire. Dans les maisons à étages, occupées par plusieurs familles, il serait bon, pour assurer l'évacuation en cas d'incendie, de construire des escaliers spacieux en pierre ou en autres matériaux incombustibles.

Portes et fenêtres. — Lorsque la place ne fait pas défaut, il convient que la porte principale donne accès sous un petit porche ou dans un vestibule, d'où l'on communique avec les diverses parties de l'habitation.

Les fenêtres seront percées de préférence dans les murs exposés au soleil et abrités contre les pluies les plus fréquentes.

En règle générale, la superficie des fenêtres, exprimée en mètres carrés, sera au moins égale au quinzième de la capacité, exprimée en mètres cubes, des pièces qu'elles doivent éclairer.

Les fenêtres devront pouvoir s'ouvrir à volonté. Elles arriveront aussi près que possible du plafond.

Toitures. — On emploiera le système de toiture le plus économique, à condition qu'il soit bien étanche et que les matériaux mis en œuvre ne puissent pas s'enflammer facilement de l'extérieur.

Le toit aura une pente suffisante pour faciliter l'écoulement des eaux pluviales et pour empêcher l'accumulation des neiges ; l'inclinaison de 35 degrés est à recommander.

Chaque versant doit être pourvu d'un chéneau et d'un tuyau de descente en métal dirigé perpendiculairement jusqu'au niveau du sol.

Il est utile, particulièrement à la campagne, de donner aux toitures une saillie de 40 à 50 centimètres sur les murs, afin de garantir ceux-ci dans une certaine mesure contre l'action des pluies.

Les greniers devront être convenablement éclairés et aérés.

Latrines et fosses d'aisances. — Il est indispensable que chaque maison ait au moins un cabinet d'aisances ; dans les bâtiments affectés au logement de plusieurs familles, il est désirable que chacune ait son cabinet d'aisances spécial, à sa portée, convenablement éclairé, largement aéré, placé et disposé de façon à ne pas occasionner d'infection pour le logement ni pour le reste de la maison. Le siège sera établi de manière qu'on ne puisse pas y monter.

S'il n'y a point d'égout pour évacuer les matières fécales, elles seront reçues dans un récipient mobile dont on transportera périodiquement le contenu à une distance convenable des maisons, ou bien dans des fosses fixes qui seront vidées au moins une fois par an [1].

Les fosses d'aisances seront établies en dehors et aussi loin que possible des habitations.

Elles devront être parfaitement étanches. A cet effet, leurs angles seront arrondis aussi bien sur les côtés que dans le fond, et l'intérieur sera revêtu d'un crépissage au ciment ou en bon mortier hydraulique.

On donnera aux murs latéraux et au fond 0m30, et à la voûte 0m18 d'épaisseur au moins.

Il doit être interdit d'utiliser les murs des maisons pour en faire l'un des côtés des fosses d'aisances; celles-ci doivent en être séparées par un intervalle de 0m20 à 0m25, qui restera vide ou qui sera rempli d'argile bien corroyée et pilonnée.

Les fosses non maçonnées et les puits perdus, qui contribuent à altérer les eaux du sous-sol, doivent être rigoureusement proscrits.

Les tuyaux de chute des latrines seront en plomb ou en grès vernissé et conditionnés de manière à ne donner lieu à aucune fuite; ils auront au moins 0m10 de diamètre intérieur et seront placés, autant que possible, dans une position verticale. Ils doivent être munis d'une fermeture hydraulique dite coupe-air, placée aussi près que possible de l'orifice supérieur et présentant une immersion de 0m06 au moins.

Ils seront prolongés par un tuyau d'évent, de même diamètre, qui s'élèvera jusqu'au-dessus du toit.

Les ouvertures des fosses d'aisances, de même que celles des puits et citernes, doivent être fermées hermétiquement par des couvercles solides, en pierre ou en fonte.

VI. — Chauffage et ventilation.

Les chambres doivent être munies d'une cheminée, et à défaut de celle-ci, d'un tuyau d'aérage; elles seront aménagées de manière à procurer un renouvellement constant d'air, tout en évitant de produire des courants d'air incommodes. L'hygiène réclame au moins 20 mètres cubes par heure et par personne adulte.

Outre les ouvertures d'aération naturelle (portes et fenêtres), qui devront autant que possible être placées en regard les unes des autres ou en direction diagonale, des carreaux mobiles ou perforés à adapter aux fenêtres, des ouvertures munies de toile métallique

---

[1] Avec les récipients mobiles, on aura recours à des moyens de désinfection, tels que l'emploi de la terre sèche, de la tourbe, de la sciure de bois, des balayures, des cendres de foyer, du sulfate de fer en solution, etc.

ou de plaques perforées avec valves mobiles, à pratiquer dans les murs, sont à recommander ([1]).

La ventilation artificielle, destinée à suppléer ou à remplacer la ventilation naturelle, s'opère généralement à l'aide des procédés de chauffage et notamment par les poêles. Pour renforcer l'action insuffisante de ces appareils, il est utile d'adosser au tuyau de fumée une cheminée ventilatrice supplémentaire dont la bouche, couverte d'une plaque de réglage, se trouve près du plafond.

Les poêles d'appartement ou de cuisine pourront être disposés de manière à chauffer simultanément ou à ventiler deux pièces contiguës ou superposées.

Pour les premiers, il est avantageux de les munir d'une enveloppe en tôle dans laquelle l'air, appelé du dehors par des ouvertures ou des conduites spéciales, est chauffé avant d'entrer dans la pièce.

L'hygiène conseille d'adapter au-dessus des fourneaux de cuisine une hotte munie d'un tuyau d'évacuation débouchant par une valve dans la cheminée. Des fumivores à l'action analogue, placés au-dessus des appareils d'éclairage fixes, peuvent aussi rendre d'utiles services; en même temps qu'ils évacuent les produits insalubres de la combustion, ces dispositifs servent à activer le renouvellement de l'air des chambres occupées.

Chaque cheminée doit avoir son tuyau spécial.

VII. — Écoulement des eaux ménagères.

Il faut éloigner promptement les eaux ménagères des habitations.

Il y aura dans chaque logement, pour les recevoir, un évier aussi éloigné que possible des pièces habitées.

Les éviers peuvent être en fonte ou en grès émaillé; le tuyau d'écoulement aura au moins $0^{m}05$ de diamètre; il débouchera dans un coupe-air et sera muni d'une grille à son sommet, afin qu'il ne puisse pas être obstrué par les objets solides qui tomberaient dans l'évier.

VIII. — Approvisionnement d'eau.

Dans les localités qui n'ont point de distribution d'eau potable, il faudra avoir soin d'en procurer aux maisons ouvrières, soit en captant les sources du voisinage dont on pourra disposer, soit en creusant des puits assez profonds pour qu'ils ne tarissent point, et assez éloignés pour être à l'abri d'infiltrations dangereuses.

Il sera utile aussi, dans ce cas, d'emmagasiner dans une citerne les eaux pluviales provenant des toitures.

([1]) De nombreux modèles de ces ventilateurs sont d'un usage courant en Angleterre; nous citerons notamment les ventilateurs d'Arnott, de Boyle, de Sheringham, etc.

Les citernes à eau de pluie seront établies avec les mêmes soins et les mêmes précautions que les fosses d'aisances.

Les décharges versant aux égouts le trop-plein des citernes doivent déboucher à l'air libre et non directement dans les égouts.

Les puits seront maçonnés au mortier hydraulique depuis le sol jusqu'au niveau de la nappe d'eau qui les alimente.

Les citernes et les puits seront munis de pompes.

La quantité d'eau minimum pour un ménage d'ouvriers est de 40 litres par jour et par tête, non compris celle qui serait nécessaire aux animaux domestiques.

IX. — Cours et jardins.

Le prix du terrain et l'économie qu'il faut apporter dans la construction des maisons ouvrières régleront les dimensions des cours et des jardins; toutefois, elles devront avoir au moins le cinquième de celles de la superficie totale.

Les cours qu'il est indispensable de ménager dans les blocs d'habitations ouvrières seront complètement ouvertes sur un côté et auront une largeur au moins égale à la hauteur des bâtiments qui les bordent.

Si les toitures des maisons n'ont pas de chéneaux, ce qui pourrait se présenter à la campagne, il sera nécessaire, pour préserver les murs de l'humidité, d'établir à leur pied dans les cours et jardins, aux endroits où tombent les eaux du toit, un pavage incliné de 0m60 de largeur au moins, terminé par une rigole à pente longitudinale.

Les cours et jardins des maisons ouvrières accolées seront séparés par un petit mur, ou tout au moins par une palissade ou une haie.

X. — Dépendances des maisons ouvrières.

Les annexes destinées au logement des animaux domestiques (vaches, chèvres, porcs, etc.), devront satisfaire aux conditions suivantes :

Leur capacité sera au minimum de 20 mètres cubes par vache, de 6 mètres cubes par chèvre et de 5 mètres cubes par porc.

Elles seront convenablement éclairées et ventilées.

Le sol sera pavé en matériaux non poreux reliés par du bon mortier hydraulique ; il présentera une inclinaison pour l'écoulement des urines.

A défaut d'égout, les urines seront conduites dans la fosse d'aisances de l'habitation par un canal couvert muni d'un coupe-air.

Le fumier extrait des étables et porcheries sera déposé dans une fosse le plus loin possible de l'habitation.

Les mangeoires des porcheries seront établies dans l'épaisseur du mur et munies d'une porte flottante.

ANNEXE II.

CONDITIONS PARTICULIÈRES.

Entre la Société anonyme d'assurances sur la vie X. . . d'une part, et Monsieur X. . . , ouvrier, demeurant à Bruxelles, rue . . . . , n° . . . , lequel déclare être né à X. . . . . , le dix-huit mars mil huit cent cinquante-neuf, et n'être sujet à aucune maladie ou infirmité grave d'autre part,

Il a été convenu et arrêté ce qui suit :

Aux conditions générales qui précèdent et aux conditions particulières qui suivent, la Société s'oblige à payer, lors du décès de Monsieur X. . . , la somme de cinq cents francs à la Société l'Immobilière, mais seulement pour ce qui lui sera dû sur l'immeuble vendu par elle à l'assuré. Le surplus de la somme assurée, ou en cas de libération complète, la totalité de ladite somme sera payée à Madame X. . . , épouse de l'assuré ou à son défaut à ses enfants.

Cette assurance est consentie moyennant la prime de onze francs soixante-quatre centimes, que Monsieur X. . . s'engage à verser chaque année et d'avance, le dix-huit mars, et ce jusqu'à son décès.

Toutefois, la Société autorise l'assuré à acquitter sa prime annuelle par fractions mensuelles de quatre-vingt-dix-sept centimes le dix-huit de chaque mois.

La Société reconnaît avoir reçu comptant la somme de quatre-vingt-dix-sept centimes, montant de la première prime mensuelle.

Fait double pour la Société, à Bruxelles, le dix-huit mars mil huit cent quatre-vingt-neuf, et pour l'assuré, à . . . . . , le . . . . . mil huit cent . . . . .

L'assuré, *Un administrateur,* *Le directeur,*

ANNEXE III.

L'IMMOBILIÈRE NAMUROISE

SOCIÉTÉ COOPÉRATIVE CIVILE

NAMUR

Modèle de Bail.

Entre l'IMMOBILIÈRE NAMUROISE, Société coopérative civile représentée par . . . . . d'une part;

Et . . . . . d'autre part;

Il a été convenu ce qui suit :

ART. Ier. — La Société première nommée donne à bail à loyer au second nommé qui accepte, pour le terme de . . . . . qui prendra cours le . . . . . une maison et dépendances situées . . . . .

Ce bail est consenti moyennant un loyer . . . . . de . . . . payable à l'avance en mains du comptable de la Société et au bureau de l'Immobilière, le premier dimanche de chaque mois ou le mardi suivant.

ART. II. — Le locataire aura à ses charges toutes les contributions et impositions communales ou autres auxquelles il serait imposé, sauf la contribution foncière, qui restera à charge de la Société.

ART. III. — Il devra se soumettre à tous les règlements de police concernant la voirie, la salubrité publique, le ramonage des cheminées, etc.

ART. IV. — Il devra tenir les lieux d'aisance dans un état continuel de propreté et de salubrité constante.

ART. V. — Il devra habiter la maison en bon locataire, sans y faire ni y tolérer aucun trouble ni dispute; il ne pourra sous-louer, en tout ou en partie, sans le consentement écrit du gérant de la Société. La sous-location à des personnes vivant en concubinage ou ayant subi des condamnations judiciaires pour faits graves est expressément interdite.

ART. VI. — Toutes les réparations d'entretien ou autres sont à la charge du locataire, qui s'oblige à entretenir en bon état la maison, jardin, clôture et toutes dépendances. En conséquence, le locataire déposera une somme de cinquante centimes par mois jusqu'à concurrence de quinze francs ; à sa sortie, les dégradations seront constatées en commun et soldées sur ledit dépôt ; le surplus sera remis au preneur.

Il lui est formellement interdit de mettre sécher du linge ou d'autres objets sur les haies de clôture et de faire dans la maison, jardin ou cour, des dépôts insalubres ou incommodes pour les voisins. Une pompe est placée au centre de l'agglomération ; les dégradations seront en commun, à moins que la dégradation constatée ne soit le fait d'un locataire connu ; dans ce cas, la dégradation sera à son compte. Un four est également en commun : les locataires s'entendront entre eux pour cuire leur pain.

Art. VII. — En cas d'inexécution de l'une des clauses ci-dessus, le présent bail sera résilié de plein droit si telle est la volonté du gérant de la Société, sans qu'il soit besoin d'assignation ni de jugement et en prévenant trois mois à l'avance par lettre recommandée. Sauf pour le cas de non payement, où le bail sera résilié de plein droit si le gérant le juge convenable.

Art. VIII. — Avant l'expiration du terme du présent bail, les parties devront se renoncer de la manière ci-dessus (voir art. VII), à défaut de quoi le bail continuera de plein droit pour un nouveau terme.

Art. IX. — Le preneur pourra, s'il le préfère, devenir acquéreur de ladite maison, aux clauses et conditions à convenir avec le gérant de la Société.

Art. X. — Si, pour une cause quelconque, le présent bail devait être soumis à la formalité de l'enregistrement, les droits et amendes de timbre, d'enregistrement et de poursuites seront supportés par le locataire.

ANNEXE IV.

Statuts de l'Immobilière Namuroise, Société coopérative civile.

CHAPITRE 1er.

Dénomination, but, siège et durée de la société.

ART. 1er. — Une association coopérative, ayant pour but de procurer à ses membres les moyens d'acquérir la propriété foncière, est fondée à Namur sous la dénomination de l'*Immobilière Namuroise.*

Le siège social est établi à Namur.

ART. 2. — La durée de la société est fixée jusqu'au 31 décembre 1907. Cette durée peut être prorogée par décision d'une assemblée générale extraordinaire, prise quinze mois au moins avant l'expiration des trente années.

ART. 3. — La société pourra être dissoute avant le terme indiqué à l'article précédent, pour autant que la dissolution soit votée par une majorité composée des deux tiers des actionnaires, convoqués à cet effet en assemblée générale extraordinaire.

La liquidation aura lieu de plein droit quand la perte atteindra, outre le fonds de réserve, la moitié du capital souscrit.

En cas de dissolution, l'assemblée des actionnaires nomme trois liquidateurs à la simple majorité des voix.

CHAPITRE II.

Fonds et ressources de la société.

ART. 4. — Le fonds social comprend :

1° Le capital souscrit par chaque membre;

2° Le fonds de réserve ;

3° Les ressources que la société peut se procurer, soit par des emprunts, soit par l'émission d'obligations.

ART. 5. — La somme totale des obligations émises et des emprunts contractés ne pourra dépasser le capital souscrit.

CHAPITRE III.

Droits et devoirs des sociétaires.

Art. 6. — Les sociétaires participent aux assemblées générales, où ils ne peuvent avoir que chacun une seule voix.

Art. 7 — Les associés s'obligent :

1° A se constituer un capital de 100 francs au minimum et de 10,000 francs au maximum ;

2° A se conformer aux présents statuts ainsi qu'à toutes résolutions prises, en vertu de leurs pouvoirs respectifs, par l'assemblée générale ou le conseil d'administration.

Les sociétaires n'engagent leur responsabilité personnelle dans les opérations sociales que pour le montant des actions qu'ils ont souscrites.

Art. 8. — L'apport des sociétaires pourra être versé en une ou plusieurs fois, et notamment par fractions mensuelles du vingtième de la souscription.

Jusqu'au complément d'une action de 100 francs, les dividendes revenant à cette action seront portés au compte du sociétaire.

Art. 9. — Tout sociétaire désirant transmettre un ou plusieurs de ses titres à des coassociés, est tenu d'en faire connaître le cessionnaire, qui devra être agréé par le conseil d'administration.

La transmission s'opère alors par une déclaration de transfert sur le registre de la société, et dont mention sera faite dans les livres par les soins de l'administration.

Art. 10. — L'exclusion des membres peut être prononcée par le conseil dans les cas suivants :

1° Si un membre est d'une année en retard pour ses versements sociaux ou payements d'annuités de vente ou de location ;

3° S'il a dégradé volontairement les immeubles appartenant à la société ;

3° S'il a subi une condamnation grave.

Art. 11. — L'avoir d'un sociétaire exclu lui sera remboursé dans les trois mois qui suivront l'approbation par l'assemblée générale des comptes de l'exercice courant.

Art. 12. — Les héritiers d'un sociétaire décédé restent engagés pour lui. Ils sont tenus de désigner l'un d'entre eux ou un mandataire commun pour les représenter.

Art. 13. — Les héritiers doivent, pour l'exercice de leurs droits, s'en rapporter aux inventaires spéciaux et aux décisions de l'assemblée générale.

Art. 14. — Les créanciers d'un sociétaire ne peuvent saisir que la part de dividendes revenant à ses actions.

Art. 15. — Les héritiers ou créanciers d'un sociétaire ne peuvent, sous aucun prétexte que ce soit, provoquer l'apposition des scellés, ni s'immiscer en aucune manière dans l'administration de la société.

CHAPITRE IV.

Assemblées générales.

ART. 16. — Les assemblées générales représentent l'universalité des sociétaires et se constituent quel que soit le nombre des membres présents.

Les décisions sont prises à la majorité absolue des membres présents et engagent tous les sociétaires, pourvu que la réunion et son ordre du jour aient été portés trois jours à l'avance à leur connaissance, par avis inséré dans deux journaux de Namur.

ART. 17. — Les assemblées générales se constituent régulièrement au commencement de chaque semestre.

A l'assemblée générale du premier semestre, est soumis le compte général des opérations de l'exercice précédent.

La seconde assemblée générale de chaque année procédera au remplacement des administrateurs sortants, décédés ou démissionnaires pendant l'exercice.

ART. 18. — Des assemblées générales extraordinaires pourront être convoquées, soit par le conseil d'administration, soit sur demande écrite et signée par le cinquième au moins des sociétaires, précisant les objets à porter à l'ordre du jour.

ART. 19. — Le président du conseil d'administration, et, en son absence, le vice-président, préside les assemblées de la société. En cas d'absence du président et du vice-président, le plus âgé des administrateurs présidera l'assemblée.

CHAPITRE V.

Administration de la société.

ART. 20. — La société est administrée par un conseil composé de sept membres.

Les administrateurs sont pris parmi les actionnaires. Ils sont nommés à la majorité des suffrages, par l'assemblée générale, et sont toujours révocables par elle.

ART. 21. — Le conseil d'administration élira dans son sein un président, un vice-président, un contrôleur et un gérant.

ART. 22. — Le gérant ne sera pas soumis à réélection. Il ne pourra être révoqué que par décision de l'assemblée générale.

ART. 23. — Les six autres administrateurs sont renouvelés annuellement par membre. Le sort désigne l'ordre des sorties, sauf pour le contrôleur et le président qui sortiront les derniers.

L'administrateur sortant chaque année est toujours rééligible.

ART. 24. — Le conseil d'administration délibère valablement lorsque quatre de ses membres sont présents. Il se prononce à la majorité des membres. En cas de partage, la voix du président du jour est prépondérante.

Si le conseil ne se trouve pas en nombre, il est convoqué de nouveau et delibère valablement sur les objets portés au premier ordre du jour, quel que soit le nombre des membres présents.

Art. 25. — Le conseil d'administration se réunit sur convocation du gérant, pour expédier les affaires courantes. Ses réunions doivent avoir lieu au moins une fois par mois.

Le conseil d'administration nomme, suspend et révoque les employés, fixe leurs attributions et leurs traitements. Il statue sur l'admission des sociétaires.

Tous pouvoirs spéciaux et exprès lui sont confiés à l'effet de :

A. Acquérir les terrains et les autres immeubles nécessaires pour la réalisation du but de la société ;

B. Faire exécuter toute construction, arrêter tous plans, devis, marchés à ce sujet ;

C. Vendre les immeubles appartenant à la société, les soumettre à toute promesse de vente, les louer à courts ou à longs termes ;

D. Abandonner à la voie publique, gratuitement ou moyennant indemnité, les terrains nécessaires pour l'assainissement des rues et des quartiers ;

E. Régler le mode, les conditions générales ou particulières de toutes ventes, promesses de vente ou locations ;

F. Recevoir tous deniers et déterminer l'emploi des fonds disponibles ;

G. Renoncer à tous droits de privilège et d'hypothèque, ainsi qu'à toutes actions en résolution de vente, et donner mainlevée pure et simple ou conditionnelle, définitive ou partielle, de toutes inscriptions hypothécaires, le tout aussi bien avant qu'après payement des créances de la société et indépendamment de ce payement ;

H. Traiter, transiger, composer et compromettre sur toutes les questions qui intéressent la société ;

I. Représenter les associés soit en demandant, soit en défendant, dans toutes instances judiciaires, poursuites et diligences du gérant ;

K. Donner hypothèque sur les biens de la société ou émettre des obligations, suivant ce qui s'est dit à l'article 5.

Le conseil d'administration pourra, au nom de la société, consentir à tout projet de fédération qui serait décidé entre les sociétés coopératives existantes ou à créer à Namur, contribuer à la rédaction des statuts de cette fédération et y engager la société, mais divisément et seulement jusqu'à concurrence de ses quote-parts statutaires.

Art. 26. — Le président, ou à son défaut le vice-président, le gérant et le contrôleur, forment un comité exécutif. Ils représentent la société au dehors. Les engagements signés par au moins deux d'entre eux, au nom du conseil, lient la société, envers laquelle ils ne sont tenus à des dommages-intérêts que lorsqu'ils ont agi sans l'assentiment ou contrairement aux résolutions du conseil d'administration, ou en dehors des prescriptions statutaires.

Art. 27. — Le contrôleur inspecte en tout temps les livres, la caisse et toutes les affaires ainsi que les entreprises et travaux de la société. Il rend compte chaque mois de ses opérations au conseil d'administration, et deux fois par année à l'assemblée générale.

Art. 28. — Le gérant est chargé de la direction de la comptabilité, des archives, des procès-verbaux, des livres. Il instruit les affaires sur lesquelles le conseil doit statuer. Il signe, avec un membre du comité exécutif, toutes les pièces et résolutions arrêtées.

La signature du gérant seule suffit pour l'acquit des sommes versées par les sociétaires à la caisse sociale.

En cas de maladie ou d'absence, le gérant est remplacé par le contrôleur ou par le président.

Art 29. — Les appointements du gérant sont fixés, selon l'importance des affaires, par des décisions spéciales du conseil et figurent au bilan annuel, soumis à l'approbation de l'assemblée.

CHAPITRE VI.

Opérations de la société.

Art. 30. — Les opérations à faire par la société dépendront de ses ressources, et le choix des sociétaires avec qui l'on traitera est abandonné à l'appréciation consciencieuse du conseil d'administration.

Art. 31. — Les opérations de la société sont les suivantes :

A. Achat de terrains dans la commune de Namur et exceptionnellement dans d'autres communes ;

B. Revente de ces terrains par parcelles, sur lesquelles les acquéreurs construiront à leur guise, sauf approbation des plans, devis, etc., par le conseil d'administration ;

C. Édification de bâtisses, dont les plans et les devis auront été préalablement convenus entre les parties contractantes ;

D. Construction de maisons destinées à être louées ou vendues ;

E. Achat et revente ou location de maisons déjà construites.

Art. 32. — Tous les payements à faire par les acquéreurs s'effectueront, soit au comptant, soit par quotités mensuelles et annuelles réparties en 10, 15, 20 ou 30 années.

Art. 33. — Si pour des circonstances majeures, indépendantes de sa volonté, l'acquéreur ne peut continuer le payement de ses annuités, le conseil pourra le dédommager des payements déjà effectués, diminués des intérêts et du prix du loyer, au taux fixé par le conseil, et des réparations faites à l'immeuble de la société.

Art. 34. Nul ne peut acquérir de la société sans en être actionnaire.

CHAPITRE VII.

Bénéfices, réserve, fonds d'utilité.

Art. 35. — Le 31 décembre de chaque année, le conseil d'administration arrête les comptes et dresse le bilan. Des revenus recouvrés à titre d'intérêts et des profits réalisés par suite de vente doivent être déduits :

A. Les dépenses faites pour l'entretien et les réparations des bâtiments et égouts, lavoirs, pavages, trottoirs, etc., s'il y a lieu ;

B. Le cas échéant, les pertes et non-valeurs subies par la société, les intérêts des emprunts contractés ou des obligations émises ;

C. La dépréciation des immeubles ;

D. Les frais généraux et tous les frais quelconques résultant des opérations de la société.

L'excédent favorable du bilan, après les déductions ci-dessus, constitue le bénéfice net de la société, qui est réparti comme suit :

5 p. c. pour former un fonds d'utilité, dont l'emploi sera déterminé par le conseil d'administration, notamment pour former le capital de toute fédération projetée des sociétés coopératives ;

10 p. c. au fonds de réserve ;

5 p. c au conseil d'administration, répartis en jetons de présence ;

3 p. c. au contrôleur ;

2 p. c. qui pourront être répartis par le conseil aux employés, à titre de récompense ;

75 p. c. aux sociétaires, répartis en dividendes, en raison des bonis.

Les retenues affectées aux administrateurs, au contrôleur et aux employés, pourront toujours être réduites par le conseil, soit au profit de la réserve, soit au profit des dividendes.

Ces dividendes seront payables après l'approbation du bilan et des comptes par l'assemblée générale du 1er semestre.

ART. 36. — La retenue pour le fonds de réserve cessera d'être obligatoire lorsque la réserve aura atteint le 1/10e du capital versé.

ART. 37. — A la liquidation sociale, le fonds de réserve sera réparti entre les sociétaires, proportionnellement à leurs bonis et au nombre d'années pendant lesquelles ils auront fait partie de la société.

ART. 38. — Tous les dividendes non réclamés dans les cinq ans, sont prescrits et versés au fonds d'utilité.

CHAPITRE VIII.

Modifications des statuts.

ART. 39. — Les statuts peuvent être modifiés par une résolution de l'assemblée générale, convoquée à cette fin et dûment avertie de l'objet à mettre en délibération.

Toutefois, pour délibérer valablement, l'assemblée devra se composer des deux tiers au moins des sociétaires, et les modifications ne pourront être votées qu'à la majorité des deux tiers des membres présents.

Cependant, si la première réunion ne s'était pas trouvée en nombre pour délibérer, il sera procédé à une nouvelle convocation, et cette fois, l'assemblée délibérera valablement, quel que soit le nombre des membres présents.

CHAPITRE IX.

Arbitrage.

ART. 40. — Si des difficultés s'élèvent, soit relativement à la lettre et au sens des statuts, soit au sujet de résolutions de la société, le différend sera vidé en assemblée générale, les sociétaires renonçant d'avance à tout recours par voie judiciaire.

ANNEXE V.

Projet de contrat de location des habitations ouvrières de Nivelles.

Par-devant N..., notaire à la résidence de la ville de Nivelles, etc.;

Ont comparu :

MM. N... et N..., agissant en qualité de membres du Bureau de bienfaisance de Nivelles, et sous la réserve formelle d'approbation par l'autorité administrative compétente;

Lesquels ont mis en bail à loyer, pour le terme de six années consécutives, qui prendront cours le   pour finir de plein droit, sans congé ni renon, la veille de pareil jour en 18...

Les maisons ci-après désignées, construites pour habitations d'ouvriers par ledit Bureau de bienfaisance, formant un groupe de douze demeures, tenant l'une à l'autre, avec jardins en face, toutes érigées à l'endroit nommé Gotissart, au faubourg de Namur, sous Nivelles.

Charges et conditions.

Art. 1er. — Les locataires qualifiés ci-après déclarent et reconnaissent que les maisons par eux reprises, à titre de bail, sont toutes en parfait état de construction et d'entretien; que les portes sont munies de bonnes serrures avec clefs, et celles intérieures, de cliches; que les portes, fenêtres, châssis, pentures, cliches ne laissent rien à désirer sous aucun rapport; enfin que les murs de construction sont plâtrés à l'intérieur, ainsi que les plafonds;

Que les pavements et les planchers sont dans le meilleur état et que les soubassements des murs, tant à l'intérieur qu'à l'extérieur, ne présentent aucune détérioration.

En conséquence, à l'expiration de leur jouissance, les preneurs devront remettre les biens loués dans l'état parfait où ils se trouvent.

A cette fin, ils devront jouir desdits biens en bons pères de famille, comme de bons et loyaux locataires doivent le faire, sans surcharger ni détériorer les bâtiments en aucune manière, faire toutes les réparations locatives à leurs frais et en temps opportun sans diminution aux loyers fixés ci-après. Toutes les autres réparations restent à la charge de l'établissement propriétaire.

Art. 2. — En cas de sinistre, le Bureau de bienfaisance ne sera pas tenu de fournir un autre logement aux preneurs, mais il fait toutes ses réserves de droit vis-à-vis de ceux-ci, en ce qui concerne leur responsabilité dans les cas déterminés par la loi.

Les maisons qui font l'objet du présent bail seront toutes assurées contre les risques d'incendie, par les soins et au profit de l'établissement propriétaire. Les primes d'assurances seront acquittées par le Bureau de bienfaisance.

Les locataires sont tenus d'assurer leur mobilier contre l'incendie et d'en payer exactement la prime annuelle.

ART. 3. — Les parcelles de terrain devant chaque maison louée et formant jardins, ne pourront recevoir d'autre destination et seront cultivées à la bêche et annuellement engraissées de bon fumier.

De même il est formellement défendu de faire aucun changement intérieur ou extérieur aux bâtiments.

ART. 4. — Toute sous-location, cession ou remise de bail est formellement interdite. Les preneurs devront habiter et occuper les biens par eux-mêmes et leur famille.

ART. 5. — Défense expresse est faite de tenir cabaret, de débiter des boissons et surtout des liqueurs spiritueuses.

ART. 6. — Toute détérioration intérieure est à la charge des locataires, de même que toute détérioration extérieure. Les réparations seront, le cas échéant, exécutées par les soins et sous la surveillance du Bureau de bienfaisance, qui désignera un délégué à cet effet. Les frais en seront remboursés sur présentation d'états ou mémoires acquittés.

En ce qui concerne les détériorations extérieures, les frais de réparations qu'elles occasionneront, si l'auteur n'est pas connu, pourront être mis à charge de tous les locataires solidairement et après enquête administrative.

Toutefois, cette stipulation ne fait pas obstacle à la réclamation des frais dont il s'agit, du locataire de la partie détériorée.

ART. 7. — Les locataires devront se conformer à toutes les mesures qui pourront être prises par le Bureau de bienfaisance dans l'intérêt du quartier formant les biens loués, comme dans l'intérêt du bien-être, de la santé et de la moralité de ses habitants.

Le Bureau de bienfaisance se réserve le droit de surveillance et de visite intérieure de la propriété, chaque fois qu'il le jugera utile, afin de veiller à la parfaite tenue des maisons et au rigoureux accomplissement des conditions du contrat.

ART. 8. — Les couleurs données aux portes et aux châssis, ainsi qu'aux murs, seront respectées et ne pourront subir aucun changement, afin de conserver l'aspect et la symétrie que présente le groupe des maisons louées.

ART. 9. — Toutes les charges et conditions qui précèdent sont de rigueur et ne peuvent être considérées comme comminatoires, étant stipulées tant dans l'intérêt général que dans l'intérêt bien compris de chacun des preneurs et de l'établissement propriétaire.

En cas d'infraction constatée, la résolution du présent bail aura lieu de plein droit, sans autre formalité de justice que la signification du procès-verbal constatant la contravention. Cette formalité remplie, le locataire en défaut sera expulsé des lieux, si le Bureau de bienfaisance le juge à propos, sans titre ni droit à aucun dédommagement pour travaux de culture du jardin, semences et engrais.

ART. 10. — L'impôt foncier et les autres contributions de toute nature, soit générales, soit provinciales ou locales, nulles exceptées, seront à la charge des locataires, en sus des loyers.

Le payement devra en être fait tous les mois, par douzième au moins, et il en sera justifié à toute demande du préposé du Bureau de bienfaisance, par la production des quittances du receveur de l'établissement.

Cette charge est évaluée pour chaque maison louée, afin de base de droit d'enregistrement, à vingt centimes annuellement.

ART. 11. — Si le Bureau de bienfaisance le juge à propos, et sans qu'il résulte pour l'établissement aucune obligation civile, il pourra accorder soit périodiquement chaque année, soit aux époques qu'il lui conviendra, des récompenses aux familles des locataires dont les maisons et les jardins seront le mieux tenus, et qu'il jugera avoir pris le plus de soin de leurs enfants sous le rapport de l'hygiène, de la propreté, du travail et de l'éducation.

ART. 12. — Les prix annuels de location seront acquittés en mains et au domicile du receveur du Bureau de bienfaisance, par douzièmes, tous les mois et d'avance. Ainsi, le premier terme devra être payé avant l'entrée en jouissance, et les autres successivement, au plus tard du 26 au 27 de chaque mois.

Le payement du premier terme sera imputé sur le dernier terme de jouissance. La plus grande exactitude est rigoureuse dans les payements aux époques déterminées.

Le défaut de payement de deux termes échus entraînera la résolution du bail, qui sera prononcée sans frais ni recours en justice; il suffira d'une simple mise en demeure pour obtenir de plein droit l'expulsion du locataire défaillant, sans aucune indemnité de quelque chef que ce soit.

Aux charges, clauses et conditions ci-dessus, MM. N... et N..., agissant en leur qualité exprimée en tête, ont accordé à titre de bail pour le terme indiqué ci-dessus, savoir :

Au profit de N... à ce présent et acceptant, la maison portant le n° 1 du groupe, avec la parcelle de jardin en face, moyennant un loyer annuel de cent vingt francs. Au profit de N..., la maison portant le n° 2, au loyer annuel de cent vingt-six francs, etc., etc.

Les preneurs ont tous déclaré individuellement connaître parfaitement les biens loués, et ont promis d'exécuter et de remplir fidèlement et loyalement les clauses et conditions imposées.

Autres stipulations convenues dans la seule vue de l'intérêt bien entendu des preneurs.

A. Lors du payement de chaque terme de loyer à faire mensuellement, ainsi qu'il a été expliqué, le Bureau de bienfaisance ou son délégué fera le dépôt à la Caisse d'épargne de Nivelles d'une somme de quatre francs par chaque locataire. Cette somme portera annuellement l'intérêt fixé par l'administration de la caisse. Elle ne pourra être retirée, et les intérês mêmes ne pourront être exigés. Leur montant sera ajouté au capital et produira ainsi des intérêts.

B. Le Bureau de bienfaisance ne se considère pas comme propriétaire exclusif ni définitif du montant des dépôts dont il s'agit, quoique faits en son nom, dans la pensée philanthropique d'en faire profiter, dans les cas et les proportions ci-après déterminées, les preneurs à bail.

C. Aussitôt que les versements de dépôts avec les intérêts accumulés, en y ajoutant au besoin les économies personnelles, auront produit une somme égale à la valeur du bien habité et occupé par le locataire, celui-ci, s'il le désire, deviendra propriétaire de sa maison et de la parcelle de jardin qui en dépend.

Cette valeur sera déterminée par arbitrage, et, à cette fin, sont nommés comme arbitres-experts MM. le juge de paix, le bourgmestre et le président de la Commission administrative des hospices de Nivelles, au rapport desquels les parties seront tenues de se conformer.

En conséquence, promesse de réaliser la vente est formellement faite par le Bureau de bienfaisance au profit et aux frais de celui ou de ceux des locataires qui réuniront les conditions prévues.

En cas de revente de la part du preneur devenu propriétaire ou de la part de ses héritiers ou ayants droit, le Bureau de bienfaisance se réserve le droit facultatif de redevenir propriétaire en remboursant la valeur du bien à fixer comme ci-dessus.

Si le Bureau de bienfaisance n'use pas de la faculté qui lui est réservée, le preneur, vendeur ou ses héritiers et ayants droit seront tenus d'imposer au nouvel acquéreur l'obligation formelle de remplir personnellement par lui-même, les siens et sa famille, les conditions énoncées dans le règlement administratif établi spécialement pour maintenir le bon ordre et la discipline dans le quartier où le groupe des maisons louées a été construit. A cet effet, l'acte éventuel de vente de la part du Bureau de bienfaisance rappellera expressément les principales dispositions dudit règlement. Ce qui a été accepté par tous les preneurs, pour les cas prévus.

D. Les sommes déposées et les intérêts accumulés qu'elles auront produits, étant destinées à faciliter les acquisitions dont il vient d'être parlé, profiteront, dans le cas de vente, exclusivement aux preneurs : car telle est la volonté de l'établissement propriétaire, qui renonce éventuellement à son droit de propriété sur ces valeurs, afin d'encourager les locataires à se bien conduire, à travailler assidûment, comme aussi à les porter à veiller à la bonne éducation de leurs enfants et à leur inculquer de bons principes et l'amour du travail.

E. D'après un calcul approximatif, vingt années consécutives d'habitation pendant lesquelles s'opéreront les retenues mensuelles de quatre francs avec les intérêts, peuvent suffire pour que le locataire devienne propriétaire de sa demeure et du jardin qui en dépend.

Il ne sera pas obligé toutefois d'en faire l'acquisition, et s'il manifeste une intention contraire à cet égard, le Bureau de bienfaisance lui remettra un livret de dépôt à la Caisse d'épargne en son nom personnel, comprenant le capital et les intérêts accumulés jusqu'au jour de la délivrance du nouveau livret, sauf retenues pour dommages s'il y a lieu.

F. A l'expiration de la période du bail, le locataire qui voudra abandonner la jouissance concédée, recevra du Bureau de bienfaisance le montant des dépôts faits à la Caisse d'épargne, y compris les intérêts.

Toutefois cette remise pourra être refusée à ceux des locataires qui auront donné lieu à de justes plaintes, soit pour infractions aux articles du présent bail, soit pour contraventions au règlement administratif dont il a été fait mention.

Cette remise, dans le cas où elle aurait lieu, ne sera jamais faite en numéraire, mais toujours au moyen d'un livret de dépôt en nom personnel.

Il en sera de même à l'expiration de la période d'un deuxième ou troisième bail, à consentir sur pied et conformément aux stipulations ci-dessus, éventuellement, sans promesse formelle de renouvellement de bail, laissée à la disposition de l'établissement propriétaire.

G. En cas de résolution du bail, soit pour défaut de payement, soit pour toute autre cause prévue avant son expiration, le locataire ne pourra réclamer que le tiers des dépôts faits en son nom avec les intérêts en proportion, et sous déduction de tous frais de justice, dommages et intérêts.

H. Si par suite d'un événement malheureux, tout à fait indépendant de la volonté du locataire ou de sa famille, tel par exemple que la mort du chef, une blessure grave ou autre accident, le preneur ou sa famille ne pouvait plus, à défaut de ressources suffisantes, continuer les effets du bail commencé, le Bureau de bienfaisance aura la faculté d'accorder à cette famille la totalité des dépôts avec intérêts, sans obligation aucune à cet égard.

Les frais du présent bail seront supportés par les preneurs (1).

La convention qui précède sera soumise à l'avis et à l'approbation des autorités administratives compétentes, et jusqu'à cette approbation les effets en seront suspendus.

---

(1) Voici quel serait le prix du contrat de location des douze maisons :

Minute. . . . . fr.	12,00
Timbres	2,40
Enregistrement	7,50
Grosse (six rôles)	12,80
Timbres	3,60
	38,30

Ce qui revient à 3 fr. 13 c. pour chaque ménage.

Comme il serait certainement facile de trouver à Nivelles un notaire assez philanthrope pour faire l'abandon de ses honoraires à la cause si intéressante des travailleurs, les frais ne s'élèveraient plus qu'à 13 fr. 50 c. pour le groupe, soit 1 fr. 13 c. par ménage.

ANNEXE VI.

BUREAU DE BIENFAISANCE DE WAVRE.

Conditions générales pour la vente ou la location de gré à gré des maisons d'ouvriers.

I

Le Bureau de bienfaisance vendra à l'ouvrier de son choix, père de famille, domicilié à Wavre, une de ses maisons d'ouvriers avec cour et jardin, au prix de revient, payable par annuités qui comprennent les intérêts du capital à 4 p. c.

L'acte de vente garantira à l'acquéreur d'une maison le droit de passer gratuitement dans le chemin que le Bureau de bienfaisance a établi dans sa propriété, sur une largeur de 2 mètres, derrière les jardins des maisons. Ce chemin ne pourra jamais être obstrué et sera toujours convenablement entretenu par les occupants des maisons, chacun pour la partie située vis-à-vis de son bien.

Le Bureau conservera le même droit de passage dans ce chemin, mais il ne sera tenu, en aucun cas, de jamais intervenir dans les dépenses que nécessiterait son entretien.

II

Le payement de chaque annuité s'effectuera à la caisse de l'administration, par douzième et par anticipation.

III

L'acquéreur aura la faculté de payer anticipativement tout ou partie de ces annuités, sous bénéfice d'escompte à 3 1/2 p. c.

IV

Après libération des annuités et pourvu que l'ouvrier ait occupé la maison pendant l'espace de dix ans, l'acte de vente sera dressé aux frais de l'acquéreur; jusqu'à l'accomplissement de ces conditions, l'occupant ne jouira de l'immeuble qu'à titre de locataire.

V

A défaut de trouver un acquéreur convenable, le Bureau peut louer les propriétés de gré à gré, moyennant un loyer représentant au moins l'intérêt à 6 p. c. du capital employé.

VI

L'ouvrier, soit acquéreur, soit locataire, prend la maison en l'état où elle se trouve, et, à partir du jour de son entrée en jouissance, est tenu d'entretenir convenablement l'immeuble.

VII

Le locataire doit supporter toutes les dépenses d'entretien et de réparations, ainsi que tous les impôts ordinaires et extraordinaires. S'il occupe la maison avec droit d'acquisition, il devra, en outre, supporter tous les frais d'entretien et de réparations que la loi met à la charge du propriétaire et payer la prime d'assurance des bâtiments contre les risques d'incendie et de la foudre.

VIII

En cas de sinistre avant la vente définitive de la propriété, le Bureau touche la prime payée par la compagnie d'assurance et fait reconstruire les bâtiments incendiés dans l'état où ils se trouvaient auparavant. L'ouvrier conserve ses droits à l'acquisition de l'immeuble, mais il devra supporter le surplus des frais de restauration si l'indemnité touchée par le Bureau était insuffisante.

En cas où l'ouvrier ne serait pas en mesure de payer immédiatement cette différence, le remboursement en sera réglé par annuités de 50 francs chacune, plus les intérêts à 5 p. c.

IX

En cas de sinistre, le Bureau exerce son recours contre l'occupant dans tous les cas déterminés par la loi.

X

Les preneurs doivent occuper la propriété par eux-mêmes et leur famille. Toute sous-location, cession et remise de bail est formellement interdite.

XI

Comme le Bureau de bienfaisance, en faisant construire des maisons pour être cédées au prix coûtant, a en vue de moraliser l'ouvrier autant que d'améliorer sa position, il se réserve le droit d'expulser tout occupant, acquéreur futur ou simple locataire qui ne se conformerait point aux dispositions du présent et spécialement aux conditions suivantes :

a. L'occupant ne pourra être arriéré de plus de six mois pour le payement du prix d'occupation ;

b. Tous les enfants qui habiteront la maison et qui seront en âge, devront fréquenter une école de la ville ;

c. Sera expulsé tout occupant qui commettra un délit grave ou dont la conduite sera notoirement mauvaise.

XII

Cette résiliation du contrat sera prononcée par délibération du Bureau, approuvée par le conseil communal, sans frais ni recours en justice et par une simple mise en demeure pour obtenir de plein droit l'expulsion de l'occupant.

XIII

L'expulsé a droit au remboursement, sans intérêts, des annuités payées, mais après déduction faite :

1° Du loyer fixé à l'article 5 ;

2° Du montant des réparations que le Bureau jugera nécessaire de faire exécuter pour remettre la propriété en bon état;

3° D'une indemnité à déterminer pour usure des bâtiments.

XIV

L'occupant peut confier au Bureau ses économies, ne fussent-elles que de 15 à 20 francs, à charge par le Bureau de lui payer un intérêt annuel de 3 p. c. Ces économies garantissent les sommes dues au Bureau pour l'achat ou la location de l'immeuble.

XV

Tout membre du Bureau de bienfaisance, comme aussi le receveur, aura le droit, jusqu'à expiration du délai endéans lequel l'ouvrier ne peut revendre l'immeuble, de surveiller et de visiter intérieurement la propriété chaque fois qu'il le jugera utile, afin de s'assurer si toutes les conditions du présent règlement sont rigoureusement observées.

XVI

Il pourra être accordé des récompenses aux familles dont les maisons et les jardins seront le mieux tenus et que le Bureau jugera avoir pris le plus de soins de leurs enfants sous le rapport de l'hygiène et de l'instruction.

Pour copie conforme :
Le secrétaire du Bureau de bienfaisance,
CH. MAC DOUGALL.

ANNEXE VII.

Société des charbonnages de Mariemont, l'Olive et Chaud-Buisson et Société du charbonnage de Bascoup.

RÈGLEMENT POUR LES MAISONS OUVRIÈRES.

Payement des loyers.

ART. 1er. — Le loyer des maisons ouvrières est payé chaque mois par retenues faites sur le salaire ou la pension du locataire, et lors du payement de la 1re quinzaine, pour tous les locataires qui reçoivent leur salaire en deux fois chaque mois.

Les locations partent toujours du 1er d'un mois.

ART. 2. — Le locataire qui a l'intention de quitter sa maison doit en avertir le chef de section des constructions (pour la Société de Mariemont, au bureau de station de l'Étoile, et pour la Société de Bascoup, au bureau central de Bascoup) avant le premier du mois pendant lequel il compte déménager. Ce mois sera payé en entier quelle que soit la date du départ.

Tout nouveau locataire entrant dans une maison restée inoccupée depuis le 1er du mois devra la location entière pour le mois de son entrée, s'il est entré avant le 15, mais le payement de la location ne sera dû qu'à dater du 1er du mois suivant s'il n'a pu entrer qu'après le 15.

Sous-location.

ART. 3. — Il est strictement défendu aux locataires de prendre chez eux des *pensionnaires* ou de sous-louer tout ou partie de leur habitation, sans l'autorisation écrite de la Société. Toute autorisation délivrée deviendrait nulle le jour où le pensionnaire serait occupé ailleurs que dans l'une des Sociétés de Mariemont ou de Bascoup. La même défense s'applique aux *parents* du chef de famille ou de sa femme, autres que le père ou la mère, les enfants non mariés et les petits-enfants orphelins.

Une autorisation écrite est nécessaire également pour pouvoir tenir un *commerce* dans une maison des Sociétés.

Changements de locataires.

ART. 4. — Lors du départ d'un locataire, celui-ci devra remettre la clef de sa maison au chef de section susdit, afin que le service des constructions puisse s'assurer de l'état de la maison et y faire exécuter les réparations nécessaires, aux frais du locataire sortant ou de la Société, suivant le cas, et afin de faire constater éventuellement la consommation du gaz (*voir art.* 12).

Entretien à faire par la Société propriétaire.

Art. 5. — Sont à charge de la Société : *Le masticage et la peinture* à deux couches de toutes les menuiseries intérieures et extérieures, au moins une fois tous les cinq ans.

Les badigeonnages et goudronnages extérieurs une fois par an, ainsi que les badigeonnages intérieurs reconnus nécessaires lors de l'entrée d'un nouveau locataire.

Le remplacement des *menuiseries* pourries et des *serrureries* usées.

L'entretien des *toitures, nochères et tuyaux de descente.*

Les réparations et nettoyages des *puits, pompes, citernes, conduites d'eau et fontaines.*

Les réparations des *fours.*

Le remplacement des *clôtures sèches* pourries.

Les réparations des *dégâts dus aux travaux souterrains des charbonnages.*

Entretien à faire par les locataires.

Art. 6. — Sont à charge des locataires : *Les badigeonnages* intérieurs et les tapissages, s'il y en a. Le remplacement des *serrureries* cassées ou perdues et des *vitres* brisées. (Si les locataires ne remplacent pas à bref délai les vitres brisées, la Société se réserve le droit de le faire faire à leurs frais.)

La réparation des *menuiseries*, des *pavements* et *planchers*, des *toitures*, *nochères, tuyaux de descente*, etc., détériorés par mauvais gré ou défaut de soin.

L'entretien des *réservoirs d'eau*, en bois, tôle ou fonte.

L'entretien complet des *haies vives* et l'entretien ordinaire des *clôtures sèches*.

Mesures de propreté et d'hygiène. Enlèvement des immondices, etc.

Art. 7. — Les locataires doivent tenir leurs maisons et dépendances dans un état de propreté satisfaisant. Dans le cas contraire, M. le chef de section des constructions pourra, après avis préalable, faire faire un nettoyage d'office aux frais du locataire.

Art. 8. — Le nettoyage des *fournils* devra être fait au moins une fois par semaine, et alternativement par chacun des locataires qui s'en servent. Il est défendu tant dans les fournils que dans les fours de laisser du bois ou autres matières.

Art. 9. — Le *balayage* et l'entretien des rues, cassis, trottoirs, terre-pleins et rigoles doivent être faits soigneusement par chaque locataire pour la partie correspondante à sa maison.

Il est défendu de pousser les boues et immondices devant les maisons voisines ou dans les égouts. Ces boues et immondices doivent être enlevées et utilisées dans les jardins ou déposées dans des baquets aux jours habituels pour être enlevées par l'entrepreneur des boues.

Il est défendu de déposer des cendres, fumier, immondices, etc., en tas, aussi bien dans la rue que dans les passages autour des habitations.

Art. 10. — Les *fosses d'aisances* doivent être recouvertes convenablement ; la vidange incombe aux locataires.

Mesures de sécurité en hiver.

Art. 11. — Il est défendu, lorsqu'il *gèle*, de jeter ou de laisser couler de l'eau dans la rue.

En temps de *neige* ou de *verglas*, les locataires devront répandre des cendres devant leur maison de manière à faire un chemin continu au milieu de la route.

Éclairage au gaz.

Art. 12. — Les locataires qui désirent faire éclairer leur maison au gaz, doivent en faire la demande au chef de section des constructions.

La fourniture et la pose du compteur, de deux becs (soit deux becs-pendants, soit un bec-pendant et une genouillère) et de la tuyauterie nécessaire sont à la charge de la Société. Les autres appareils d'éclairage seront payés en partie par le locataire suivant le tarif ci-dessous ; mais ils resteront la propriété du charbonnage.

TARIF.

A. *Demandes faites lors de l'installation (en plus que deux becs-pendants ou qu'un bec-pendant et une genouillère)* :

1° Un bec-pendant supplémentaire	fr.	4.00
2° Une genouillère supplémentaire		4.00

B. *Demande de modifications à l'installation* :

1° Remplacement d'une genouillère par un bec-pendant	0.00
2° Remplacement d'un bec-pendant par une genouillère	2.00
3° Placement d'un bec-pendant supplémentaire	4.25
4° Placement d'une genouillère supplémentaire.	4.40

La société ne fournit pas les appareils de chauffage par le gaz et n'intervient pas dans les frais à résulter de leur installation.

Le locataire qui a sollicité l'installation du gaz, et qui viendrait à quitter volontairement sa maison ou voudrait renoncer à l'emploi du gaz, avant d'avoir consommé au moins cent mètres cubes, payera les frais de montage de tous les appareils (main-d'œuvre) ainsi que les matériaux hors de service, à moins que le nouveau locataire ne continue l'emploi du gaz.

Le locataire qui quitte une maison éclairée au gaz, devra faire fermer le compteur et constater la quantité de gaz marquée par celui-ci, lorsqu'il remettra la clef de sa maison, par le chef de section des constructions ou à défaut de celui-ci, par l'employé chargé de relever les consommations de gaz, faute de quoi il payera ce qui sera constaté à la visite ordinaire de fin de mois.

Le prix du gaz est fixé à *douze centimes par mètre cube*, il est retenu chaque mois sur le salaire.

Constructions dans les maisons.

ART. 13. — Il est strictement défendu de construire des cheminées, de faire passer des tuyaux de poêle dans les fenêtres ou dans les murs, de placer des portes, etc., enfin de faire aucune modification dans les maisons sans autorisation écrite de la Société.

Constructions dans les jardins.

ART. 14. — Il est également défendu de construire des remises, écuries, etc., en bois, maçonnerie ou autrement, et de faire du feu en dehors des habitations, à moins d'une autorisation écrite de la Société.

Poules, etc.

ART. 15. — Les locataires qui possèdent des poules ou autres volailles doivent les tenir enfermées.

Pigeons.

ART. 16. — Il faut avoir obtenu l'autorisation de la Société pour construire un *pigeonnier* dans le grenier. Les pigeonniers seront autant que possible tournés vers les jardins.

C'est par l'entrepreneur des toitures de la Société et aux frais du locataire que la *baie* doit être établie, et qu'elle devrait être bouchée, si la Société jugeait convenable de retirer l'autorisation de tenir des pigeons.

Linges. Vêtements sur les haies.

ART. 17. — Il est défendu de déposer des linges, etc., sur les haies et clôtures mitoyennes.

Eaux de pluie.

ART. 18. — L'usage et le partage des eaux de pluie, par le moyen des citernes ou des tuyaux de descente, sont réglés par le service des constructions ; lorsqu'il existe seulement des tuyaux de descente, il y en a un distinct par maison.

Servitude mutuelle entre les occupants de mêmes groupes de maisons.

ART. 19. — Le passage derrière les maisons doit être libre pour les locataires d'un même groupe.

Disputes entre locataires.

ART. 20. — Quand des locataires voisins ne s'entendent pas au sujet de l'usage des fours, puits, citernes, tuyaux de descente, limite des jardins, etc., les réclamations doivent être adressées au chef de section des constructions.

Quand il s'agit de disputes ou injures personnelles, de vols, coups, etc., les locataires doivent s'adresser à la police locale.

Obtention d'autorisations spéciales.

ART. 21. — Pour obtenir les autorisations prévues aux articles 3, 13, 14 et 16, les locataires devront s'adresser soit au chef du service des constructions, soit directement à l'ingénieur chef de la division dont ce service fait partie.

Mariemont, le 1er janvier 1885.

L'Administrateur délégué,
(Signé) LUCIEN GUINOTTE.

ANNEXE VIII.

Société civile des Charbonnages du Hasard.

Cahier des charges, clauses et conditions sous lesquelles ont lieu les locations des maisons ouvrières appartenant à la Société civile des Charbonnages du Hasard.

Les maisons de la Société civile des Charbonnages du Hasard, à Micheroux, sont louées aux conditions suivantes :

ART. 1er. — Le locataire s'engage, tant pour lui que pour tous les autres membres de sa famille exerçant la profession de mineur et habitant sous le même toit, pour lesquels il se porte fort, à travailler avec régularité pour le compte de la Société bailleresse.

ART. 2. — Il ne pourra sous-louer sa maison, en tout ou en partie, ni tenir des pensionnaires sans l'autorisation expresse et par écrit du délégué spécial de la Société. Il lui est formellement interdit de loger dans sa maison des ouvriers occupés dans un autre charbonnage que celui du Hasard.

ART. 3. — L'infraction à la clause contenue en l'article précédent aura pour conséquence de rendre le bail nul et résilié de plein droit, sans qu'il soit besoin d'avoir recours à aucune formalité de justice, et le locataire devra, par le fait même, abandonner dans les quinze jours la maison qu'il occupe.

ART. 4. — Il est strictement défendu au locataire de tenir, soit un débit de boissons, soit d'exercer un commerce quelconque.

ART. 5. — Les réparations extérieures, les peintures des portes, fenêtres, le badigeonnage intérieur, l'entretien des toitures et des haies de clôture, sont à la charge de la Société. Le remplacement des vitres, qui devra toujours s'effectuer dans les 48 heures, sera fait d'office par la Société et aux frais du locataire.

ART. 6 — Le locataire s'engage à tenir la maison en bon état de propreté et à cultiver le jardin mis à sa disposition en temps et saison convenables; il ne pourra, sans autorisation écrite du délégué de la Société, tenir des pigeons, chiens et cochons; les poules ne seront tolérées que pour autant qu'elles soient enfermées dans un enclos établi de manière à ce qu'elles ne puissent causer aucun dégât aux voisins. Il ne pourra faire sécher son linge sur les haies de clôture.

ART. 7. — Le loyer de la maison sera prélevé chaque quinzaine sur le salaire du locataire.

ART. 8. — La Société se réserve, en tout cas, le droit de résilier le bail en prévenant le locataire deux mois d'avance; toutefois, il lui sera loisible de renvoyer le locataire, en le prévenant seulement quinze jours à l'avance, dans les cas suivants :

a. S'il ne travaille pas régulièrement;

b. Si, après avertissement, il continue à ne pas tenir sa maison en bon état de propreté;

c. S'il ne vit pas en bonne intelligence avec ses voisins et si, par sa mauvaise conduite, il devient une cause habituelle de désordre et de scandale.

Dans le cas où le locataire n'aurait pas quitté la maison après en avoir été informé par écrit dans le délai précité, il sera tenu de payer cinq francs par chaque jour de retard, à titre de dédommagement.

ART. 9. — Chaque semaine, un employé du charbonnage à ce délégué inspectera les habitations ouvrières et fera un rapport sur l'état d'entretien de chaque maison; en cas d'inobservation du présent règlement, il pourra infliger des amendes de deux à dix francs aux locataires qui auront négligé de s'y conformer.

PRIMES A ACCORDER AUX OUVRIERS.

Chaque année, une commission de trois membres, choisis par l'administrateur-gérant dans le personnel du charbonnage, visitera, dans le cours du mois de juin, toutes les maisons, et fera rapport sur l'état de chacune d'elles.

Sur les propositions de cette commission, la *Société civile des Charbonnages du Hasard* décernera des premiers prix de 40 francs, et, s'il y a lieu, des seconds prix de 20 francs et des troisièmes prix de 10 francs, aux locataires des maisons dont :

1° L'intérieur sera le mieux et le plus proprement tenu;

2° Le jardin sera le mieux et le plus intelligemment cultivé;

3° Les fenêtres, soit intérieurement, soit extérieurement, seront les mieux garnies de fleurs.

ART. 10. — La distribution de ces récompenses se fera solennellement, dans le courant du mois de juillet.

Entre les soussignés :

1° M*** (1) . . . . agissant au nom de la *Société civile des Charbonnages du Hasard*, d'une part;

2° Et M*** (1) . . . ., d'autre part, il a été fait et arrêté ce qui suit :

Le premier nommé, agissant en sa dite qualité, donne et cède à titre de bail à loyer, pour le terme de. . . . . à prendre cours le. . . . ., au second nommé, qui l'accepte, ... une maison n°. . . ., avec jardin (2) . . . .

Ce bail est consenti aux charges, clauses et conditions énoncées au cahier des charges qui précède, et que le second nommé s'oblige à exécuter et accomplir sans aucune diminution du loyer ci-après stipulé.

Et en outre moyennant un loyer . . . . qui sera payable de la manière indiquée à l'article sept des conditions dudit cahier des charges.

Fait en double, à. . . . ., le . . . .

Le Locataire, *L'Administrateur-Gérant,*

---

(1) Nom, prénoms, qualité et domicile.

(2) Désigner exactement l'immeuble.

BIBLIOGRAPHIE.

Principaux ouvrages publiés en Belgique sur la question des habitations ouvrières.

I. — Rapport de la commission nommée par le Conseil central de salubrité publique pour vérifier l'état des habitations de la classe ouvrière, à Bruxelles, et proposer les moyens de l'améliorer. — Bruxelles, P.-J. Voglet, imprimeur-éditeur, rue de l'Empereur, n° 20. 1838.

II. — Projet d'association financière pour l'amélioration des habitations et l'assainissement des quartiers habités par la classe ouvrière à Bruxelles. (Mémoire adressé au conseil communal et au conseil central de salubrité publique de Bruxelles, par *Ducpétiaux*). — Bruxelles, Meline, Cans et Cie. 1846. Librairie Aug. Decq.

III. — Amélioration des habitations d'ouvriers. Rapports du Conseil supérieur d'hygiène et de la commission permanente des sociétés de secours mutuel. — Bruxelles, imprimerie de M. Weissenbruch. 1855.

IV. — Compte rendu : Congrès international d'hygiène, de sauvetage et d'économie sociale, 1876. — Bruxelles, Veuve Henri Manceaux, imprimeur-éditeur. 1876.

V. — De l'amélioration de la condition des classes laborieuses et des classes pauvres en Belgique au point de vue moral, intellectuel et physique, par J. Dauby. [(Ouvrage qui a obtenu le prix Adelson Castiau (1re période 1881-1883), décerné par l'Académie royale de Belgique (classe des lettres)]. — Bruxelles, 1885.

VI. — Étude sur l'amélioration des habitations ouvrières et sur l'organisation du domicile de secours, par Éd. Vander Linden. — Bruxelles, 1875.

VII. — Des habitations ouvrières à Nivelles.
Moyen pratique de faciliter aux classes laborieuses l'accès du capital et de la propriété, par le *Dr F. Le Bon*, chevalier de l'ordre de Léopold, président du bureau de bienfaisance. — Nivelles, 1887.

VIII. — Du moyen d'améliorer le sort de l'ouvrier, en lui donnant les facilités de devenir immédiatement propriétaire d'une jolie maison avec jardin, sans mise première de fonds, par *M. Th. Fumière*, architecte. — Verviers, Vinche, éditeur. 1859.

IX. — Société tournaisienne pour la construction de maisons à bon marché. (Projet de statuts par *Th. Fumière*, architecte de la ville). — Tournai, 1866.

X. — Le logement de l'ouvrier et du pauvre en Belgique, par *M. Louis Bertrand*, rédacteur au *Peuple*. (Avec une préface sur l'hygiène des habitations, par le *Dr C. De Paepe*). — Bruxelles, 1888.

XI. — Du logement de l'ouvrier, par *M. Léon Van den Bos*. — Ouvrage couronné le 28 novembre 1886 au concours organisé par le Cercle commercial et industriel de Gand. Gand, 1886.

ERRATA.

Page 17, ligne 5, lire : « Elles sont aujourd'hui au nombre de seize, toutes créées et administrées par des ouvriers. Elles sont établies à Amsterdam, la Haye, Haarlem, Assen, Kampen, Utrecht, Zand, Steenwijck, etc., » au lieu de : « Elles sont au nombre de dix, etc. »

Bruxelles, le 1er mai 1888.

www.ingramcontent.com/pod-product-compliance
Ingram Content Group UK Ltd.
Pitfield, Milton Keynes, MK11 3LW, UK
UKHW031836260826
14628UKWH00001B/415

9 782019 688479